Jahrtausends v. Chr. im Vorderen Orient

Klaus Schmidt
Sie bauten die ersten Tempel

Unverkäufliches Leseexemplar

Gebunden, Euro 24,90 [D].
Wir bitten Sie, Rezensionen nicht vor dem
24. Januar 2006 zu veröffentlichen.

Vielen Dank für Ihr Verständnis!

Klaus Schmidt

Sie bauten die ersten Tempel

Das rätselhafte Heiligtum
der Steinzeitjäger

Die archäologische Entdeckung am Göbekli Tepe

Verlag C.H.Beck

Mit 106 Abbildungen im Text, davon 57 in Farbe,
und 2 Karten auf den Vorsätzen

Frontispiz: Rundplastische Skulptur eines Keilers

Gesamtherstellung: Kösel, Krugzell
Gedruckt auf säurefreiem, alterungsbeständigem Papier
(hergestellt aus chlorfrei gebleichtem Zellstoff)
Printed in Germany
ISBN-10 3 406 53500 3
ISBN-13 978 3 406 53500 0

www.beck.de

Inhalt

Vorwort 7
Dank 11

I. Eine «Wieder»-Entdeckung 13
1. Am Wunschbaum 15
2. Urfa – Stadt und Land 18

II. Funde, Forscher, Fachbegriffe 25
1. Das Dreiperiodensystem, die jüngere Steinzeit und der Jericho-Schock 25
2. Der Fruchtbare Halbmond und die «Hilly Flanks» 44
3. Çatal Höyük – noch eine «Stadt» aus der Steinzeit 51
4. Çayönü – Frühgeburt des Hephaistos? 61
5. Nevalı Çori – im Tal der Pest 67
6. Der Gürcütepe und die Geburt eines neuen Forschungsprojekts 82

III. Göbekli Tepe 91
1. Der «gebauchte» Berg 92
2. Anlage A – das Schlangenpfeilergebäude 112
3. Anlage B – ein mesopotamisches Stonehenge ersteht: das Fuchspfeilergebäude 127
4. Anlage C – im Kreis der Keiler 146
5. Anlage D – im Steinzeitzoo 165

IV. Zwischen Bedeutung und Deutung – Annäherungen an Bilder und Welt der Steinzeit 190
1. Tier und Tierdarstellung im Alten Orient 191
2. Das kulturelle Gedächtnis und die Traumpfade der Steinzeit 198

V. Die jüngeren Schichten des Göbekli Tepe und das Ende des Jäger-Heiligtums 227
1. Die jüngeren Bauten und das Löwenpfeilergebäude 228
2. Als der Jäger den Bauern brauchte – Voraussetzungen für ein Heiligtum in der frühen Jungsteinzeit 243

Anhang

Grundlegende und weiterführende Literatur 261
Abbildungsnachweis 268
Glossar 269
Personenregister 273
Ortsregister 275
Sachregister 278

Vorwort

Das vorliegende Buch verbindet Ergebnisse archäologischer Forschungen mit persönlichen Impressionen. Es will kein Kompendium mit dem Anspruch fachlicher Vollständigkeit sein, es will sowohl informieren als auch unterhalten. Da ich mich in den letzten Jahrzehnten vornehmlich mit der Thematik steinzeitlicher Kulturen Vorderasiens beschäftigt habe, dürfen meine Leserinnen und Leser gewiß sein, daß ihnen auf den folgenden Seiten wissenschaftlich nichts Wesentliches vorenthalten wird.

Was die Darstellung anbelangt, so habe ich mich um einen Kompromiß bemüht, den einerseits das Quellenmaterial - die archäologischen Funde - und andererseits die Rücksicht auf die Verständnismöglichkeit eines breiten Sachbuchpublikums erforderlich macht: Die Inhalte dieses Buches sind der Geschichte von Menschen gewidmet, die mehrere Jahrtausende vor den ältesten schriftlichen Überlieferungen lebten. Während die aus antiken Schriftquellen unmittelbar zu uns sprechenden Menschen recht gut verstanden werden können, sind die in Gestalt steinerner Zeugnisse erhaltenen Botschaften einer vor rund 10 000 Jahren untergegangenen Kultur, sosehr wir uns auch darum bemühen, weitaus schwieriger zu erfassen. Diese Kluft darf nicht mit Geschichten und Spekulationen zugeschüttet werden, denn damit würde man weder dem berechtigten Informationsanspruch der Leserinnen und Leser noch den kulturellen Hinterlassenschaften unserer Vorfahren gerecht. Da die Objekte vielfach gar nicht oder nur wenig bekannt sind, müssen sie erst einmal selbst in den Mittelpunkt gerückt und in vielen Fällen auch im Bild vorgestellt werden, ehe man eine systematische und kontextbezogene Deutung in Angriff nimmt. Das heißt nun gewiß nicht, daß ich auf die Interpretation der Funde und den Versuch verzichte, die Lebenswelt ihrer Schöpfer zu begreifen und zu rekonstruieren, aber sie erfolgt behutsam. Deutung wird in dem Maße geboten, als sie für das Verständnis des Kontextes notwendig erscheint. Ob es mir gelungen ist, den Spagat zwischen gebotener Sachlichkeit und Anschaulichkeit zu vollziehen, müssen andere entscheiden.

Im Mittelpunkt dieses Buches steht ein Fundplatz in der südöstlichen Türkei, der Göbekli Tepe. Dies hat zwei Gründe: Als Ausgräber dieses Platzes kann ich detailliert berichten, doch wäre das allein sicher nicht genug Anlaß gewesen, diesen Band zu schreiben. Der Göbekli Tepe birgt Neues und Besonderes. Ganz ähnlich wie in den sechziger Jahren des vorigen Jahrhunderts James Mellaart mit seinem Werk *Çatal Höyük. Stadt aus der Steinzeit* die archäologische Landschaft um neue Horizonte zu bereichern vermochte, so ermöglicht der Göbekli Tepe einen neuen und weitreichenden Vorstoß bei der Erkundung bisher unbekannter Gefilde der Menschheitsgeschichte.

Steven Mithens Buch *After the Ice* gab mir den entscheidenden Impuls, das lange geplante und vor Jahren begonnene Werk zu vollenden. Nicht, weil es nötig erschien, das Thema erneut darzustellen, sondern um das in *After the Ice* Begonnene fortzusetzen, denn Mithen konnte die Ausgrabungen am Göbekli Tepe, die damals wie heute noch in vollem Gange und in ihren wissenschaftlichen Konsequenzen jetzt erst allmählich abzuschätzen sind, verständlicherweise nur am Rande berücksichtigen. Andererseits wird im vorliegenden Band nicht der Versuch unternommen, die Steinzeit Vorderasiens *in toto* darzustellen. Die Blickrichtung ist auf den Göbekli Tepe und seine Epoche fokussiert; die Perioden der Altsteinzeit aber werden – ebenso wie die Nachbarregionen, soweit sie für das Verständnis dessen, was am Göbekli Tepe zutage tritt, besonders wichtig sind – am Rande mit vorgestellt.

Der Titel dieses Buches lautet *Sie bauten die ersten Tempel.* Es sei an dieser Stelle nicht verschwiegen, daß die Verwendung des Wortes Tempel in diesem Kontext nicht unumstritten ist. Ganz abgesehen von der Funktion als religiöse Stätte, impliziert der Begriff «Tempel» üblicherweise, daß ein zumindest teilweise nach oben geschlossenes Gebäude vorliegt. Gerade dieser Sachverhalt ist auch nach über zehn Grabungskampagnen für die wichtigsten und in dieser Abhandlung im Mittelpunkt stehenden Bauanlagen des Göbekli Tepe noch nicht abschließend geklärt. Ob diese Anlagen wirklich mit einem Dach versehen oder ob es ummauerte Heiligtumsbezirke unter freiem Himmel waren – in der Fachsprache der Archäologen hypäthrale *Temenoi* –, kann noch nicht entschieden werden. Jenseits der Frage «Temenoi oder Tempel?» ist noch unklar, ob die ausgegrabenen Baustrukturen einst separierte, miteinander vielleicht korrespondierende, aber getrennte Einheiten bildeten oder ob sie ähnlich den Tempeln Maltas zu *einem* großen Baukörper verbunden waren. So wurde im Text vorläufig der unverfänglichere Begriff «Anlage» beibehalten, deren Benennung von A–E, wie auch die Zählung der Pfeiler von 1–43, dem Grabungsverlauf folgt.

Die im Text geübte terminologische Beschränkung auf den Begriff Anlage geht einher mit der Suche nach dem geeigneten Begriff. Daß es sich ganz offensichtlich nicht um Profanbauten, um (Wohn-)Häuser im üblichen Sinne, handelt, liegt auf der Hand. Die griffige Bezeichnung «Steinkreis» in die Überlegungen mit einzubeziehen, verbietet sich schon angesichts der Tatsache, daß die Anlagen *auch* eine quadratische Grundrißform aufweisen können. Der in Westeuropa für Steinkreise verwendete Begriff «*Cromlech*» scheidet aus dem gleichen Grund aus; auch erscheint es nicht angemessen, den Begriff eines anderen Kulturkreises an den Euphrat zu übertragen. Die Benennung «Tempel» bildet gleichsam eine Chiffre, die ihre Erläuterung im vorliegenden Band findet.

Gern hätte ich das vorliegende Buch Linda und Robert Braidwood überreicht, deren Lebenswerk die Arbeiten der jüngeren Forschergeneration ohne Zweifel entscheidend gelenkt hat. Das ist nun nicht mehr möglich, ich hätte das Buch etwas früher vollenden müssen, denn hochbetagt hat die Lebensspanne von Robert und Linda in der zehnten Dekade ihren Abschluß gefunden. Ob Robert für Steven Spielberg wirklich als Prototyp des Indiana Jones diente, sei hierbei dahingestellt. Ohne Zweifel war er ein außergewöhnlicher Vertreter der Archäologenzunft, der mit seiner Frau Linda eine kongeniale Partnerin zur Seite hatte. Die zusammen mit Halet Çambel 1964 begonnenen Ausgrabungen in Çayönü erreichten zwar nicht die schnelle Popularität wie Çatal Höyük, doch die Ergebnisse aus Çayönü entwickelten sich langsam und organisch wohlgefügt zu einem entscheidenden Meilenstein auf dem Weg zum heute erreichten Forschungsstand.

Dem früheren Leiter der Abteilung Istanbul des Deutschen Archäologischen Instituts (DAI), Harald Hauptmann, gebührt das Verdienst, das türkisch-deutsche «Euphrat»-Projekt begründet und gefördert zu haben – eine Basis, ohne die dieser Band nicht hätte geschrieben werden können. Mit den 1983 begonnenen Ausgrabungen von Nevalı Çori führte er den in Çayönü eingeschlagenen Weg fort ins archäologische Neuland. Erstmals traten großformatige Skulpturen aus Kalkstein ans Licht, die alles in den Schatten stellten, was an figürlichen Objekten aus der Steinzeit bekannt war.

Dem türkisch-deutschen Projekt kam fortan eine Sonderrolle in der von internationalen Arbeitsgruppen geleisteten Erforschung des vorderasiatischen Neolithikums, der Jungsteinzeit, zu. An keinem anderen Platz konnten Fragestellungen in der Art, wie es in Nevalı Çori möglich war, entwickelt werden, denn nur in Nevalı Çori bot sich damals eine Befundlage, die große Architektur und Kunst in bisher einzigartiger Weise verband. Und schnell stellten sich weitere Erfolge ein; der in Nevalı Çori gewonnene Kenntnisstand konnte noch ausgebaut werden. Ohne Zögern ermöglichte Harald Hauptmann 1995 in vorzüglicher Zusammenarbeit mit Adnan Mısır und Eyüp Bucak vom Museum in Urfa die Fortsetzung des mit Nevalı Çori begründeten Projekts «Urfa» an den neuen Plätzen am Gürcütepe und am Göbekli Tepe.

Die am Gürcütepe entdeckten Befunde waren wichtig, doch lassen sie sich ohne große Mühen in die lange Reihe erforschter steinzeitlicher Plätze Vorderasiens einfügen. Die Ausgrabungen am Göbekli Tepe bestätigen indes die schon zu Beginn der Unternehmung gewonnene Einschätzung, daß es sich um einen Ort handelt, der bisher ohne Vergleich dasteht. Er ist ein Monument der Menschheitsgeschichte, dem in naher Zukunft vermutlich das Prädikat «Weltkulturerbe» übertragen wird. Diese Aussage erfolgt nicht im Überschwang erster Entdeckerfreude, und sie ist mit Sicherheit nicht als Überschätzung der Befundlage zu bewerten. Sie ist zutreffend. Die Erforschung einer der entscheidenden Umwälzungen der Menschheitsgeschichte, eine Umwälzung, die in Vorderasien ihren Anfang nahm und vor bald einem Jahrhundert von Gordon Childe mit dem Schlagwort «neolithische Revolution» bezeichnet wurde und die den Übergang der Jäger- und Sammler-Gesellschaft zur Kulturstufe seßhafter Ackerbauern und Viehzüchter meint, hat mit dem Göbekli Tepe ein alles Bekannte überragendes Bodendenkmal erhalten.

Dank

In den Veröffentlichungsreihen des Deutschen Archäologischen Instituts werden die ausführlichen Einzeldarstellungen der Ergebnisse des Projekts «Urfa» vorgelegt werden. Es werden wohl mehrere Bände werden, die sich an die Fachkollegen wenden. Zwar wird in dem vorliegenden Buch in gewisser Weise auch bereits der Fachmann einen ersten Eindruck, sozusagen eine Vorschau auf das zu Erwartende, erhalten, aber dies steht nicht im Vordergrund – dieses Buch wendet sich an ein allgemeines Publikum, das der faszinierenden Welt unserer steinzeitlichen Vorfahren besonderes Interesse entgegenbringt. Dem Verlag C. H. Beck gebührt Anerkennung dafür, diesen Versuch einer Vermittlung wissenschaftlicher Forschung an ein breites Lesepublikum in der vorliegenden Form ermöglicht zu haben. Professor Volkert Haas hat seinerzeit den Kontakt zum Verlag hergestellt.

Ganz besonders danke ich Harald Hauptmann, der zusammen mit Adnan Mısır und Eyüp Bucak vom Museum in Urfa die Ausgrabungen am Gürcütepe und am Göbekli Tepe ermöglichte. Ihnen und den immer hilfreichen Vertretern der türkischen Antikenbehörde sei an dieser Stelle herzlich dafür gedankt, daß ich mit dem vorliegenden Band über die aufregenden Ergebnisse dieser Arbeit berichten kann. Mit diesem Bericht versuche ich nicht zuletzt, Resultate wissenschaftlicher Forschung einem breiten Publikum vorzustellen, die als Beispiel für eine erfolgreiche europäische Zusammenarbeit gelten dürfen und in deren Rahmen türkische und deutsche Wissenschaftler und Studenten mit Kollegen und Kommilitonen aus fast ganz Europa zusammenkommen.

Großen Dank schulde ich ferner Helmut Kyrieleis, Präsident des Deutschen Archäologischen Instituts (DAI) von 1989 bis 2003, und seinem Nachfolger Hermann Parzinger, die – beide von der Wichtigkeit dieser Forschungen überzeugt – die Unternehmung mit voller Kraft unterstützten und weiter unterstützen. Das gleiche gilt für Ricardo Eichmann, der als Erster Direktor der Orient-Abteilung des Deutschen Archäologischen Instituts viel zum Gelingen des Projekts beitrug. Seit einigen Jahren bin ich Mitarbeiter dieser Abteilung. Dieser Sachverhalt wäre nicht besonders herauszustellen, hätte er nicht einen wichtigen Einfluß auf das Grabungsprojekt am Göbekli Tepe, das darzustellen die Hauptaufgabe dieses Bandes sein wird. In einem Arbeitsumfeld, das schlicht als vorzüglich charakterisiert sein soll, gelingt es, das 1995 ganz bescheiden begonnene Unternehmen in großen Schritten voranzubringen. So möchte ich auch Ludwig Reisch danken, der dem Projekt am Erlanger Institut für Ur- und Frühgeschichte neben dem DAI auch eine universitäre Heimstatt gab.

Die umfangreichen Vorarbeiten vieler Jahre ermöglichten es, daß die Deutsche Forschungsgemeinschaft dankenswerterweise in eine Förderung des Projekts einwilligte und damit zugleich dessen hohe wissenschaftliche Bedeutung anerkannte. Besonderer Dank gebührt natürlich den zahlreichen Teilnehmern – den Grabungsarbeitern aus Örencik, den Studenten und wissenschaftlichen Kolleginnen und Kollegen – der inzwischen elf Grabungskampagnen und ebenso den Mitgliedern von ArchaeNova e. V. Heidelberg, denn ohne die Hilfe des 1995 zur Unterstützung des Projekts «Urfa» gegründeten Fördervereins wären die Grabungen am Göbekli Tepe, besonders in ihrer heiklen Anfangsphase, nicht in der Art, wie sie heute dargestellt werden können, zustande gekommen. Hervorheben möchte ich hier Otto Faß und Michael Morsch, die auch in schwierigen Situationen nicht vom großen Ziel abließen. Weitere Sponsoren, die namentlich nicht genannt werden möchten, ließen dem Projekt großzügige Unterstützung angedeihen.

Meiner Frau Çiğdem Köksal-Schmidt zu danken ist mir ein besonderes Anliegen. Ohne ihre langjährige und selbstlose Mitarbeit im Projekt wäre dieses wohl an so manchem Hindernis gescheitert.

Klaus Schmidt *Urfa, im Oktober 2005*

I. Eine «Wieder»-Entdeckung

Es war im Oktober 1994, das Land war in die kräftigen Farben der herbstlichen Abendsonne getaucht, und unser Weg führte durch ein leicht ansteigendes, sehr unübersichtliches Gelände, übersät mit großen, oft übereinander getürmten Basaltblöcken. Spuren einstiger Anwesenheit prähistorischer Menschen waren nicht auszumachen – keine Mauerreste, keine Gefäßscherben, keine Steingeräte. Zweifel am Sinn dieser Wanderung, die wie schon viele vorangegangene der Erkundung prähistorischer, besonders steinzeitlicher Plätze galt, stiegen allmählich, aber unabweislich auf. Im Dorf hatte ein Alter, der sich neugierig unseren Fragen stellte, auf die Frage, ob es hier irgendwo einen Berg mit Namen Göbekli Tepe und ob es dort *Çakmaktaşı*, also Feuerstein, gebe, unerwartet konkret mit «Ja» geantwortet und uns auch gleich einen Halbwüchsigen, nun der vierte in unserem Bunde, als unseren Führer bestimmt, da der genannte Ort vom Dorf aus nicht zu sehen sei.

Der Alte war Şavak Yıldız. Heute ist er der Wächter des Göbekli Tepe, eines steinzeitlichen Monuments von besonderer Bedeutung. Doch bis zu dieser Erkenntnis war es im Jahr 1994 noch ein langer Weg, dessen wichtigste Stationen in diesem Buch erzählt werden sollen.

Ein Stück der bergwärts führenden Strecke hatten wir anfangs noch fahren können, bis zum Beginn des Basaltfelds, dann mußten wir zu Fuß weiter, denn der Fahrweg endete und verwandelte sich unversehens zum Ziegenpfad. Wir bewegten uns durch die bizarre Landschaft aus schwarzgrauen Steinblöcken, die sich immer wieder zu Barrieren auftürmten und so einen Marsch in Schlangenlinien erzwangen. Unsere kleine Gruppe bestand aus einem Taxifahrer aus der Stadt, der uns in dieses abgelegene Tal gebracht hatte, aus dem schon erwähnten Jugendlichen aus dem Dorf, aus Michael Morsch, einem Heidelberger Kommilitonen, und dem Verfasser. Endlich erreichten wir am Ende des Basaltfeldes eine Anhöhe, die den Blick auf einen weiten Horizont freigab. Wir hielten inne – nirgendwo auch nur die geringste archäologische Fährte, nur die Spuren der Schaf- und Ziegenherden, die Tag für Tag hierher zur kargen Weide geführt wurden. Immerhin hatten wir jetzt das Kalkplateau, das ohne Basaltdecke vor uns lag, erreicht. Über eine kleine Senke hinweg streifte der Blick zu einer Anhöhe, die sich als Fortsetzung des Plateaus zu erkennen gab, auf dessen Hang das eben durchquerte

Abb. 1 Der Göbekli Tepe vor Beginn der Grabungen 1995 aus der Vogelperspektive.

Abb. 2 Der Göbekli Tepe von Süden und der Wunschbaum auf der südöstlichen Hügelkuppe.

Basaltfeld gelagert war. Auf der gegenüberliegenden Anhöhe befand sich ein mächtiger, das Plateau hoch überragender Hügel, der in mehrere Kuppen und dazwischenliegende Senken gegliedert war. Fast ein Postkartenmotiv: im Vordergrund die grauweiße, nur vereinzelt von verdorrtem Grasbewuchs unterbrochene Felsoberfläche des Plateaus, auf dem Hügel dahinter goldgelb glänzende Stoppelfelder, kontrastiert von offenbar schon frisch gepflügten Flächen rotbrauner Erde und dem tiefen Blauviolett des Abendhimmels. War dieser Hügel der Ort, den wir suchten? Waren es die *knocks* aus roter Erde, wie der amerikanische Archäologe Peter Benedict die steinzeitliche Fundstelle in einem Survey-Bericht charakterisiert hatte, die wir suchten – den Göbekli Tepe, genauer das Göbekli Tepe Ziyaret?

1. Am Wunschbaum

Ziyaret bedeutet Besuch, im gegebenen Fall Besuchsstätte, oder frei, aber treffend übersetzt, Wallfahrtsort. Solche Ziyaret-Stätten können unterschiedlich beschaffen sein. In der meist kahlen und baumlosen südosttürkischen Region ist es häufig nur ein auf den Bergen wachsender einzelner Baum, ein Wunschbaum, der von der umwohnenden Bevölkerung besucht wird, um wichtige Wünsche den Zweigen und damit dem Wind zu übergeben. Wir erblickten einen einsamen Baum auf der höchsten Kuppe des Erdhügels, der offenbar ein Ziyaret markierte. Wir waren uns sicher, wir hatten den Göbekli Tepe gefunden. Schon jetzt, aus der Ferne, war klar, daß sich dieser Platz mit keinem der uns bis dato bekannten Fundorte vergleichen ließ. Auf dem höchsten Punkt des Plateaus markierte der aufragende Göbekli Tepe wie ein erratischer Block die Landschaft.

Und selbst aus der Ferne war sofort klar, daß dies keinesfalls ein natürlicher Hügel sein konnte. Welche Kraft der Natur sollte diesen Erdhaufen auf dem höchsten Punkt des Kalkrückens aufgetürmt haben? Die Erosions- und Sedimentationskraft des Wassers schied jedenfalls angesichts der topographischen Lage aus. Wind vermag zwar Sand zu berghohen Dünen aufzuhäufen, aber dies geschieht in ariden – wüstenartigen – Regionen, und in einer solchen befanden wir uns nicht. Vulkanische Kräfte können Gebirge schaffen, doch war dies kein Vulkankegel. Das, was wir sahen, konnte ohne jeden Zweifel nur Menschenwerk sein. Es war ein riesiger, von Menschen gestalteter Hügel — eine Deutung, die sich in Benedicts Bericht zwar zwischen den Zeilen hatte erahnen lassen, die jedoch in seiner kurzen Beschreibung nicht ausgesprochen wurde. Dem ortsunkundigen Leser des Survey-Berichts erschien damals der Göbekli Tepe als natürlicher Erdhügel — so wie auch dem unvorbereiteten Wanderer bei einem Besuch des Plateaus die wahre Natur des Platzes sicher verborgen geblieben wäre.

In der Gewißheit, einen riesigen archäologisch bedeutenden Ort vor uns zu haben, wechselte unser Gemütszustand von Lethargie mit einem Mal in Aufregung, und wir näherten uns mit großer, stetig steigender Spannung und in immer höherem Marschtempo. Als wir in die Nähe der Hügelflanken gelangten, begann die bisher graue und kahle Plateauoberfläche wie von Kristallen überzuckert zu glitzern. Es war ein Teppich aus Abertausenden von Feuersteinen, der jetzt die Felsflächen überzog. Im Licht der spätnachmittäglichen Sonne entfaltete er ein Glitzern, wie es eine Schneefläche in winterlicher Sonne vermag. Doch war das Ganze keinesfalls ein Spiel ausschließlich der Natur. Hier hatte der Mensch nachgeholfen. Immer wieder überzeugten wir uns davon: Es waren keine natürlichen Absprengungen von Feuersteinknollen, es waren Abschläge, Klingen, Bruchstücke von Kernsteinen, kurz, Artefakte, von Menschen hergestellte Objekte, die diesen Teppich bildeten. Andere Funde, besonders Scherben von Tongefäßen, fehlten vollständig. Auf der Hügelflanke, die wir bald erklommen, setzte sich das Phänomen zwar nicht in dieser Dichte wie auf der Felsfläche fort, doch auch die Erde des Hügels selbst war von zahllosen Feuersteinartefakten durchsetzt.

Wir erreichten die ersten Steinhaufen, die in großer Zahl mauerartig langgestreckt den Hügel überzogen und die ganz offensichtlich von hier tätigen Bauern im Lauf vieler Jahrzehnte aufgetürmt worden waren, um die steinigen Äcker, die sich überall auf den Hügeln befanden, zumindest vom Gröbsten freizuhalten. Nun aber wurde unsere ohnehin schon große Begeisterung über diesen Platz fast ins Grenzenlose gesteigert: In einem dieser Lesesteinhaufen befand sich ein besonders großer Brocken. Er war allseitig von Menschenhand sorgfältig zugerichtet und hatte eine Form, die wir leicht wiedererkannten. Es war unzweifelhaft das T-förmige Kopfstück eines Pfeilers vom Typ Nevalı Çori. Denn T-förmige Pfeiler bilden in diesem frühneolithischen Ort, über den später noch zu berichten sein wird, ein charakteristisches Merkmal des dort vorgefundenen Tempels; «Tempel» wollen wir jedenfalls – wie schon im Vorwort angesprochen – der Einfachheit halber das Sondergebäude nennen, das sich in Nevalı Çori im Grundriß wie auch in der Bauausführung klar von den normalen Wohnhäusern der Siedlung unterscheiden ließ. Und Bruchstücke von T-förmigen Pfeilern fanden sich nun *überall* in den Steinwällen auf dem Göbekli Tepe!

Ich erinnerte mich an Benedicts Bericht, der davon sprach, daß sich auf dem Göbekli Tepe ein Friedhof befinde. Eine ungefähre zeitliche Einordnung hatte er nicht geliefert, doch geht aus dem Text recht klar hervor, daß

Benedict einen mittelalterlichen oder neuzeitlichen Friedhof meinte. Dies impliziert üblicherweise den klaren Hinweis, daß eine weitere archäologische Beschäftigung mit diesem Ort nicht sinnvoll ist, da islamische Friedhöfe für archäologische Forschungen (verständlicherweise) Tabuzonen darstellen. Reste eines derartigen Friedhofs waren indessen nirgendwo am Göbekli Tepe auszumachen. Zwar liegt im Schatten des einzelnen alten Maulbeerbaumes, der das Ziyaret markiert, eine kleine Gräbergruppe, doch waren diese Gräber mit Sicherheit nicht gemeint. Hatte Benedict die T-Pfeiler für Grabsteine gehalten und deshalb von einem Friedhof gesprochen, der sich auf den Hügeln befinde? Das ist in meinen Augen die einzige Erklärung, denn einen Friedhof gibt es dort oben einfach nicht. Wie aber hätte Benedict 1963, als die Erforschung dieser Periode der Menschheitsgeschichte noch in den Kinderschuhen steckte, auch ahnen können, daß die frühesten Bauwerke der Menschheit gleich monumental ausfallen und mit megalithischen Pfeilern ausgestattet sind?

Die T-Pfeiler-Bruchstücke waren das letzte Glied in der Beweiskette, die sich schon bei unserem ersten Besuch innerhalb weniger Minuten offenbarte: Es waren die Augenblicke einer archäologischen Entdeckung, wie sie zu erleben nur wenigen vergönnt ist. Der Göbekli Tepe war ein riesiger frühneolithischer Platz, und die Hügel Benedicts entpuppten sich als imposante Ruinenstätte, die angesichts des Fehlens jeglicher jüngerer Funde mit Sicherheit in das Frühneolithikum, in das 10. und 9. Jahrtausend v. Chr., zu datieren war. Daß Michael beim Rückmarsch noch über ein Skulpturfragment stolperte, das zwar hinsichtlich seiner ursprünglichen Gestalt nicht mehr zu bestimmen, aber eindeutig als Teil einer Großplastik zu erkennen war, nun, das war an diesem Nachmittag die Krönung der großen Entdeckung.

Ein auf entrücktem Berggipfel positionierter gewaltiger frühneolithischer Tell – das arabische Wort für Ruinenhügel fand Eingang in die archäologische Fachterminologie – überstieg alles, was nach unserer Kenntnis bisher aus der Zeit des Übergangs vom Jäger und Sammler zum nahrungsproduzierenden Bauern zu erwarten war. Mein Programm, in diesem Herbst noch viele steinzeitliche Plätze, die ich bislang nicht mit eigenen Augen gesehen hatte, zu besuchen, verflüchtigte sich rasch angesichts dieser Entdeckung. Waren doch die meisten Plätze auf meiner Liste entweder Orte, die ganz aktuell von Fachkollegen untersucht wurden, oder solche, deren Beschreibungen keinesfalls etwas Ähnliches wie den Göbekli Tepe verhießen. Wie war es möglich, daß dieser Platz bis 1994 – zumindest seinem Wesen und seiner Bedeutung nach, wenn man an Benedict denkt – unentdeckt geblieben war? Er lag nicht in unwegsamer Wildnis, sondern in

Sichtweite der Stadt Urfa, einer Großstadt in der südöstlichen Türkei in der Nähe der Grenze zu Syrien.

2. Urfa – Stadt und Land

Die Stadt Urfa und die umliegende Region mögen dem heutigen Mitteleuropäer ziemlich unbedeutend erscheinen, ja, meist wird er wahrscheinlich sogar mit dem Namen der Stadt nur wenig anfangen können – ein Grund mehr, kurz bei Urfa zu verweilen. Urfa war in Antike und Mittelalter eine bedeutende Stadt. Ihre langwährende «Absenz» im Allgemeinwissen des Abendlandes hat vielschichtige Gründe. Die Zerschlagung des Osmanischen Reiches und das politische Geschehen zu Beginn des 20. Jahrhunderts gehören sicher dazu. Es gelang der Türkei aber, als selbständiger Staat ohne Kolonisierung des Kernterritoriums zu überleben. Dies hatte jedoch zur Folge, daß im türkischen Osten bis weit in das 20. Jahrhundert hinein ganze Landstriche fernab vom Weltgeschehen gehalten und umgekehrt von der westlichen Welt so gut wie gar nicht wahrgenommen wurden.

Auch die verschiedenen Namen der Stadt tragen zu ihrer relativen Unbekanntheit bei. Das europäische Mittelalter kannte Urfa unter dem griechischen Namen Edessa. Die heimische Bevölkerung bevorzugte jedoch offenbar stets Ruha oder Orhai, später Orfa oder Urfa – Benennungen, die auf eine weitaus frühere Namensschicht als Edessa zurückgehen. In den achtziger Jahren wurde Urfa der Beiname Şanlı (sprich «schanle») verliehen, der mit «berühmt» übersetzt werden kann. So nennt sich die Stadt heute offiziell Şanlıurfa, wird aber von den Einheimischen weiterhin in der ursprünglichen, kurzen Namensform genannt, eine Praxis, der wir uns gerne anschließen wollen. Die Verleihung des ehrenvollen Namenszusatzes läßt sich auf Ereignisse zu Beginn des 20. Jahrhunderts zurückführen, als das türkische Territorium auch im Osten unter militärischer Bedrohung stand. Einige Städte erwiesen sich als Bastionen des Landes. Die Namen Gazi-Antep, das stolze Antep, Kahramanmaraş, das unbesiegbare Maraş, und eben Şanlıurfa, das ruhmvolle Urfa, geben im kollektiven Gedächtnis der Türken Zeugnis von diesen Ereignissen.

Wir gehen noch einmal ein Jahrhundert zurück, denn noch heute ist die in der Mitte des 19. Jahrhunderts von Helmuth von Moltke, der damals als preußischer Militärberater in Diensten der Hohen Pforte stand, in den *Briefen über Zustände und Begebenheiten in der Türkei* überlieferte knappe Beschreibung der Stadt aktuell: *«Orfa ist noch immer eine große und schöne Stadt, ganz aus Steinen erbaut, mit stattlichen Mauern und einem Kastell auf einem domi-*

Abb. 3 Der Halil-ür Rahman-See in Urfa, Heimat zahlloser, heiliger Karpfen.

Abb. 4 Blick von der Burg nach Nordwesten über die Stadt auf die nördlichen Bergzüge, auf deren höchstem Punkt in der Ferne der Göbekli Tepe liegt.

nierenden Felsen. Auf dem Kastell ragen zwei hohe Säulen ... mit reichen Kapitälen empor ... Vom höchsten Alterthume sind die Mauern eines Gebäudes und eines Thurmes (die Ulu Cami, die große Moschee, Anm. des Verf.) *im Inneren der Stadt aus großen, schön behauenen Quadern ohne Mörtel aufeinandergefügt. Am Fuße des Kastells sammelt sich das Wasser mehrerer Quellen in zwei Bassins, die von hohen Weiden, Platanen und Cypressen umringt sind und neben denen sich eine Medresseh mit schönen Kuppeln und Minarets erhebt. In der klaren Fluth schwimmt eine zahllose Menge von Karpfen, die Niemand anrührt, weil sie heilig sind und Jeder, der davon ißt, blind wird.»*

Die Quellen waren auch der Grund, daß die Stadt von den siegreichen Makedonen Alexanders in den dreißiger Jahren des 4. Jahrhunderts v. Chr. Edessa genannt wurde. Sie verliehen ihr diesen Namen in Erinnerung an das heimatliche Edessa in Makedonien mit seinen malerischen Wasserfällen. Dieser Neigung, durch heimatliche Namen sich die auf dem Alexanderzug eroberten Gebiete vertraut zu machen, huldigten die Truppen des Feldherrn wiederholt. Unter den Seleukiden, die auf Alexander als Beherrscher dieses Territoriums folgten, erhielt die Stadt den Namen Antiochia Kallirhoe, «Antiochia, die schön fließende», womit sowohl ein in dieser Dynastie gebräuchlicher Name (Antiochos) als auch der Quellreichtum der Stadt gewürdigt wurden.

Die heiligen Karpfen, die mit einer in Urfa in der jüdischen und der islamischen Tradition angesiedelten Abraham-Geschichte zu tun haben, und sonstige merkwürdige Begebenheiten in der an Legenden reichen, immer mit wichtigen religiösen Dingen verwobenen Stadtgeschichte, all das füllt Bibliotheken, ohne daß unser Schulwissen daran Anteil nimmt. Der Ehrgeiz der einstigen Kreuzfahrer, in Edessa zu residieren, erklärt sich jedenfalls nicht allein aus strategischen Gründen. Das Mandylion, möglicherweise wirklich ein Portrait Christi, gemalt von einem Meister im Fach der Mumienportraitkunst, war im Mittelalter berühmt und wurde lange in Urfa aufbewahrt. Doch soll dies hier erst einmal als Information über die Stadtgeschichte Urfas genügen, denn eine ausführliche Darstellung hat Jehuda Segal in seinem Band *Edessa – The Blessed City* bereits vorgelegt. Wir wollen statt dessen noch einmal von Moltke zu Wort kommen lassen:

«Orfa liegt an kahle Felsen gelehnt, aber von hier abwärts gegen Süden fängt die Tschöll oder Wüste an, eine unabsehbare Fläche, in diesem Augenblick mit Grün bekleidet, bald aber verdorrt. Orfa bildet mit seinen Obst- und Weidenbäumen eine Oase zwischen der Sand- und der Steinwüste.»

Auch wenn es diese südlich von Urfa sich erstreckende Wüste, die durch moderne Bewässerungsprojekte in immergrünes Fruchtland verwandelt wurde, heute so nicht mehr gibt, so vermag die kurze Passage den Charakter von Stadt und Landschaft doch gut zu verdeutlichen. Urfa liegt an der Grenze des regenreichen Taurusvorlands – hinter dem Gebirgszug des Taurus beginnt das anatolische Hochland –, das sich hin zu Arabien mit seinen weiten Steppen- und Wüstengebieten erstreckt. Die starken Quellen spenden großen Wasserreichtum und machen Urfa fast zur Oasenstadt, auch wenn die umliegende Region mit 480 mm durchschnittlichem Jahresniederschlag selbst noch vergleichsweise üppige Regenfälle aufweist – wird doch das Minimum für Regenfeldbau mit etwa 250 mm veranschlagt. Nach Süden hin nehmen freilich die Niederschläge rapide ab und betragen im 150 km entfernten syrischen Raqqa nur noch 100 mm.

Mit der Abgeschiedenheit der südöstlichen Türkei war es, zumindest im Hinblick auf archäologische Belange, seit den sechziger Jahren des 20. Jahrhunderts vorbei. Die Errichtung mehrerer Großdämme am türkischen Euphrat und die so entstehende Seenlandschaft vernichteten viel Land und zugleich zahllose Kulturdenkmäler. Um zumindest das Wichtigste zu dokumentieren, wurden von der Türkei international geförderte Rettungsprogramme ins Leben gerufen. Dies führte seit 1968, dem Beginn des ersten großen Rettungsprojekts, das im Gebiet des Keban-Staudamms in der Region um das im mittleren Südosten des Landes gelegene Elazig angesiedelt war, zu einer wahren Archäologeninvasion. Nach Keban folgten der Bau des Karakaya-Damms im Gebiet von Malatya und seit 1979 jener des größten der türkischen Dämme, des Atatürk-Damms im Gebiet von Urfa. Zwei kleinere Dämme nahe der syrischen Grenze wurden erst jüngst vollendet, während im Tigrisgebiet weiter gebaut wird. In der Hauptgrabungssaison im Spätsommer und Herbst gaben und geben sich im Museum von Urfa seit Jahren namhafte Archäologen aus aller Welt die Türklinke in die Hand, um an den Rettungsprojekten teilzunehmen.

Der Göbekli Tepe, der, wie schon erwähnt, von Urfa aus am Horizont zu sehen ist, blieb jedoch bis zum geschilderten Besuch im Jahr 1994 unbeachtet. Gewiß, er war und ist nicht von den Stauseeprojekten bedroht. Der Göbekli Tepe liegt erhaben in Gefilden, die kein Staudamm überfluten kann. Und Benedicts Erwähnung eines Friedhofs erstickte ganz offensichtlich etwaiges Interesse im Keim, diesen Platz auch nur zu besuchen, da moslemische Gräber für die Ewigkeit angelegt werden und archäologische Arbeiten folglich für immer verhindern. Auch hatte Benedict den Göbekli Tepe keinesfalls als besonderen Platz beschrieben. Er listet ihn im Rahmen einer langen Reihe von Orten auf, die während eines archäologischen Surveys – dies der Fachbegriff für systematische Geländeerkundungen – in den südöstlichen Provinzen der Türkei im Jahr 1963 als potentielle «Kandidaten» für früheste Siedlungsplätze erstmals wissenschaftliche Erwähnung fanden.

Beim Projekt *Prehistoric Research in Southeastern Anatolia* handelte es sich um eine von Halet Çambel und Robert Braidwood initiierte Unternehmung. Beide Forscher sind namhafte Vertreter des Fachs Prähistorische Archäologie. Çambel lehrte an der Universität Istanbul und Braidwood am *Oriental Institute* in Chicago. Ich hatte das Glück, sie noch in ihrer aktiven Zeit in den Jahren 1978 und 1979 kennenlernen zu dürfen, und dies an einem Platz, wo ebenfalls Wissenschaftsgeschichte geschrieben wurde: in Çayönü. Auch dieser Fundort wurde im Survey-Bericht Benedicts zum ersten Mal erwähnt. Er wurde damals zum «auserwählten» Platz, denn auf den Survey sollten natürlich an vielversprechend erscheinenden Orten Grabungen folgen. Sie begannen in Çayönü im Jahr 1964 unter der Leitung von Çambel und Braidwood; schon bald stellten sich wichtige Ergebnisse ein, so daß die Erforschung über 20 Kampagnen lang Jahr für Jahr fortgesetzt wurde. In den genannten Jahren besuchte ich mehrmals diese Grabung und wurde bei dieser Gelegenheit erstmals mit der Periode des Frühneolithikums näher bekannt.

Doch zu Çayönü später mehr, und jetzt wieder zurück ins Jahr 1994, zurück zum Göbekli Tepe und zu dessen Wiederentdeckung. Warum hatte ich diesen Ort sehen wollen, der so lange niemanden interessiert hatte? Mein Plan bestand darin, alle bekannten und potentiell steinzeitlichen Fundorte der Region Urfa zu besuchen, um ihre Lage und die sie umgebende Landschaft erfassen und beschreiben zu können; dies war Teil eines Arbeitsprogramms, das ich zur Vorbereitung meiner Habilitationsschrift entwickelt hatte. Ausgehend von der merkwürdig versteckten Lage der Siedlung von Nevalı Çori wollte ich bei den bekannten frühen Siedlungsplätzen der Region mit eigenen Augen überprüfen, welche Standortfaktoren bei der Wahl des jeweiligen Ortes in Frage kommen konnten. Auch wollte ich überprüfen, ob es in der Region Höhlenfundplätze gab, die möglicherweise erlaubten, den Übergang von der Alt- zur Jungsteinzeit zu erforschen. Daß der Besuch des Göbekli Tepe mein Programm gleich zu Anfang völlig durcheinanderwirbelte, habe ich ja bereits erzählt, und so möchte ich nun berichten, wie diese Geschichte der Entdeckung und Erforschung eines ebenso faszinierenden wie bedeutenden Teils einer lange vergangenen Kultur weiterging.

Die Dorfwächter Dem ersten Besuch folgte schon am nächsten Tag ein zweiter. Wieder waren wir zu viert, doch brauchten wir diesmal den Führer aus dem Dorf nicht mehr. Der vierte Genosse war nun Murat Akman, ein türkischer Archäologe, der viele Jahre in Çayönü gearbeitet hatte. Stolz zeigten wir ihm die Entdeckung. Da Murat auch in Nevalı Çori ausgegraben hatte, bedurfte es keiner langatmigen Erklärungen. Wie Besucher eines Archäologieparks durchstreiften wir den weiträumigen Platz. Wir beobachteten zahlreiche neue Details, die Gesamteinschätzung blieb indessen unverändert. Wir merkten kaum, daß die Dämmerung hereinbrach. Das am Fuß des Basaltfeldes geparkte Taxi, das uns nach Urfa zurückbringen sollte, fanden wir erst in völliger Dunkelheit wieder.

Als wir mit dem Wagen in die Nähe des Dorfes gelangten, erkannten wir im Lichtkegel der Scheinwerfer einen quer über den Fahrweg gestellten Kleinlastwagen, der dort unmißverständlich als Wegsperre abgestellt war. Wir stoppten, und mehrere Männer mit Kalaschnikows im Anschlag tauchten als Schemen aus der Dunkelheit auf. Unsere euphorische Stimmung wich schnell recht gemischten Gefühlen. Schließlich befanden wir uns im Südosten der Türkei, die in diesen Jahren von heftigen Kämpfen mit kurdischen Gruppen erschüttert wurde. Berichte über im Untergrund agierende Trupps waren damals auch in der Provinz Urfa nichts Ungewöhnliches. Ein Jahr zuvor hatten wir in der Stadt aus nächster Nähe eine Serie von Bombenanschlägen miterlebt. Zwar wurde dabei niemand von uns verwundet, doch hatte uns allein der Knall und die Wucht einer nahen Detonation – sie galt einer Bank und forderte mehrere Menschenleben – in die Knie gezwungen. Kurz, in dieser Nacht am Göbekli Tepe hatten wir Angst, in eine sehr unangenehme Situation geraten zu sein.

Zum Glück hatten wir mit unserem Taxifahrer für eine derartige Unternehmung genau den Richtigen gewählt – einen älteren Herrn aus Urfa, die Ruhe selbst und der kurdischen Sprache mächtig. Gelassen stieg er aus und begann laut und vernehmlich auf kurdisch zu sprechen, was – ohne daß wir es verstanden – ganz offenbar unsere harmlose Identität offenbaren sollte. Und wirklich, die Bewaffneten antworteten; es entwickelte sich ein Gespräch. Allein dieser Sachverhalt wirkte ungeheuer beruhigend auf uns, und Michael und ich begannen als brave Deutsche sogleich nach unseren Reisepässen zu wühlen, wohl im naiven Vertrauen, daß sich mit derartigen Papieren alles regeln ließe, während der aus dem Westen des Landes, aus Kayseri, stammende Murat nicht so leicht von einer bereits sich verflüchtigenden Gefahr überzeugt war und versuchte, sich möglichst unsichtbar zu machen, indem er auf der Rückbank völlig hinter den Vordersitzen versank.

Die Sache klärte sich zum Glück schnell und auf harmlose Weise. Es war gottlob kein Überfall; vielmehr handelte es sich bei den Bewaffneten um sogenannte Dorfwächter, die ihrerseits vor nächtlichen Besuchen terroristischer Gruppen Angst hatten und ein sich in der Dunkelheit dem Dorf näherndes Fahrzeug mit allen ihnen notwendig erscheinenden Vorsichtsmaßnahmen kontrollieren wollten. Die Bewaffneten von damals bilden heute übrigens den Kern unserer Grabungsarbeiter: Bakir, Sezay, Lamih und Vehby waren seinerzeit dabei, und wenn sich die Gelegenheit zu einem Lagerfeuergespräch bietet, erzählen wir uns immer wieder mit großer Heiterkeit von unserer ersten nächtlichen Begegnung.

Der dritte Besuch im Jahr 1994 bot die Gelegenheit zu jener Weichenstellung, die das noch heute laufende Forschungsprojekt des Deutschen Archäologischen Instituts ermöglichte. Mein akademischer Lehrer Harald Hauptmann, Ordinarius am Institut für Ur- und Frühgeschichte der Universität Heidelberg, war zum ersten Direktor der Abteilung Istanbul des Deutschen Archäologischen Instituts berufen worden und besuchte Urfa. Über seine Forschungen in Nevalı Çori, an denen Michael und Murat mehrfach und ich während der gesamten Dauer als Mitarbeiter hatten teilnehmen können, wird noch zu berichten sein. Am Wunschbaum des Göbekli Tepe stehend und das weite, unter uns liegende Land vor Augen, vereinbarten wir noch vor Ort das zukünftige Grabungsprojekt, dessen Ergebnisse den Hauptgegenstand des vorliegenden Buches bilden.

II. Funde, Forscher, Fachbegriffe

Damit Sie, liebe Leserinnen und Leser, nicht nur die einzigartigen Anlagen und Objekte bestaunen können, die am Göbekli Tepe nach und nach zutage traten, sondern sie auch in ihrer kultur- und menschheitsgeschichtlichen Bedeutung erfassen und einschätzen können, möchte ich Sie in den folgenden Kapiteln zunächst mit dem Umfeld jener steinzeitlichen Kultur vertraut machen, auf die wir dort nahe Urfa gestoßen sind. Auf dieser *tour d'horizon* werden Sie wichtige steinzeitliche Fundplätze – vor allem des Vorderen Orients – kennenlernen, soweit sie das Verständnis der Entdeckungen am Göbekli Tepe erleichtern. Und da wir uns wie letztlich jeder, der in historischen Untersuchungszusammenhängen steht, auch bei dieser Ausgrabung natürlich in einem forschungsgeschichtlichen Rahmen bewegen und von den Erkenntnissen anderer Wissenschaftlerinnen und Wissenschaftler profitieren – auch wenn wir später zu neuen, nicht selten den älteren Erkenntnissen widersprechenden Ergebnissen gelangen –, werde ich Sie mit einigen wichtigen Persönlichkeiten bekannt machen, von denen jede ihren Beitrag zum Verständnis des Neolithikums, also der Jungsteinzeit, geleistet hat, so daß Sie auch den wissenschaftsgeschichtlichen Zusammenhang erkennen, in dem die Arbeiten am Göbekli Tepe stehen. Schließlich will ich versuchen, Sie *en passant* und so behutsam wie möglich mit zentralen Begriffen und Methoden meiner Forschungsarbeit vertraut zu machen.

Wenden wir nun also zunächst dem Göbekli Tepe wieder den Rücken zu, und beginnen wir unsere Besichtigung wichtiger Fundstätten der Jungsteinzeit in einer legendenumwobenen Stadt des Alten Testaments – in Jericho.

1. Das Dreiperiodensystem, die jüngere Steinzeit und der Jericho-Schock

In der ersten Hälfte des 19. Jahrhunderts – in einer Zeit, in der das Fach Archäologie praktisch nur als Beschäftigung begüterter und ernsthafter Arbeit enthobener Kunstliebhaber existierte – sortierte der Däne Christian Thompson im Kopenhagener Nationalmuseum die Bestände der «Sammlung nordischer Altertümer» und erkannte, daß Stein-, Bronze- und

Eisengegenstände in verschiedenen Perioden und in zeitlicher Folge auftreten. Im *Leitfaden zur nordischen Altertumskunde* beschrieb er im Jahre 1836 das sogenannte Dreiperiodensystem. Als er diese Definitionen niederlegte, ahnte er wohl kaum, welch langes Leben und welche Erfolgsgeschichte seinem System beschieden sein würden, denn die Gliederung in Stein-, Bronze- und Eisenzeit bildet bis heute das chronologische Rückgrat der prähistorischen Archäologie.

Vor Thompson waren es vor allem Geologen, die sich mit prähistorischen Funden und Fragen beschäftigt hatten. Die *Geognosie*, wie die Geologie früher auch genannt wurde, hatte sich bereits zu Goethes Zeiten im 18. Jahrhundert als universitäre Disziplin formiert. Die Geologen hatten stratigraphische Methoden entwickelt, deren Kern die Erkenntnis ausmacht, daß in einer Folge sich überlagernder Schichten den unteren ein höheres Alter zukommen muß als den höheren und damit jüngeren. Besonderes Interesse fand natürlich auch das Vorkommen offensichtlich menschlicher Hinterlassenschaften in so manchen Schichtablagerungen, und die erste Etappe bei der Etablierung der wissenschaftlichen Disziplin «Prähistorische Archäologie» wurde denn auch von Geologen bestimmt. Die Kunstarchäologie im Sinne Johann Joachim Winckelmanns (1717–1768) war nicht geeignet, aus Steinen und Tonscherben wissenschaftliche Schlüsse zu ziehen, und so ist nicht in der «Klassischen Archäologie» vom Gepräge Winckelmanns, sondern in der Geologie die Mutter der prähistorischen Archäologie zu sehen, die neben der «Klassischen Archäologie» heute die wichtigste «Unterart» der inzwischen zahlreichen «Archäologien» bildet. Diese Herkunft zeigt immer noch Wirkung, denn sie stattete die prähistorische Archäologie mit einer methodischen Grundlage aus, die durch eine enge Verbindung von Geistes- und Naturwissenschaften gekennzeichnet ist.

In der zweiten Hälfte des 19. Jahrhunderts erfolgte die Verfeinerung des Dreiperiodensystems. Der Brite John Lubbock formulierte im Jahr 1865 eine weitere wichtige Entdeckung, und zwar die Unterteilung der Steinzeit in die *Periode des älteren und des jüngeren Steins*, die ältere und jüngere Steinzeit, oder, im Fachjargon, Paläolithikum und Neolithikum. Bis in die zweite Hälfte des 20. Jahrhunderts waren beide Perioden kinderleicht im Fundmaterial zu trennen, denn das Neolithikum wartete mit mehreren Neuerungen auf: geschliffene Steingeräte, eben der «jüngere Stein», dazu Gefäßkeramik und dauerhafte Wohnbauten. Durchgängig erwies sich, zumindest in der europäischen Forschung, daß neolithische Kulturen als seßhaft und bäuerlich, paläolithische als jägerisch und nicht dauerhaft seßhaft zu charakterisieren seien.

In den fünfziger Jahren des 20. Jahrhunderts ereignete sich dann etwas Unerwartetes – etwas, das ich als Jericho-Schock bezeichnen und im weiteren erläutern werde. Bei Jericho, einem am Nordrand des Toten Meeres gelegenen und heute als Tell es-Sultan bezeichneten Ort, handelt es sich um einen dem christlichen Abendland durchaus wohlbekannten Ort. Sie kennen die Geschichte von der Einnahme Jerichos und von Josuas Kriegsführung mit anderen Mitteln? In der Übersetzung der *Neuen Jerusalemer Bibel* steht folgender Ereignisbericht: *«Am siebten Tag aber brachen sie beim Anbruch der Morgenröte auf und zogen, wie gewohnt, um die Stadt, siebenmal; nur an diesem Tag zogen sie siebenmal um die Stadt. Als die Priester beim siebtenmal die Hörner bliesen, sagte Josua zum Volk: Erhebt das Kriegsgeschrei! Denn der Herr hat die Stadt in eure Gewalt gegeben. Die Stadt mit allem, was in ihr ist, soll zu Ehren des Herrn dem Untergang geweiht sein. ... Darauf erhob das Volk das Kriegsgeschrei, und die Widderhörner wurden geblasen. Als das Volk den Hörnerschall hörte, brach es in lautes Kriegsgeschrei aus. Die Stadtmauer stürzte in sich zusammen, und das Volk stieg in die Stadt hinein, jeder an der nächstbesten Stelle. So eroberten sie die Stadt»* (Josua, 6,11–20).

Wie wirkungsmächtig diese alttestamentliche Geschichte über die unter dem Klang der israelitischen Hörner niederbrechenden Mauern von Jericho bis in unsere Tage ist, zeigt eine für unsere Arbeit interessante Forschungsgeschichte. So wurde die renommierte Archäologin *Dame* Kathleen Kenyon, die in Tell es-Sultan am Toten Meer die Grabungen leitete, durch die alttestamentliche Geschichte – die, ob es sich nun so zugetragen hat oder nicht, zeitlich am Ende des 2. Jahrtausends anzusiedeln ist – ganz offensichtlich dazu verführt, auch die Mauerreste, die sie im steinzeitlichen Jericho fand, entsprechend zu interpretieren: Vor ihrem geistigen Auge erhob sich aus den steinzeitlichen Überresten jener in der Bibel erwähnte gewaltige Stadtmauerzingel. Daß man die Funde auch anders deuten kann, mag im folgenden deutlich werden.

Jericho, das Natufien und die vorkeramische Kultur der Jungsteinzeit

Der Jordangraben stellt die tiefste Einsenkung der Landfläche der Erde dar. Die Depression reicht fast 400 m tief unter den Weltmeeresspiegel hinab. In einer Tiefe von 230 m und etwa 10 km vom Toten Meer entfernt liegt die von der Bevölkerung als Tell es-Sultan bezeichnete Siedlungsstätte, bei der es sich mit großer Wahrscheinlichkeit um das biblische Jericho handeln dürfte. Der Platz liegt in einem extrem ariden, also trockenen Gebiet, das nur noch 100 mm Jahresniederschlag verzeichnet. Im westlich benachbarten, jedoch etwa 800 m über dem Meer liegenden Jerusalem beträgt das Jahresmittel demgegenüber 500–700 mm. Doch verfügt Jericho über eine starke Quelle, die Ayn es Sultan (arabisch *Ayn* bedeutet *Quelle*), die über 50 000 Menschen mit Wasser versorgen kann, so daß es sich trotz der geringen Niederschlagsmenge um ein ökologisch begünstigtes Gebiet handelt, das zur Besiedlung einlädt.

Im Jahr 1868 unternahm Charles Warren erste Grabungen in Tell es-Sultan, ohne, wie er zu verstehen gab, etwas Wesentliches gefunden zu haben. Durchaus bemerkenswert ist immerhin, daß Warren erkannt hatte, daß der Hügel eine künstliche Erhöhung darstellt, denn das Phänomen der Tell-Siedlungen – der absichtsvoll vielfach überbauten Ruinen vorangegangener Siedlungen und die daraus resultierende Bildung künstlicher Hügel – hatte zu dieser Zeit in der Forschung noch keine große Beachtung gefunden.

In den Jahren 1907 und 1909 führten dann der Theologe Ernst Sellin und der Klassische Archäologe Carl Watzinger weitere Grabungen in Tell es-Sultan durch. Ihre Arbeiten entsprachen grabungstechnisch dem bescheidenen Standard der Zeit. Vorbildlich erscheint allerdings, daß die Ergebnisse bereits 1913 monographisch veröffentlicht wurden. Im Jahr 1930 erfolgte die Wiederaufnahme der Grabungen durch John Garstang, die bis 1936 fortgeführt wurden. Von Garstangs Arbeiten sind nur Vorberichte veröffentlicht. Garstang erreichte wie schon Sellin und Watzinger «akeramisch-neolithische» Schichten, also jungsteinzeitliche Siedlungsreste ohne Spuren von Gefäßkeramik, doch erkannten sie alle die Besonderheit und Bedeutung ihre Befunde nicht. *Gefäße aus gebranntem Ton galten seit Lubbock als Hauptcharakteristikum des Neolithikums.* Eine jüngere Steinzeit ohne Gefäßkeramik existierte im Bewußtsein der Wissenschaftler bis dato einfach nicht.

Die Erkenntnis, daß in den ältesten Schichten von Jericho eine seßhafte bäuerliche Kultur zutage tritt, in der Tongefäße noch gänzlich fehlen, blieb *Dame* Kathleen Kenyon vorbehalten, die in den Jahren 1952–1958 in sieben Kampagnen die Grabungen in Jericho fortsetzte. Schon 1952, während der ersten Kampagne, erkannte Kenyon die von ihr sogenannten *Pre-Pottery-Neolithic*-Schichten. Vom Gepräge her waren sie also im herkömmlichen Sinn als neolithisch (jungsteinzeitlich) einzustufen, doch fehlten ihnen eben völlig die sonst als Hauptfundgruppe in dieser Zeit auftretenden Keramikscherben – sie war also auf eine vorkeramische Kulturstufe der Jungsteinzeit gestoßen. Kenyon unterschied eine ältere von einer jüngeren *Pre-Pottery-Neolithic*-Schicht und benannte sie *Pre-Pottery Neolithic A* und *B*, woraus sich die Abkürzungen PPN A und PPN B ableiten, die Ihnen im Verlauf des vorliegenden Textes noch häufiger begegnen werden. Man kann sich (relativ) leicht merken: PPN A meint *die ältere vorkeramische Kulturschicht der*

Jungsteinzeit und PPN B *die jüngere vorkeramische Kulturschicht der Jungsteinzeit.* Dementsprechend unterschied Kenyon noch zwei jüngere Schichten, in denen dann Keramik als «Leitfossil» auftrat: die *keramisch*-jungsteinzeitlichen Schichten *Pottery Neolithic A* und *B* oder – mit den entprechenden Abkürzungen – PN A und PN B.

Kenyon verwendete im übrigen in ihrer Gliederung zu Recht den Begriff *präkeramisch* (vorkeramisch) anstelle von *akeramisch.* Akeramisch bedeutet nämlich nur *ohne Keramik,* ohne damit aber auch ein zeitliches Verhältnis von keramikführenden und keramiklosen Kulturen zueinander anzugeben. Wir kennen heute zahlreiche akeramische Kulturen, in denen keine Tongefäße benutzt wurden, während diese in Nachbargesellschaften üblich waren. Die jungsteinzeitlichen Schichten von Jericho waren dagegen präkeramisch. *Tongefäße waren damals einfach noch nicht erfunden.* Das übrige Gepräge der Kultur war indes neolithisch: Seßhaftigkeit, Kulturpflanzen und damit die nahrungsproduzierende Lebensweise konnten nachgewiesen werden. Und auch den «neuen Stein», also die geschliffenen Steingeräte, gab es bereits. Dieser Sachverhalt löste unter den prähistorischen Archäologen nun das aus, was ich als Jericho-Schock bezeichne. Gab es präkeramisch-neolithische Kulturen auch in anderen Ländern? Hatte man sie, wie es in Jericho geschehen war, bis dato nur übersehen? Am Beispiel entsprechender Forschungsarbeiten in Griechenland werden wir später davon hören, daß der Jericho-Schock nicht nur allenthalben zu intensiver Suche nach vergleichbaren Phänomenen führte, sondern zuweilen auch überzogene Interpretationen von Grabungsergebnissen zur Folge hatte.

Das *Pre-Pottery Neolithic,* also die vorkeramische Jungsteinzeit, erscheint in Jericho jedoch nicht als die früheste Besiedlungsphase. Die älteste, unmittelbar dem Felsen aufliegende Schicht gehört zu einer Kultur, die 1928 in Palästina von der Archäologin Dorothy Garrod in der Shuqba-Höhle im Wadi Natuf entdeckt und mit dem Namen Natufien belegt worden war. *Natuf* ist ein Ortsname, der die Wortbestandteile «tropfendes Wasser» enthält – ein Phänomen, das sich dort in Höhlen und Felsschutzdächern beobachten läßt. Der arabische Begriff *Wadi* läßt sich mit Tal übersetzen. Doch handelt es sich bei den Wadis in der Regel um Täler ohne Flüsse. Allein nach starken Regenfällen ist der Talgrund – und für meist nur kurze Zeit – von fließendem Wasser erfüllt, dann allerdings oft in Gestalt eines reißenden und zerstörerischen Gebirgsflusses. Diese ungleiche Verteilung der Wasserführung beruht auf zwei Faktoren. Zum einen sind Regenfälle in Vorderasien fast ausnahmslos auf den Winter beschränkt. Sie reichen in der Regel nicht aus, dauerhaft aktive Bäche oder Flüsse zu speisen. Zum andern führt die gering ausgeprägte oder oft völlig fehlende Vegetationsdecke – die in gemäßigten Breiten das Wasser der Niederschlagsspitzen wie ein Schwamm speichert und verzögert an das Drainagesystem der Landschaft abgibt – dazu, daß nach starken Regenfällen im Wadi ein gewaltiger Strom tost, der freilich bereits nach wenigen Stunden seine Kraft verliert und in der Regel nach einigen Tagen wieder völlig verschwindet.

Soviel zum Phänomen Wadi; von Garrod wurden im Wadi al-Magarah im Karmelgebirge bald weitere Natufien-Plätze erforscht, so auch Mugharet el Wad, die «Tal»-Höhle. Neben diesen Höhlenstationen wurden später auch Freilandsiedlungen des Natufien bekannt, beispielsweise 'Ain Mallaha am Huleh-See, Nahal Oren (dem arabischen Wadi entspricht das hebräische Nahal) und eben Jericho.

Das *Natufien,* dem also die allerälteste Siedlungsschicht Jerichos zugehört, wird ins 12. und 11. Jahrtausend v. Chr. datiert. Diesen Begriff und diese Zeitangabe sollten Sie sich einprägen, da Sie ihnen noch verschiedentlich in der Darstellung begegnen werden. Diese und andere im vorliegenden Band genannten absoluten Zeitangaben beruhen auf dendrokalibrierten Radiokarbondaten. Das Prinzip dieser Datierungsmethode basiert zunächst auf der Messung des instabilen und zerfallenden radioaktiven Kohlenstoffisotops C14, das von allen Organismen zu Lebzeiten über die Luft aufgenommen wird und dessen Gehalt in einem Fundstück organischer Herkunft (z. B. Holzkohle oder Knochen) Rückschlüsse auf das Absterbedatum des betreffenden Organismus erlaubt. Doch der meßbare Gehalt des C14-Isotops ist nicht nur abhängig vom Alter des entsprechenden Fundes, sondern auch vom C14-Gehalt der Erdatmosphäre zu Lebzeiten des betreffenden Organismus. Die Entdeckung, daß der C14-Gehalt der Atmosphäre durch die Zeiten hindurch nicht konstant war, die Erkenntnis, daß diese Schwankungen die Datierung eines Fundes in Relation zum Sonnenjahr verfälschen (ein Sachverhalt, der die C14-Methode besonders in Deutschland lange diskreditierte), bringt die zweite Methode ins Spiel. Die *Dendrochronologie* verwendet die in ihrer Ausprägung vom Jahresklima, also vom Sonnenjahr, abhängigen Jahresringsequenzen der Bäume. Die mal dünn, mal dick ausfallenden Jahresringe einer Vielzahl von Baumstämmen konnten mittels einer Methode, die dem Entschlüsseln von Morsezeichen ähnelt, zu einer langen, zusammenhängenden Kette zusammengefügt werden – zu sogenannten *Weiserkurven,* die nach intensiven Forschungsarbeiten heute von der Neuzeit über Mittelalter und Antike hinweg über die Jahrtausende bis weit in die Eiszeit zurückreichen. Ein Abgleich der C14-Daten aus den Jahresringen der Weiserkurven mit den zugehörigen und unzweideutig abzählbaren, auf das Sonnenjahr bezogenen Dendrodaten erlaubt nun eine *Feinabstimmung*, eine sogenannte *Kalibration* aller C14-Daten.

Die dendrokalibrierten C14-Daten liefern heute das Rückgrat der archäologischen Chronologie. Der kleine methodische Exkurs vermag vielleicht zu verdeutlichen, daß es sich bei der Zeitangabe innerhalb jener vielen Jahrtausende, um die wir uns bei der Erforschung des Göbekli Tepe - der ihn umgebenden Orte sowie der Kulturgebiete und Epochen, in denen sie entstanden sind - von der Gegenwart aus in die Vergangenheit zurückbegeben müssen, keinesfalls um das Resultat mehr oder weniger willkürlicher Schätzungen handelt (die möglicherweise schon bald wieder zu korrigieren wären). Es sind vielmehr Zahlen, die auf einem soliden Fundament eines sehr breit angelegten Gerüsts gesicherter Datierungen beruhen. Wir bestaunen also kein Jonglieren mit Jahrtausenden, sondern betrachten ein festgefügtes Chronologiegebäude.

Was das Natufien und die Zeit des 12. und 11. Jahrtausends v. Chr. so bedeutend macht, sind die in der Kultur jener Epoche beobachtbaren Tendenzen, die schließlich - so die *opinio communis* (die allgemein anerkannte Forschungsmeinung) - zur zielgerichteten und geplanten nahrungserzeugenden Lebensweise hinführen. Dies geschieht im Natufien deutlich früher als in anderen archäologischen Kulturen der Erde: Die Siedlungsplätze lassen erkennen, daß die Menschen zunehmend dazu neigten, auf Dauer seßhaft zu werden und ihre Gebiete nicht länger nur saisonal - also zu bestimmten Jahreszeiten - zu nutzen, da die Natur Früchte und Wildbret im Überfluß bietet. Archäologische Funde wie Sichel, Mörser und Stößel sind zuverlässige Zeugen dafür, daß damals pflanzliche Nahrung bereits einen wichtigen Anteil an der Subsistenz, der Versorgung der Menschen, eingenommen hatte. Für die auf das Natufien folgende Kulturstufe des PPN A (also der älteren vorkeramischen Phase der Jungsteinzeit), das ins 10. Jahrtausend datiert, läßt sich erkennen, daß aus dieser Tendenz - Seßhaftigkeit und gezielte agrarische Nahrungsmittelproduktion - eine bewußte Strategie geworden war. Die Schwelle hin zum Neolithikum wurde damals überschritten. *Dieser Prozeß ist in seiner Bedeutung für die kulturelle Entwicklung der Menschheit gar nicht zu überschätzen. Er wird daher auch als «neolithische Revolution» bezeichnet.* Wir kommen später noch ausführlicher darauf zurück.

Da das Natufien in Jericho nicht besonders gut erforscht ist, wollen wir den Blick kurz zu einem weiteren Natufien-Platz schweifen lassen, an dem sich alle wichtigen Innovationen dieser Zeit beobachten lassen: zum Wadi Hammeh nördlich des antiken Pella, wie Jericho am Rande des Jordangrabens gelegen. Große, teilweise aus mehreren konzentrischen Steinreihen gebildete Rundstrukturen lassen sich als Wohnbauten interpretieren. Sechs annähernd vollständige Sicheln aus Knochen und Horn, mehrere Sammelfunde von Mörsern, Stößeln und pickelartigen Geräten aus Feuerstein spiegeln den Beginn der neuen Lebensweise wider. Einige figürlich verzierte Objekte – am auffälligsten ein Stößel mit figürlich verziertem Endstück – und eine merkwürdige, mit ornamentalem Relief verzierte Steinskulptur von 1,6 m Länge lassen uns diesen Fundort schließlich in die *first class* früher Plätze Vorderasiens einreihen. Denn erst im Natufien erscheinen im Orient figürliche Darstellungen in nennenswerter Zahl. In merkwürdigem und bis heute schwer erklärbarem Gegensatz zu Europa – wir denken an die eindrucksvollen Höhlenmalereien des Magdalénien in Lascaux oder Altamira in Frankreich und Spanien oder die Venus von Willendorf, einer Frauenstatuette des mittleren Jungpaläolithikums aus Oberösterreich – blieb die Altsteinzeit im Orient bis zu diesem Zeitpunkt fast ohne Bilder, obwohl eine ansonsten dem europäischen Jungpaläolithikum (der späten Altsteinzeit) ähnliche Kulturentwicklung vorliegt.

Die Verbreitung des Natufien ist auf die Levante beschränkt. Da diese Kultur als der Wegbereiter des frühen Neolithikums, also der Jungsteinzeit, gilt, lag und liegt hier einer der entscheidenden Gründe, die Ursprünge des Neolithikums nur in dieser Region zu suchen. Bis heute fehlen Fundorte des Natufien – oder einer Kultur aus der Zeit des Natufien – in Obermesopotamien. Die am nördlichsten gelegenen Natufien-Plätze, Nahr el Homr, Dibsi Faraj und Mureybet, erreichen gerade einmal den syrischen Euphrat. Auf der archäologischen Landkarte des 12. und 11. Jahrtausends v. Chr. stellt man indes im Kernland Obermesopotamiens bislang noch eine völlige Leere fest. Doch ergibt sich dieser Befund sicherlich nur aus dem bis heute erreichten Forschungsstand – waren doch bis vor wenigen Jahren auch die vorkeramisch-jungsteinzeitlichen (PPN-)Plätze der Region Urfa so gut wie unbekannt. Es steht nun aber kaum zu erwarten, daß eine fruchtbare Landschaft, die mit den Strömen Euphrat und Tigris und den zahlreichen vom Taurus kommenden Nebenflüssen beständige Garantie für eine ausreichende Subsistenzgrundlage bot, am Ende der Eiszeit völlig unbesiedelt gewesen sein soll. Die Suche nach den Vorgängerkulturen des PPN in Obermesopotamien hat gerade erst begonnen, und es heißt lediglich, sich in Geduld zu üben. Offen scheint mir allein, ob wir auf Fundorte stoßen werden, die eine dem Natufien sehr ähnliche Kultur oder ganz andere Phänomene zeigen werden, die zwar derselben Zeit angehören, aber eben ein unterschiedliches Aussehen besitzen.

Nach dieser ersten Orientierung über Zeit, Regionen, Orte und Begriffe

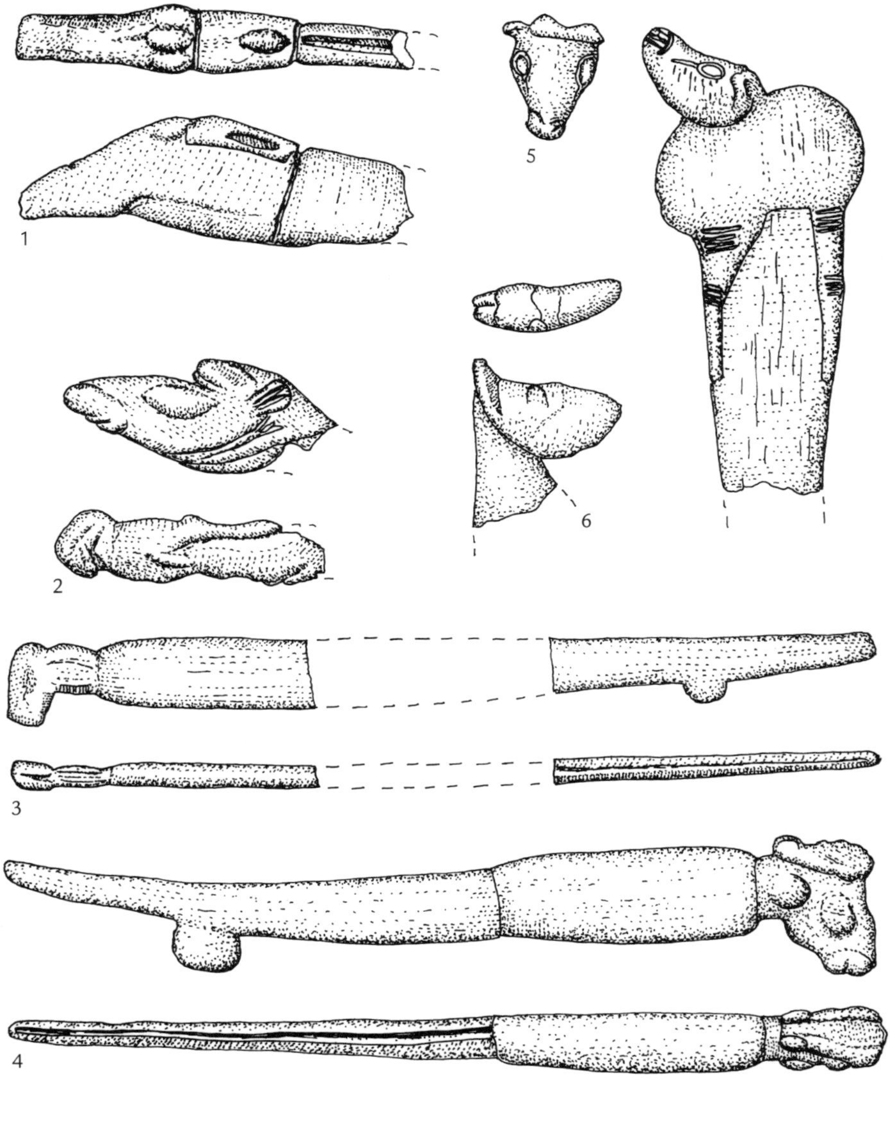

Abb. 5 Figürlich verzierte Knochenartefakte des Natufien: 1–4) Kebara, 5) el Wad, 6) Nahal Oren

wollen wir wieder nach Jericho zurückkehren, wo für die nun bereits mehrfach erwähnte Archäologin Kenyon die Interpretation verschiedener Mauerbefunde als *Befestigungsanlage* aus der älteren vorkeramischen Jungsteinzeit eine feststehende Tatsache war. Und Kenyon ging noch weiter. Hatte sie erst einmal die Mauerreste zu Überbleibseln einer Schutzmauer erklärt, so folgerte sie forsch, daß schon das steinzeitliche Jericho eine *Stadt* gewesen sei.

«Die älteste Stadt der Welt» und «das Heilige-Land-Syndrom» Wir wollen an dieser Stelle nicht im Detail ausführen, welche Kriterien erfüllt sein sollten, um mit Blick auf eine Siedlung von einer «Stadt» zu sprechen – ganz unumstritten ist das auch unter Fachkollegen nicht. Später, wenn es für unser Hauptthema wichtiger wird, werden wir auf diese Frage zurückkommen. Vorerst wollen wir uns mit der Feststellung begnügen, daß das Vorhandensein einer Befestigung und die Existenz von Verteidigungsanlagen im allgemeinen sicher noch lange nicht zum Nachweis einer Stadt ausreichen. Natürlich können Städte auch ohne Befestigungen angelegt sein – da darf auch eine militaristische Sozialisation nicht den Blick des Forschers verstellen –, und eine Burg, das liegt auf der Hand, ist noch lange keine Stadt.

Aber war denn das, was da in Jericho zutage trat – jener Turm und jene ominöse Mauer also –, wirklich Teil einer Befestigungsanlage? Der israelische Archäologe Ofer Bar-Yosef kommt wie sein deutscher Kollege Rolf Hachmann zu dem Ergebnis, daß andere Deutungsversuche nicht nur möglich, sondern angesichts der von Kenyon dokumentierten Befundlage eindeutig zu favorisieren sind.

Kenyon hätte zwar den passenden «Blickwinkel» auf die Mauern von Jericho finden können, der ihr einen anderen Charakter der Anlage offenbart hätte, doch ist sie der Verführungskunst der bereits erzählten alttestamentlichen Geschichte erlegen, so daß die Hörner vor Jericho zwar keine Verteidigungsanlage, aber immerhin in einem Falle die archäologische Kritikfähigkeit zum Einsturz gebracht haben. Große Mauern, ausgegraben noch dazu in Jericho, *mußten* einfach Teile einer Stadtbefestigung sein, und der Turm, den man fand, eben ein Stadtmauerturm. Finden wir in der biblischen Archäologie einerseits das gewaltige Potential einer idealen Verknüpfung schriftlicher und archäologischer Quellen, so gerät dieser Forschungsansatz leicht unter den Erwartungsdruck einer allzu erwünschten Parallelisierung biblischer Textstellen mit archäologischen Befunden. Damit einher geht nicht selten eine mangelnde Berücksichtigung auch solcher Aspekte einer Befundsituation, die gerade *nicht* in das biblische Szenario passen oder zumindest nicht der Erwartungshaltung der Ausgräber entsprechen. Die Geschichte der archäologischen Erforschung beispielsweise Jerusalems ist voll von derartigen Wunsch- und Fehlinterpretationen.

Unter anderem hatte Kenyon in Jericho zwei große Steine mit mörserartigen Vertiefungen entdeckt und zwölf Skelette, die man am Fuß ebenjener Treppe deponiert hatte, die auf den neolithischen Turm führte. Die beiden Steine hatte sie als Sockel für nicht erhaltene Totempfähle gedeutet. Diese Interpretation scheint heute, angesichts der Tatsache, daß man in Nevalı Çori – einem anderen wichtigen Fundort dieser Epoche, von dem wir noch hören werden – und am Göbekli Tepe gleichfalls solche totempfahlartigen Funde gemacht hat, zutreffend.

Doch deuten ein solcher Fund und eine solche Interpretation nicht eher auf einen kultischen Zusammenhang der Anlage? Und widersprechen nicht nachgerade die Skelette einer Interpretation des Turms im militärischen Kontext? Opfer von Kampfhandlungen scheinen die Toten jedenfalls nicht geworden zu sein, und man muß auch kein Militär sein, um sich vorstellen zu können, daß zwölf Bestattungen am Fuße der Treppe zu einem Verteidigungsturm für die hinauf- und hinabeilenden Verteidiger eher hinderlich gewesen sein müssen. Kenyon hat indes den Weg hin zu einer denkbaren Interpretation der Funde in einem rituellen Kontext der älteren vorkeramisch-steinzeitlichen Kultur (PPN A) nicht weiterverfolgt.

Der Turm von Jericho steht heute noch. Abgesehen von der Treppe ist sein innerer Aufbau völlig unbekannt. Besteht er aus gesetztem Mauerwerk, vielleicht weiteren konzentrisch nach innen gelegten Schalen, oder aus einer strukturlosen Stein- oder Erdfüllung? Wurde der Turm als Ganzes hochgezogen oder eine zunächst innen hohle Mauerschale erst nachträglich aufgefüllt? Klar ist nur, daß die Treppe offenbar zusammen mit der Aufhöhung des Turmkerns angelegt werden konnte. Die Möglichkeit, daß der Turm anfangs aus einer innen zunächst hohlen Mauerschale bestand, läßt mich an jene Kreisanlagen des Göbekli Tepe denken, mit denen ich Sie später bekannt machen möchte. Doch will ich nicht vorgreifen, sondern den Archäologen Hachmann zu Wort kommen lassen, den die martialischen Deutungen Kenyons der Funde in Jericho gleichfalls nicht recht zu überzeugen vermochten: « ... *wohl aber liefert die akeramische Ansiedlung viele Zeugnisse für eine bemerkenswerte Komplexität der Kultur in dieser frühen Zeit, insbesondere aber deutet sie auf das große Gewicht des Religiösen in dieser Epoche, das sich – wie schon vorher im Paläolithikum – in einer Fülle von unterschiedlichen Kultpraktiken niederschlug*» (Baghdader Mitteilungen des Deutschen Archäologischen Instituts, 1994, S. 73).

Die Toten von Jericho und das Geheimnis der Schädel Insgesamt fand man in Jericho seinerzeit die sterblichen Überreste von 491 Menschen aus jener Epoche, wobei allerdings nur 200 Skelette vollständig erhalten waren. Der deutsche Anthropologe Gottfried Kurth, dessen wissenschaftliche Arbeit sein Schüler Olaf Röhrer-Ertl zusammenfaßte, gehörte dem Team von Kenyon an, wobei die Grabungsberichte verraten, daß sich die Zusammenarbeit wenig herzlich gestaltete. Die wissenschaftliche Aufarbeitung des Skelettmaterials aus Jericho ist jedenfalls bis heute nicht befriedigend mit der archäologischen Befunddokumentation abgestimmt.

Kurth wandte sein Augenmerk auf die Tatsache, daß man zum einen die Überreste von weniger Menschen gefunden hatte, als man hätte erwarten dürfen, und daß aber unter den Toten die Gruppe junger Menschen in der Zeit der älteren und jüngeren vorkeramisch-jungsteinzeitlichen Epoche (PPN A und PPN B) deutlich überrepräsentiert war.

Was steckte also im Fall von Jericho dahinter? Sicher ist, daß die beobachtbare Absterbeordnung nicht repräsentativ für die neolithische Gemeinschaft in Jericho gewesen sein kann. Diese Funde sind ihrer Zusammensetzung nach also keine stummen Zeugen eines natürlichen biologischen Prozesses; hier müssen Manipulationen vorliegen. Auch in Jericho mußte einst die juvenile (jugendliche) Gruppe in der Absterbeordnung der Gesellschaft einen niedrigeren Anteil als den angetroffenen besessen haben, sonst wäre die Population kaum überlebensfähig gewesen. Man darf daraus schließen, daß das Siedlungsgebiet von Jericho ein bevorzugter Bestattungsplatz für die – auch hier – naturgemäß kleine Gruppe der im juvenilen Alter Verstorbenen war. Der Frage nach dem *Warum* ist allerdings mit keiner beweisbaren Antwort zu begegnen. Doch darf man zumindest vorsichtig folgern, daß die in jugendlichem Alter Verstorbenen und in Jericho Bestatteten zu einer besonderen Gruppe gehören – zu einer Gruppe, für die vielleicht auch schon im Leben besondere Regeln galten und mit deren Leichnamen deshalb in besonderer Weise umgegangen worden ist. Ohne sich in Spekulationen zu verlieren, darf man weiterfragen, ob wir vielleicht bei den in Jericho Bestatteten letztlich sogar mit Menschenopfern konfrontiert sind, während die «normalen» Toten anderswo ihre letzte Ruhestätte fanden.

Wie bizarr der Umgang mit dem Tod und den Toten sein konnte, der letztlich nur in kultischem Kontext interpretiert werden kann, zeigen die wohl spektakulärsten Funde aus Jericho – die übermodellierten Schädel: Einem Teil der isoliert vom übrigen Skelett niedergelegten Schädel war das «Fleisch» zurückgegeben worden. In einem Überzug aus Lehm oder Gips hatte man das Gesicht nachmodelliert, Kauri-Schnecken ersetzten dabei oft die Augen. Auf Wangen und Stirn fanden sich nicht selten Bemalungen. Strittig ist, ob sich die Menschen damals um die Nachbildung des Gesichts der Verstorbenen bemühten – also versuchten, das Antlitz des Verstorbenen portrait-ähnlich nachzuformen – oder ob sie lediglich die Darstellung eines Idealtyps anstrebten. Für die ältere vorkeramisch-jungsteinzeitliche Schicht (PPN A) ist diese Behandlung von Totenschädeln nicht nachweisbar, sie blieb – nach unserem heutigen Kenntnisstand – auf die jüngere (PPN B) Schicht beschränkt.

Übermodellierte Schädel aber fand man nicht nur in Jericho, sondern auch an einem anderen Siedlungsplatz, der für unser Verständnis des kulturellen Umfelds von Göbekli Tepe von Bedeutung und dem deshalb das nächste Kapitel gewidmet ist.

'Ain Ghazal – die Schwester Jerichos Der Siedlungsplatz von 'Ain Ghazal wurde 1974 während der Bauarbeiten für eine neue Schnellstraße von der jordanischen Hauptstadt Amman zum nahegelegenen Ort Zarqa entdeckt. Damals wurden Teile der Siedlung durch Bulldozerarbeiten zerstört. Der steinzeitliche Fundort liegt auf der westlichen Talseite des Wadi Zarqa, das (ungewöhnlicherweise) ganzjährig Wasser führt. Der durchschnittliche Jahresniederschlag von 250 mm weist die Region heute in die Übergangszone zwischen mediterranem Buschland und der indoturanischen Steppenvegetation. Nach dem Ende der Eiszeit, im Frühholozän – also seit etwa 10 000 v. Chr. –, scheinen die klimatischen Bedingungen jedoch günstiger als heute gewesen zu sein, denn mit 15 ha gehört 'Ain Ghazal zu den größten bekannten neolithischen Plätzen des Nahen Ostens. Seit 1982 konnten unter der Leitung des Archäologen Gary O. Rollefson Rettungsgrabungen in der von Baumaßnahmen bedrohten Siedlung durchgeführt werden. Aus noch bescheidenen dörflichen Anfängen des mittleren PPN B, das in die Zeit um 7250 v. Chr. zu datieren ist, erwuchs innerhalb der folgenden Jahrhunderte eine Siedlung mit etwa 2000 Bewohnern. Nach 6000 v. Chr. erlebte 'Ain Ghazal, vermutlich infolge einer zu intensiven Nutzung des Ackerlandes, die der Boden nicht verkraftete und der folglich immer geringere Erträge brachte, einen starken Bevölkerungsrückgang; bald nach 5000 v. Chr. wurde die Siedlung dann vollständig aufgegeben.

In der Periode der vorkeramischen Jungsteinzeit – des *Pre-Pottery Neolithic* (PPN) – stellte 'Ain Ghazal aber zweifelsohne einen bedeutenden Siedlungsplatz dar. Mit seinen 15 ha ist es viermal so groß wie das neolithische Jericho, mit dem es viele Gemeinsamkeiten in Architektur, Kunst und Ritualpraxis verbinden. Rollefson bezeichnet beide Orte daher auch als «Schwesterstädte». Er vermutet zudem, daß der Bevölkerungsanstieg in 'Ain Ghazal teilweise mit dem Niedergang von Jericho in der Mitte des 7. Jahrtausends v. Chr. korrespondierte, also ein Teil der Bevölkerung damals von Jericho nach 'Ain Ghazal umgezogen war.

Die Besiedlungsgeschichte von Jericho und 'Ain Ghazal soll jedoch nicht weiter ausgebreitet werden, denn im vorliegenden Zusammenhang interessieren uns vor allem die kulturellen Äußerungen der Bewohner von 'Ain Ghazal, besonders im Bereich ritueller Praktiken. Wie in Jericho wurden die Schädel einiger besonderer Personen entfleischt, die Gesichtspartien mit Gips nachmodelliert und bemalt und die Schädel schließlich an bestimmten Plätzen aufgestellt.

Darüber hinaus gibt es weitere interessante Befunde. Zwei von «Silexspitzen» durchbohrte Tierfiguren aus Ton, die unter dem Fußboden eines Hauses entdeckt wurden, erinnern entfernt an karibischen Voodoo-Zauber oder afrikanische Nagel-Fetische. Ein Sammelfund von 24 tönernen Rinderfigurinen, die um ein undefinierbares Tonobjekt gruppiert waren, wurde im Füllschutt eines anderen Hauses geborgen. Auch hier handelt es sich gewiß um Zeugnisse einer rituellen Handlung, die in der Siedlung vorgenommen wurde, doch können wir uns noch keinen Reim darauf machen oder gar die Hintergründe und den Ablauf des Vorgangs vorstellen. Mit diesem Problem werde ich Sie noch häufiger konfrontieren, denn es ist, wie Sie sich sicher vorstellen können, grundsätzlich ungleich schwieriger, allein aus archäologischen Zeugnissen eine vergangene Kultur zu rekonstruieren, als wenn man Textquellen – also schriftliche Überlieferungen – aus einer Kultur besitzt, die einzelne Sachverhalte aus der Sicht der Zeitgenossen erklären oder beschreiben. Immerhin können wir aber sagen, daß in 'Ain Ghazal wie in Jericho – und hier ergibt sich eine wichtige Parallele zu den noch sehr viel reicheren Funden am Göbekli Tepe – die materielle Hinterlassenschaft auf ein lebendiges Interesse der damaligen Menschen an kultisch-rituellen Zusammenhängen und Handlungen schließen läßt.

Dafür sprechen auch die spektakulärsten Funde in 'Ain Ghazal, und zwar jene 30 Gipsstatuetten, die nach der *opinio communis* der Forscher als Ahnenbilder gedeutet werden dürfen. Ob diese Deutung zutrifft, sei hier zunächst einmal dahingestellt. Die Statuetten heben sich jedenfalls in ihrer Größe zwischen 35 und 90 cm deutlich von der übrigen Kleinplastik ab und erlauben einen Blick auf die eindrucksvolle Welt neolithischer ritueller Praktiken – ohne allerdings deren Geheimnisse zu enthüllen. Bruchstücke

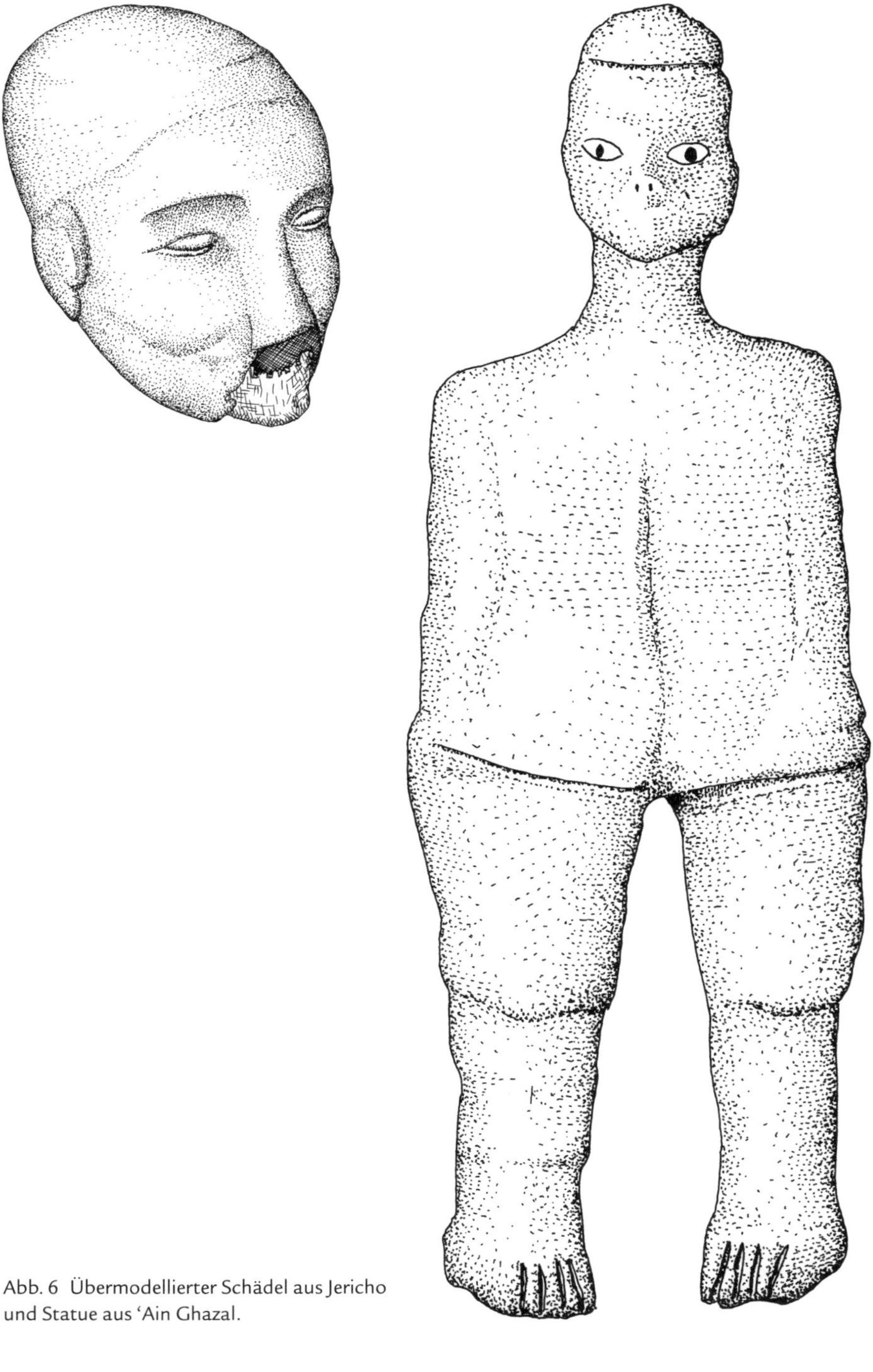

Abb. 6 Übermodellierter Schädel aus Jericho und Statue aus 'Ain Ghazal.

ganz ähnlicher Statuen waren schon in Jericho gefunden worden, doch konnte damals die Gestalt der vollständigen Exemplare noch nicht rekonstruiert werden. Anhand der 'Ain-Ghazal-Funde ist dies nun auch für die Jerichofunde ohne Probleme möglich.

Die 'Ain-Ghazal-Statuen stammen aus zwei in Gruben niedergelegten Sammelfunden. Die erste Gruppe umfaßt 13 Ganzkörperstatuen von 80–90 cm Größe und 12 Büsten mit einer Höhe von 30–45 cm. Bemerkenswert ist die verschiedentlich feststellbare sogenannte Polydaktylie, was nichts anderes besagt, als daß an einigen menschenförmigen Objekten statt fünf Zehen sechs vorhanden sind. Diese vererbbare Eigenschaft ist übrigens auch noch in unseren Tagen gar nicht so selten.

Das zweite Depot wurde nur 8 m nordwestlich von der ersten Fundstelle angetroffen. Es handelt sich hier um elf Statuetten und Büsten; mindestens zwei Statuen und eine Büste trugen je zwei Köpfe. Die Funktion dieser spektakulären Figuren ist über die allgemeine Feststellung hinaus, daß an ihrer Deutung als Gegenstände ritueller Handlungen kaum ernsthaft gezweifelt werden kann, nicht geklärt. Ihre Fundlage in Gruben verrät lediglich eine geplante Entsorgung, erlaubt aber keine weiteren Folgerungen hinsichtlich Bedeutung und Verwendung dieser Objekte.

Ein weiterer Fundort sei hier kurz erwähnt – Nahal Hemar. Besonders bemerkenswert unter den dort zutage gekommenen Funden ist eine bisher singuläre Fundgruppe. Es handelt sich um die bereits erwähnten übermodellierten Schädel, die jedoch ganz anderer Art sind als jene, die in Jericho oder 'Ain Ghazal gefunden wurden. In Nahal Hemar hat man nicht versucht, dem Schädel das Gesicht wiederzugegeben, sondern man modellierte auf dem Hinterhaupt mit Asphalt ein Netz, das entweder Haare oder, wahrscheinlicher, ein Haarnetz darstellen sollte; das schließen wir daraus, daß sich unter den Textilfunden ein ebensolches Haarnetz befand. Das gesamte Fundensemble aus Nahal Hemar gehört ebenfalls in den Bereich des Kultisch-Rituellen – zumal kein anderer lebenspraktischer Zusammenhang zu erkennen ist. Es handelt sich dabei um einen Versteckfund, der jedoch leider keine weiteren Aufschlüsse über die ursprüngliche Verwendung der deponierten Gegenstände gewinnen läßt. Doch zeigt Nahal Hemar, daß die übermodellierten Schädel der jüngeren vorkeramisch-jungsteinzeitlichen Epoche (PPN B) in verschiedenen Varianten vorkommen können.

Die heute bekannten übermodellierten Schädel der Steinzeit Vorderasiens – es sind mehr als siebzig – stammen nicht nur fast ausschließlich aus der PPN B-Phase (einige wenige aus einer etwas späteren, zum keramischen Neolithikum überleitenden Zeit), sondern auch fast alle aus einem geographisch recht eng umgrenzten Gebiet im Bereich des Jordangrabens und der Ebene um Damaskus. Sie entstammen neben den bereits ausdrücklich erwähnten Fundstätten auch noch anderen Orten, die im wesentlichen alle in dieser Region liegen, doch will ich Sie in diesem Kontext nicht über Gebühr durch eine Vielzahl von Namen verwirren.

Auch wenn wir bis heute jene auf den ersten Blick erstaunlich große Zahl übermodellierter Schädel gefunden haben, so relativiert sich diese doch angesichts der allmählich intensivierten Erforschung der Steinzeit in Vorderasien. In Relation zur anzunehmenden steinzeitlichen Bevölkerung und zu den insgesamt bekannten Schädelfunden ist es nur eine verschwindend geringe Zahl. Es wird damit um so klarer, daß nur *ausgewählte* Schädel der Prozedur der Übermodellierung unterzogen wurden; *keinesfalls* war es eine übliche Bestattungsform. Die Schädel waren offenbar – vielleicht entfernt vergleichbar mit den Reliquien unserer Tage – Kultgegenstände: Verstehen wir sie also als Objekte, welche die Menschen in ihrer Bindung an etwas für sie Heiliges aus dem Alltag mit angemessener Feierlichkeit entrückt haben.

Den Sachverhalt, daß menschliche Schädel in der jüngeren vorkeramisch-steinzeitlichen Periode (PPN B) als Kultgegenstände dienten, glaubt der israelische Archäologe Yosef Garfinkel für die ältere Periode PPN A ausschließen zu können, da hier übermodellierte Schädel völlig fehlen und die isolierten Schädel aus dieser Zeit nicht aus Gruben, sondern aus Raumbefunden stammen. Immerhin aber kam offenbar auch bereits in dieser frühen Phase bestimmten Schädeln eine besondere Bedeutung zu; dies gilt um so mehr, als sich unter den isolierten Schädeln der älteren Zeit besonders *breitgesichtige* Exemplare fanden, die offenbar den Zeitgenossen zur Hervorhebung durch Vereinzelung taugten. Insofern mag es also durchaus auch bereits früher einen Schädelkult gegeben haben, auch wenn die Praxis des Übermodellierens erst später in Übung kam.

Vielleicht kann man die Überlegungen des israelischen Kollegen insofern modifizieren, wenn man sich einmal vorzustellen versucht, daß eine durch äußere (Schädel-?)Merkmale auffällige Personengruppe schon im Leben für besondere Aufgaben berufen wurde, sei es aktiv (etwa als Vollzieher des Kultes) oder passiv (als Opfer). In der für Jericho von dem bereits erwähnten Anthropologen Röhrer-Ertl beobachteten Altersverteilung erscheint zudem auffällig, daß man alle übermodellierten Schädel Jugendlichen oder Erwachsenen, niemals aber wirklich alten Menschen zuordnen kann. Wenn man daraus eine Schlußfolgerung ziehen mag, so weist diese jedenfalls nicht auf die von der überwiegenden Mehrheit der Forscher vertretene *opinio communis*, die auf den oben erwähnten «Ahnenkult» hinausläuft. Manches deutet eher auf eine privilegierte Behandlung von Toten hin, denen in der Gesellschaft eine besondere Funktion zukam und deren Schädel dann in der beschriebenen speziellen Weise behandelt wurden und als Kultobjekt zum Einsatz kamen.

Exkurs nach Süddeutschland – Schädelkult in der Ofnet-Höhle Einem in Grundzügen durchaus vergleichbaren Umgang mit Schädeln begegnen wir auch in Europa. So stammt beispielsweise aus dem späteiszeitlichen Magdalénien – etwa um 15 000 v. Chr. – aus der Höhle von Mas d'Azil in Südwestfrankreich der Fund eines weiblichen Schädels, der dort auf einem Felsvorsprung deponiert war. Der Unterkiefer und die meisten Zähne fehlten, in die linke Augenhöhle war ein Knochenplättchen eingesetzt, ein zweites Plättchen für das andere Auge fand sich im umgebenden Sediment. Von herausragender Bedeutung sind aber immer noch die Befunde der in Süddeutschland bei Nördlingen am Riesrand liegenden Ofnet-Höhle, genauer gesagt: der großen Ofnet-Höhle.

Erste Grabungen hatte bereits 1875/76 Oskar Fraas vorgenommen. Robert Rudolf Schmidt setzte die Arbeiten im Jahre 1908 fort. Schmidt fand in paläolithische Schichten eingetieft zwei eng benachbarte Mulden, die in mit Ocker und Asche durchsetzter Erde menschliche Schädel enthielten. Die größere Gruppe bestand aus 27, die kleinere aus 6 Schädeln. Alle besaßen noch ihre Unterkiefer und Halswirbel. Besonders letztere Beobachtung darf als ein Anzeichen dafür gewertet werden, daß nicht nur die bereits blanken, entfleischten Schädel, sondern gleich die vom Körper abgetrennten Köpfe dort deponiert worden waren. Als man sie fand, blickten die leeren Augenhöhlen ausnahmslos nach Westen zum Höhleneingang. Die Niederlegung der Köpfe erfolgte nach Ansicht Schmidts nicht gleichzeitig, sondern nacheinander, und zwar konzentrisch von der Mitte ausgehend. Die Schädel hatten einst 4 Männern, 9 Frauen und 20 Kindern gehört. Die männlichen Schädel waren beigabenlos bestattet, während die Kinderköpfe mit Schmuckschnecken versehen in die Gruben gelegt worden waren. Den weiblichen Schädeln hatten ihre Bestatter insgesamt etwa 200 durchlochte Hirschzähne und rund 4000 Schnecken beigegeben.

Schmidt datierte die Befunde ins Tardenoisien, also in die mittlere Steinzeit (Mesolithikum, ca. 10 000 bis 6000 v. Chr.) und demnach in die Zeit der nacheiszeitlichen Jäger- und Sammler-Kultur. C14-Untersuchungen präzisierten die Datierung, um die es einige Zeit einen Gelehrtenstreit gegeben hatte, und ließen den Befund mit einem Datum von 6300 v. Chr. der Zeit des Spätmesolithikums zuordnen.

Die Ofnet-Höhle bot nicht den einzigen Befund dieser Art – andere kamen hinzu –, doch übertrifft er bei weitem die anderen an Bedeutung. Aus Süddeutschland sind z. B. weitere Befunde zu vermelden, so vom Kaufertsberg, ebenfalls am Riesrand gelegen, und vom Hohlenstein-Stadel im schwäbischen Lonetal. Ohne hier näher auf diese Beispiele eingehen zu wollen, läßt sich sagen, daß diese Funde isoliert vom Körper niedergelegter menschlicher Schädel in Mitteleuropa zwar etwas jünger sind als die Befunde der vorkeramischen Jungsteinzeit des Orients (PPN), aber im großen und ganzen der gleichen Epoche entstammen. Und wir finden neben Unterschieden – in Vorderasien wurden, wie wir uns erinnern, die Schädel anders als in der Ofnet-Höhle bereits entfleischt niedergelegt – auch vergleichbare Phänomene. Eine besondere geschlechtsspezifische oder altersspezifische Verteilung läßt sich nicht feststellen – außer wiederum ein hoher Anteil an jungen Menschen, ein Befund, der, wie wir gesehen haben, durchaus mit der im Orient angetroffenen Situation der Schädelbestattungen im PPN in Einklang zu bringen ist. Zwar pflegten die süddeutschen Bestatter keine Übermodellierungen oder eine ähnliche Praxis, doch statteten sie die Schädel mit Ausnahme der männlichen durchaus reichlich mit Schmuck aus; das wäre, wenn dem Vorgang ein Täter-Opfer-Verhältnis zugrunde gelegen hätte, wie man es bei Kopfjägern erwarten würde, nicht unbedingt zu erwarten.

Die nachweislich hohe Zahl an bestatteten Kinderköpfen läßt jede Form von «Ahnenkult» in diesem Kontext sehr unwahrscheinlich werden. Insgesamt scheint auch bei den Schädelbestattungen aus der mittleren Steinzeit im süddeutschen Raum das zuzutreffen, was jenes Modell auszeichnet, das vor allem der bereits erwähnte Wissenschaftler Garfinkel für die vom Skelett isoliert deponierten Schädel des vorderasiatischen Frühneolithikums favorisiert: Die Schädel gehörten einst einer besonderen Menschengruppe mit besonderen Aufgaben; ihre Schädel dienten den Mitgliedern der Gesellschaft als Kultobjekte und wurden als Kultobjekte in den archäologisch bekannten Befundsituationen deponiert. Die hier greifbare Sphäre des Ritus, letztlich der Religion – verstehen wir sie als das Ergriffensein durch und das Denken über das Heilige, das dann auch in entsprechenden Handlungen, Ritualen, seinen Ausdruck findet –, vermag eines deutlich zu machen: Gänzlich losgelöst vom alt- und mittelsteinzeitlichen Geschehen Vorderasiens ist die Geschichte in Europa nicht zu betrachten.

Die Bedeutung einer möglichen religiösen Motivation wurde bei früheren Versuchen, in denen man sich bemühte, die Frage zu beantworten, warum einst aus Jägern Bauern wurden, kaum in Betracht gezogen. In Handbüchern findet sich statt dessen bis heute fast durchgängig folgendes Bild: Am Ende der letzten Eiszeit verursachten in Vorderasien, früher als in anderen Landschaften der Erde, ökologische Zwänge den Übergang der Jäger- und Sammler- hin zu einer seßhaften Kultur mit entsprechender agrarischer Nahrungserzeugung. Über das genaue Aussehen und Wirken dieser Zwänge bestehen unterschiedliche Ansichten, die nicht im einzelnen wiederholt werden sollen; recht einheitlich wird davon ausgegangen, daß letztlich die Natur den Menschen zur neuen Lebensweise gezwungen hatte. Diese tiefgreifende Veränderung der Wirtschaftsform, die schrittweise Pflanzenanbau und Haustierhaltung zur wichtigsten Lebensgrundlage machte, sei, so die Interpretation, auch von einem Wandel in den übrigen Bereichen menschlichen Lebens begleitet worden, insbesondere von der Entstehung bestimmter Arten befestigter «Wohnstätten». Aus bescheidenen Anfängen älterer Epochen mit zeltartigen Anlagen oder in den Boden eingetieften Grubenhäusern seien die ersten dörflichen Ansiedlungen mit festen Bauwerken aus Holz, Lehm oder Stein entstanden. Damit sei der Grundstein für den weiteren Gang der Entwicklung gelegt worden.

Dieses etwas holzschnittartig anmutende Bild muß zwar nicht vollständig ersetzt werden, doch können wir es, wenn wir die bereits seit der Altsteinzeit wirkungsmächtigen Faktoren Ritus, Kult und Religion mit einbeziehen, bedeutend farbiger, plastischer und facettenreicher gestalten, wie im Verlauf der weiteren Darstellung immer deutlicher werden soll.

2. Der Fruchtbare Halbmond und die «Hilly Flanks»

Wo genau mochte dieser Prozeß der Seßhaftwerdung eingesetzt haben? Was mochten die Voraussetzungen dafür gewesen sein, daß eine seit unvordenklichen Zeiten geübte Form des Nahrungserwerbs aufgegeben und durch eine dem Menschen bis dahin völlig unvertraute Praxis ersetzt wurde, die sich schließlich zur grundlegenden Kulturtechnik weiterentwickelte?

In diesem Zusammenhang spielen der Begriff der «neolithischen Revolution», den der Archäologe Gordon Childe prägte, und der des «Fruchtbaren Halbmonds», aus der Taufe gehoben vom Ägyptologen und Historiker James Henry Breasted, eine ganz besondere Rolle. Sie sind die beiden bekanntesten Termini, welche die Forschungen zur Neolithisierung Vorderasiens begleiten und die sich zu feststehenden Fügungen entwickeln sollten.

Mit einem Forschungsansatz, dessen Vertreter den Beginn neolithischer Lebensweisen nicht in den großen Flußtälern und Oasen des Nahen Ostens

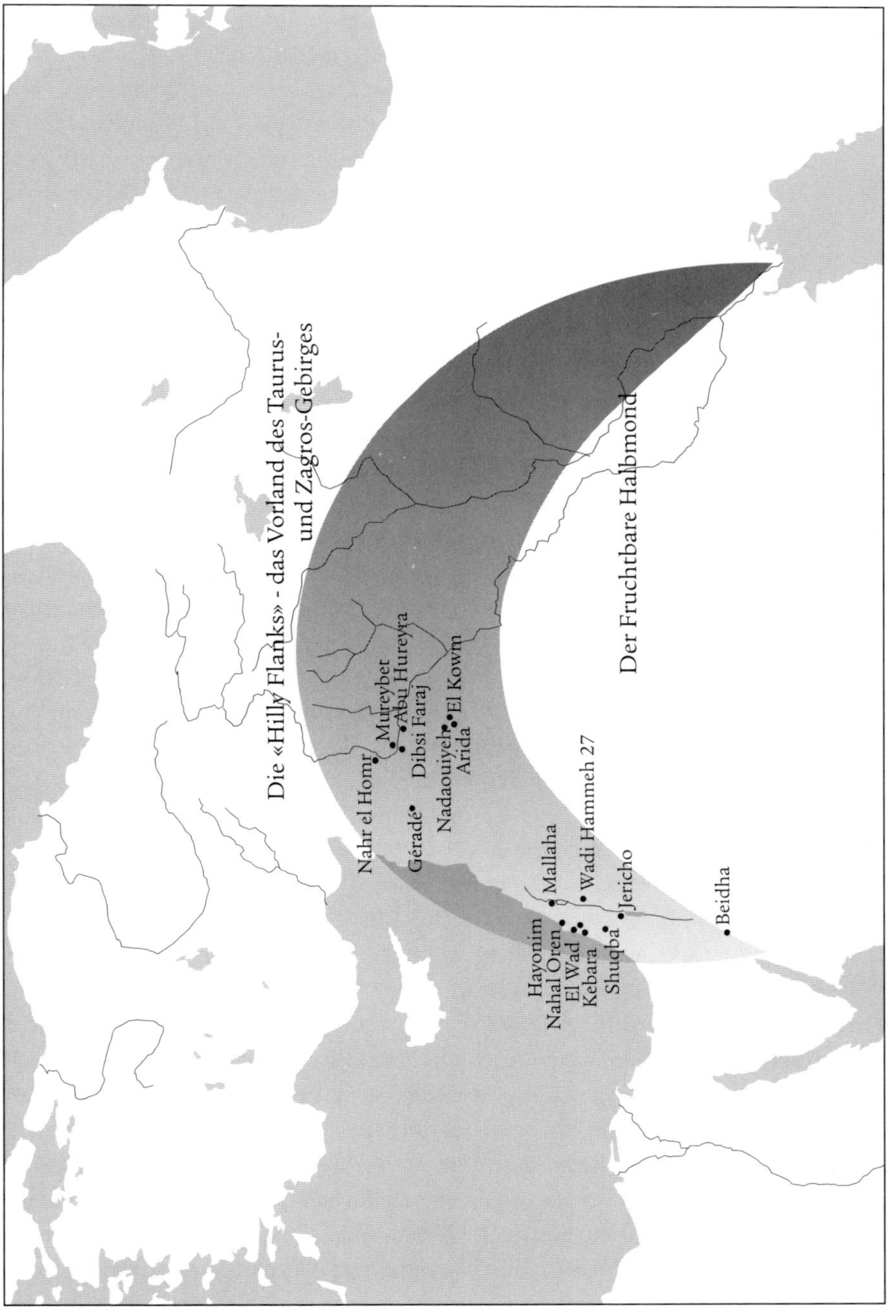

Abb. 7 Der Fruchtbare Halbmond und wichtige Fundplätze des Natufien.

suchten, sondern in der Zone der Wildvorkommen der im Neolithikum domestizierten Tierarten – in den hügeligen Randzonen des Taurus- und Zagros-Gebirges, den sogenannten *Hilly Flanks of Breasted's Fertile Crescent* – begannen nun die eingangs erwähnten Robert und Linda Braidwood ihre Feldforschungen. Diese sollten zur Entstehung eines weiteren begrifflichen Topos führen – eben den *Hilly Flanks*. Auch wenn Bob Braidwood dies bald selbst aufgrund einer etwas gewandelten Anschauung mit den Worten kommentierte: «... *dieser Begriff neigt dazu, uns am Hals zu hängen wie ein toter Albatros*», rücken heute die *Hilly Flanks* und damit die als Obermesopotamien bezeichnete Randzone des Fruchtbaren Halbmonds in der aktuellen Forschung durchaus wieder in den Mittelpunkt.

Mit dem Begriff Obermesopotamien wird das Bergland zwischen Euphrat und Tigris im Südosten der Türkei benannt, das im Süden etwa bis zur türkischen Staatsgrenze reicht. Dort geht es dann in die mittelmesopotamische Ebene über. Obermesopotamien reicht somit im Osten bis zum Zagros, im Westen bis hin zum Grabenbruch von Maraş, der zu allen Zeiten eine markante Kultur- und Klima-Scheide zwischen Kilikien und der Levante einerseits und dem Osten andererseits darstellte. Obermesopotamien umfaßt folglich die Landschaft, die dem historischen Mesopotamien, also Assyrien und Babylonien, im Norden vorgelagert ist. Es besteht aus den Gebirgszügen des östlichen Taurus-Gebirges, einem Hochgebirge mit mehreren Hochebenen, das von Euphrat und Tigris und deren Nebenflüssen durchzogen wird. Nach Süden hin schließt sich ein hügelig geformtes Vorland mit vereinzelten Ebenen und großen vulkanischen Ergußdecken an, das sich vegetationsgeographisch im Bereich der kontinental-submediterranen Trockenwälder mit immergrünem Laubwald und ausgeprägtem Winterregen befindet und das nach Süden hin in die wintermilde, semiaride (halbtrockene) Steppe übergeht.

Die Bedeutung dieser Region wurde – wie die der gesamten Türkei, für deren Territorium lange die Existenz vorbronzezeitlicher Kulturen (also von Kulturen, die vor dem 3. Jahrtausend v. Chr. entstanden) in Zweifel stand – trotz der von Bob Braidwood in den sechziger Jahren initiierten Forschungen in ihrer Bedeutung im Prozeß der vorderasiatischen Neolithisierung unterschätzt. Die Archäologin Kenyon und ihre Jericho-Grabung bereiteten wissenschaftsgeschichtlich den Weg für einen «Levantinozentrismus», der andere Regionen hinsichtlich der Entstehung neolithischer Lebensformen nur als periphere Landschaften, allenfalls mit Durchgangscharakter, erscheinen ließ. Noch in den neunziger Jahren des 20. Jahrhunderts sprach der französische Archäologe Jacques Cauvin, einer der führenden Forscher seines Landes, von einer «*néolithisation secondaire*» – einer erst in zweiter Linie erfolgten, in gewissem Sinne also auch zweitrangigen Neolithisierung –, wenn es um die obermesopotamische Region ging.

Man muß in diesem Zusammenhang natürlich berücksichtigen, wie stark die aktuellen politischen Verhältnisse im Nahen Osten auch auf die Archäologie einwirken. Den israelischen Kollegen ist die Betätigung in ihren unmittelbaren Nachbarländern kaum möglich, und umgekehrt gilt das gleiche. Der Nordirak war für alle Forscher nur phasenweise zugänglich. Auch wirken bis heute die früheren Kolonialstrukturen noch immer nach. Syrien wird von der frankophonen Forschung, Israel und Jordanien – vor 1948 britisches Mandatsgebiet – von den englischsprachigen Kollegen dominiert. Die Türkei als einziges nie kolonisiertes Land der Region blieb zumindest im Osten so lange völlig unerforscht, bis es nach Atatürks Reformen den forschungsgeschichtlich bedingten Vorsprung der europäischen und amerikanischen Archäologie aufholte. Ganz aus eigener Kraft geschah auch das freilich nicht. So begründete beispielsweise kein Geringerer als Kurt Bittel, später Präsident des Deutschen Achäologischen Instituts, das Fach *Prehistorya* an der Universität Istanbul.

Abb. 8 Typisch für Obermesopotamien sind die zahlreichen großen Flüsse, die aus dem Taurus-Gebirge kommen, hier der Tigris bei Hasankef.

Der Ausflug in das Thema Archäologie und Politik soll nicht weiter ausgedehnt werden. Es gibt auch manches zu berichten, das nicht in das vereinfachte Schema paßt – Robert Braidwoods Interesse am Taurusvorland gehört ohne Zweifel dazu. Er erkannte offenbar früh, daß die südliche Levante nur einen sehr kleinen Abschnitt des Fruchtbaren Halbmonds abdeckte und daß die Bedeutung der Geschehnisse im Norden und Osten möglicherweise nicht nur unterschätzt, sondern gar nicht ernsthaft ins Kalkül gezogen worden waren.

Robert Braidwood wurde nicht müde zu betonen, daß er seinen Forschungsansatz, in den *Hilly Flanks* nach dem Beginn der Seßhaftwerdung (Neolithisierung) zu suchen, sehr bewußt verfolgte. Er legte Wert auf die Feststellung, daß seine Arbeiten eben nicht dadurch charakterisiert seien, spektakuläre Funde für Museumsausstellungen auszugraben, ja, daß er vielmehr garantieren könne, weder Gold noch Königsgräber zu finden. Aber – das sagte Braidwood nicht, doch wir dürfen es ergänzen – der Verzicht auf spektakuläre Funde, auf Gold und königliche Gräber, verhieß als Ersatz Erforschung und Verständnis eines wichtigen Abschnitts der Menschheitsgeschichte, auch wenn er nicht durch die Posaunen von Jericho orchestriert war.

1989 resümierte Robert die in Gemeinschaft mit seiner Frau Linda im Jahre 1947 – also vor Kenyons Jericho-Grabung und folglich nicht davon beeinflußt – im Irak begonnenen Arbeiten. Besonders die Ergebnisse der Grabungen in den Siedlungsplätzen Jarmo und Karim Shahir waren denen von Jericho gleichrangig, wurden aber angesichts des Fehlens biblischer Namen oder kostbarer Funde in der Öffentlichkeit nur am Rande beachtet. Da half es auch kaum, daß Linda Braidwood im 1953 veröffentlichten, populärwissenschaftlichen Band *Digging Beyond the Tigris* bis ins Detail schilderte, wie minutiös amerikanische Archäologen in der Mitte des 20. Jahrhunderts eine Expedition in den Irak vorbereiteten und unter welchen Schwierigkeiten sie diese durchführten. Der fachlichen Anerkennung der Arbeit stand die weitgehende Interesselosigkeit der Medien gegenüber.

Ihre Aussagen, die jede Erwartung auf museal wertvolle Funde von vorneherein auf ein Minimum reduziert hatten, belegen natürlich auch, wie wenig die Braidwoods mit dem rechneten, worauf sie tatsächlich bei ihren archäologischen Expeditionen stoßen sollten. Sie erwarteten offenbar nicht viel mehr als vereinzelte Feuerstellen, umgeben vielleicht von Spuren einfacher Zelt- oder Hüttenkonstruktionen. Sie waren darauf vorbereitet, in kriminalistischer Kleinarbeit Spuren frühester Kulturpflanzen und Haustiere nachzuweisen. Gewiß aber waren sie nicht auf das vorbereitet, was kam: große, teilweise monumentale Architektur, spektakuläre Kunst und die Spuren einer differenzierten jägerischen Gesellschaft – das hatte kein ethnologisches Modell vorhergesagt. Das Ehepaar Braidwood hat es nie ganz geschafft, das vorgefaßte Modell von den *incipient village farming communities* – den aus kleinen Anfängen aufsprießenden ackerbäuerlichen Gemeinschaften – gedanklich aufzugeben, das offenbar zwingend nur ganz bescheidene Anfänge seßhafter Kulturen implizierte, und sich der Herausforderung der wirklichen Befundlage zu stellen. Dies ist nicht als wohlfeile Kritik an dem bedeutenden Forscherpaar zu verstehen, doch mag es helfen, die etwas verschlungene Entdeckungsgeschichte des Göbekli Tepe besser nachzuvollziehen, die im ersten Kapitel kurz erzählt wurde: So wenig wie die Vorstellung einer entwickelten und komplizierten Kultpraxis, so wenig paßte bis zu diesem Zeitpunkt die Vorstellung monumentaler Architektur in jenes Bild, das man sich von dieser frühen Kulturphase der Menschheitsentwicklung machte.

Der Survey (die Oberflächenbegehung), über den der amerikanische Archäologe Peter Benedict berichtet hatte und in dem der Göbekli Tepe erstmals wissenschaftliche Erwähnung fand, stand unter der Leitung von Halet Çambel und Robert Braidwood. Er fand 1963 statt, 15 Jahre nach dem Beginn der Feldforschungen über die Anfänge seßhafter Lebensweise. Es muß im nachhinein als ein großes Mißgeschick der damals leitenden Forscher betrachtet werden, daß der heute wichtigste Platz des vorderasiatischen Neolithikums schon damals im Rahmen der Expeditionen Çambels und der Braidwoods offenbar entdeckt, in seinem Wesen und seiner Bedeutung aber völlig verkannt wurde. So mußten sich die Braidwoods in ihrem Beitrag in der Festschrift für die Archäologin Mechthild Mellink mit dem Hinweis begnügen: «*... unglücklicherweise konnten wir die Hügelzone in der Urfa-Viranşehir-Mardin-Cizre-Region nicht erforschen. Howe konnte allerdings einen Platz östlich von Urfa besuchen, den Göbekli Tepe. ... Generell kann gesagt werden, daß Klingengeräte aus bestem Feuerstein [für ihn] charakteristisch sind. Sie zeigen jedoch keine Ähnlichkeit mit den Çayönü-Funden oder anderen Orten der Region*» (Übersetzung des Verfassers).

Thessalien und die Siedlung von Argissa Nur wenig später als die Braidwoods begann am Heidelberger Institut für Ur- und Frühgeschichte ein Vertreter der *Old World Archaeology*, Vladimir Milojčić, geleitet von einem gänzlich anderen Ansatz, sich letztlich dem gleichen Phänomen zu widmen. Ihn führte das Erkenntnisinteresse, wie die Kulturentwicklung Europas im Vergleich zu der in Vorderasien einzuschätzen war. Galt der

Satz *ex oriente lux* (frei übersetzt: die Kultur kommt aus dem Orient), oder verlief die historische Entwicklung anders? Damals wurde die C14-Methode gerade erfunden, aber sie sollte noch lange Zeit nicht zum Standardrepertoire archäologischer Forschungsarbeit gehören. So war es neben geologischen Datierungsmöglichkeiten vor allem die sogenannte Kettendatierung, die es erlaubte, nicht nur das relative Alter von Funden zueinander zu bestimmen, sondern auch zu absoluten Kalenderdaten zu gelangen.

Den archimedischen Punkt für diese Datierungsmethode lieferten die Hochkulturen des Alten Orients mit ihren im 3. Jahrtausend v. Chr. einsetzenden reichen Schriftzeugnissen, die es erlauben, für viele Dynastien und Ereignisse fixe Daten der Chronologie zu rekonstruieren. Für die im wesentlichen bis zu den Griechen schriftlosen Kulturen Europas konnte nun im Vergleich von hinsichtlich der Datierbarkeit aussagekräftigen – sogenannten *diagnostischen* – Fundstücken mit entsprechenden Exemplaren des Alten Orients auch für die europäischen Kulturen auf historische Jahreszahlen rückgeschlossen werden. Da es mehrere Stationen erfordert, um beispielsweise ausgehend von zuverlässig datierbaren ägyptischen Steingefäßen der Pharaonenzeit zu einem sicheren Datum für eine Kultur in Deutschland zu gelangen, muß eine «Kette von Fundvergesellschaftungen» bemüht werden: So finden sich etwa ägyptische Steingefäße recht häufig als Importstücke auf Kreta; dort sind sie vergesellschaftet mit Funden kretischer Provenienz, und diese wiederum kommen auch auf dem griechischen Festland jener Zeit als Importe vor usw. Es liegt auf der Hand, daß die Genauigkeit dieser Datierungsmethode von zwei Hauptfaktoren bestimmt wird: von der mittels Kettendatierung zu überbrückenden geographischen Distanz und vom Vorhandensein historisch verwertbarer Quellen im Orient. Für die Zeit vor 3000 v. Chr. gibt es auch dort kaum mehr sichere chronologische Verankerungsmöglichkeiten, um auf archäologisch-historischem Weg absolute Datierungen zu gewinnen.

Milojčić versuchte nun, mittels Kettendatierung für die Kulturen des prähistorischen Europa zu absoluten Jahresangaben zu gelangen. So zielten seine Forschungen bald auf das prähistorische Griechenland, dem er eine Brückenfunktion zumaß. Denn die geographische Lage des Landes, das auf der Landkarte wie eine in Richtung Vorderasien vorgeschobene Bastion an der südöstlichen Flanke des Halbkontinents wirkt, ließ in Griechenland am ehesten Bindeglieder zwischen Europa und Asien erwarten. Und da im griechischen Thessalien der landschaftliche Charakter am ehesten den Verhältnissen in Vorderasien entsprach, stellte Milojčić diese Region in den Mittelpunkt seiner archäologischen Forschungen.

Mit den Arbeiten in Thessalien befaßt, wirkte der Jericho-Schock ohne Zweifel auch auf «Milo», wie er von seinen Schülern genannt wurde. Der Lehrsatz, daß Neolithikum und Topfscherben eine unauflösbare Einheit bildeten, war aufgehoben. Gab es auch in Europa ein präkeramisches Neolithikum, eine Zeitphase, die mangels der sonst dominierenden Fundgattung *Scherben*, so wie es ja auch in Vorderasien lange der Fall war, komplett übersehen worden war? Wenn ja, dann hätten wichtige Fundstellen am ehesten in Griechenland, und hier besonders in Thessalien, zu finden sein müssen, wo Milos Betätigungsfeld lag.

Es würde hier zu weit führen, die Forschungsarbeiten Milojčićs im Detail auszubreiten. Wir wollen es bei der Feststellung bewenden lassen, daß es entgegen der noch immer in manchen Handbüchern nachzulesenden Einträge in Festland-Europa offenbar kein Pendant zum vorderasiatischen Frühneolithikum gab - die große Insel Zypern, vielleicht auch Kreta, einmal ausgenommen. Die Kulturentwicklung der Nacheiszeit verlief in Griechenland nicht viel anders als im übrigen Südosteuropa. Milojčićs Versuche, ein «präkeramisches Neolithikum» in Südosteuropa nachzuweisen, müssen als gescheitert gelten, auch wenn er selbst und einige in seiner Tradition stehende Forscher dies anders gesehen haben. Was Vladimir Milojčić damals nicht gelang, war dagegen einem Briten vergönnt: die Entdeckung einer wirklich neuen neolithischen Kultur in einer Landschaft, die zuvor auf der jungsteinzeitlichen Landkarte nur ein weißer Fleck war - doch lag diese Gegend eben nicht in Europa.

3. Çatal Höyük – noch eine «Stadt» aus der Steinzeit

Etwa zur gleichen Zeit, als Robert Braidwood die *Hilly Flanks* durchstöberte und Vladimir Milojčić in Thessalien forschte, war ein Brite am gleichen Thema interessiert. Die archäologische Forschung in Kleinasien wurde lange - und wird im Bild der Öffentlichkeit zum Teil noch immer - von den Grabungen in Troia dominiert, die von Heinrich Schliemann im 19. Jahrhundert begonnen, von Carl Blegen in der Mitte des 20. Jahrhunderts fortgesetzt und von dem viel zu früh verstorbenen Manfred Korfmann in unseren Tagen neuerlich ins allgemeine Bewußtsein gehoben wurden. Die frühesten Schichten dieses Siedlungshügels, dessen Schichtenfolge in der Antike beginnt, sind in die Frühbronzezeit (3. Jahrtausend) zu datieren. Sie sind somit - relativ gesehen - keinesfalls besonders alt, doch wurden in Westanatolien lange keine früheren Besiedlungsspuren entdeckt. Das Wort «vortroianisch» blieb bis weit ins 20. Jahrhundert hinein mit einem gewissen Flair des Geheimnisvollen behaftet, und es galt lange als Faktum, daß es im gesamten Kleinasien keine vortroianischen Kulturen gebe.

Diese Ansicht war noch nicht völlig überwunden, als der Archäologe James Mellaart 1958 zusammen mit Alan Hall und David French an einem kalten Novembertag kurz vor Einbruch der Dunkelheit zum ersten Mal Çatal Höyük erreichte. Es handelt sich um einen in der Konya-Ebene gelegenen mächtigen Siedlungshügel, der, wie man später ausgemessen hat, über 17 m hoch war und eine Fläche von 15 ha umfaßte. Er war zwar völlig von Grünzeug überwuchert, doch waren an Stellen, die der häufig wehende Südwestwind freigefegt hatte, unverkennbar die Spuren rotgefärbter Lehmziegelgebäude und zudem viele Keramikscherben und Obsidiangeräte zu erkennen, die zweifelsfrei in die jüngere Steinzeit zu datieren waren. Mellaart berichtet, daß zu aller Überraschung die steinzeitliche Besiedlung nicht nur an der Basis des Hügels – also in den zu erwartenden ältesten Schichten –, sondern bis zur Hügelkuppe hinauf zu verfolgen war. Drei Jahre später, im Jahr 1961, begann Mellaart dann mit Ausgrabungen, die mit einer Unterbrechung (1964) bis 1965 fortgesetzt werden konnten. Sein 1967 als Buch veröffentlichter Bericht wurde zur Sensation. Wieder hatte man eine «Stadt aus der Steinzeit» gefunden, und diesmal nicht in Palästina – einem Landstrich, der in den Berichten über frühe Kulturen bis dahin vorzugsweise den ersten Platz einnahm –, sondern in Anatolien.

Çatal Höyük ist ohne Zweifel ein ganz besonderer Ort. Er gehört, entstanden im 7. Jahrtausend v. Chr., in die Periode des keramischen Neolithikums und ist damit um mehr als 2000 Jahre jünger als der Turm von Jericho. Tongefäße waren damals also bereits bekannt. Sie treten jedoch in den Funden von Çatal Höyük nur in geringer Zahl in Erscheinung und spielen im Gesamtbild der materiellen Kultur noch keine besondere Rolle. In den Vordergrund drängen sich kulturelle Traditionen, die sich deutlich auf die Zeit des *Pre-Pottery Neolithic*, also die vorkeramische Jungsteinzeit, zurückführen lassen.

Die Steingeräte aus schwarzglänzendem Obsidian sind mittels zweiseitiger Flächenretuschierungen zu Meisterstücken geformt. Die Räume der eng aneinandergelehnten Lehmziegelhäuser – der Fachmann nennt dies agglutinierende Bauweise – zieren häufig Wandreliefs und farbige Wandmalereien. Zahlreiche weitere Installationen, so etwa mit Lehm übermodellierte Stierschädel auf Podesten, lassen erahnen, daß hier der Schauplatz mysteriöser Kulthandlungen war. Die Interpretation der auch heute noch einzigartigen Befunde, die von der Fachwelt – zumindest hinsichtlich des Grundtenors – überraschend einstimmig erfolgte, stößt allerdings zuweilen auf Schwierigkeiten; sie sind das Resultat einer nicht immer lückenlos verfolgbaren Dokumentation der ausgegrabenen Gebäude und ihrer innenarchitektonischen «Accessoires».

Als Beispiel dafür möchte ich an die größere Zahl von an den Innenwänden entdeckten Hervorwölbungen mit zentraler Öffnung erinnern, die einzeln, paarig, aber auch in Reihen vorkommen und die von Mellaart als «weibliche Brüste» gedeutet wurden. Die veröffentlichten Abbildungen reichen allerdings kaum aus, um dieser Deutung vorbehaltlos zuzustimmen, und wir werden später, wenn wir den seltsamen Inhalt dieser merkwürdigen Wölbungen in anderem Zusammenhang betrachten, eine neue, vielleicht plausiblere Deutung kennenlernen. Mellaart jedenfalls berichtet, daß aus den Öffnungen – den «Brustwarzen» – verschiedene Gegenstände hervorragten: Fuchszähne, ein Wieselschädel, der Unterkiefer eines riesigen Ebers oder ein Geierschnabel (im zuletzt genannten Fall blieb der restliche Schädel, der eines Gänsegeiers, in der «Brust» verborgen).

Der Deutung der aus der Wand hervorragenden Gebilde als Brüste folgten die meisten Fachkollegen, so wie sie das Gesamtbild akzeptierten, daß die Kombination von Frau und Geier (bzw. Frau und wildes Tier) zur Verbindung von Frau und Tod führe – eine Verbindung, die zunächst überraschend scheint, die letztlich aber auch, so Mellaart, folgerichtig sei: Die das Leben hervorbringende Kraft fungiere zugleich als Vorbote des Todes.

Andere Forscher wurden von den weithin bekannten Arbeiten des französischen Archäologen André Leroi-Gourhan zur altsteinzeitlichen Bildkunst inspiriert. Sie konzentrierten sich in ihren Analysen des ikonographischen Materials aus Çatal Höyük darauf, weibliche und männliche Symbole zu erkennen und ihre Beziehungen zueinander zu bestimmen. Die Prinzipien *Weiblich* und *Männlich* und den *Leben-Tod-Zyklus* sahen sie als Hauptleitlinien der Symbolsprache und gleichsam als einen Leitfaden, der letztlich die gesamte Architektur und das gesamte gesellschaftliche Leben der neolithischen Zeit bestimme.

Mir selbst erscheint die Reduzierung der neolithischen Symbolwelt auf die Prinzipien *Frau*, *Mann*, *Leben und Tod* vielleicht etwas schlicht. Sollten wir den Menschen der Nacheiszeit nicht ein wenig mehr zutrauen? Verfügten sie nicht möglicherweise doch bereits über entwickelte mythische Bilderwelten, die über den Rahmen der – wenn auch unbezweifelbar hochbedeutenden – Konstanten allen Lebens hinausreichten, so daß sie in ihren Darstellungen nicht immer nur diese hätten monoton wiederholen müssen? Laufen wir nicht Gefahr, uns andernfalls in der Rückspiegelung eigener Vorstellungen vom «Primitiven» diese Welt *à la mode* zurechtzudenken? Die hier unvermeidliche Feststellung, daß solche Mythen wohl nie mehr zu rekonstruieren sein werden, mag entmutigen, doch – wenn ich es im Bild und ein wenig salopp ausdrücken darf – erlaubt bereits das Betrachten der «Kulissen» die Feststellung, daß hier einmal «großes Theater» und nicht nur schlichte Einakter gespielt wurden, auch wenn die Dramaturgie auf immer verloren ist.

Die gebärende Göttin Eine der zentralen Figuren in Çatal Höyük bildet die «gebärende Göttin», so jedenfalls die Interpretation Mellaarts. Das Motiv ist als Hochrelief mehrfach belegt. Es handelt sich um insgesamt sieben Figuren, wobei drei als Einzelfigur und vier als Figurenpaar auftreten. Das Gesicht wurde allerdings immer, Hände und Füße oft zerstört. Eine Figur war mit einem unregelmäßigen Netzmuster bemalt und der Nabel mit konzentrischen Kreisen betont. Wie die Wandmalereien wurde auch dieses Relief verschiedentlich mit einer neuen Putzschicht überstrichen, und auf einer sonst unbemalten Putzschicht fand sich in roter Farbe die Hand eines Kindes aufgemalt. In mehreren Fällen befindet sich die «Göttin» über einem Bukranium, so der Fachbegriff für das Motiv eines Rinderkopfs oder für einen losgelöst vom Körper vorgefundenen Rinderschädel. Die Kombination «Frau und Bukranium» führte Mellaart jedenfalls zu der Deutung, daß die Frau einen Stier gebiert.

Bei den übrigen Reliefdarstellungen handelt es sich vor allem um Tierköpfe. Dargestellt sind meist Stiere, aber auch Widder- und Hirschköpfe. Vollständige Tiere sind selten; diese Darstellungen beschränken sich auf einen Hirsch mit umgewendetem Kopf und drei Raubtierpaare, wobei die einzelnen Tiere jeweils einander gegenüber postiert, also antithetisch aufgestellt sind.

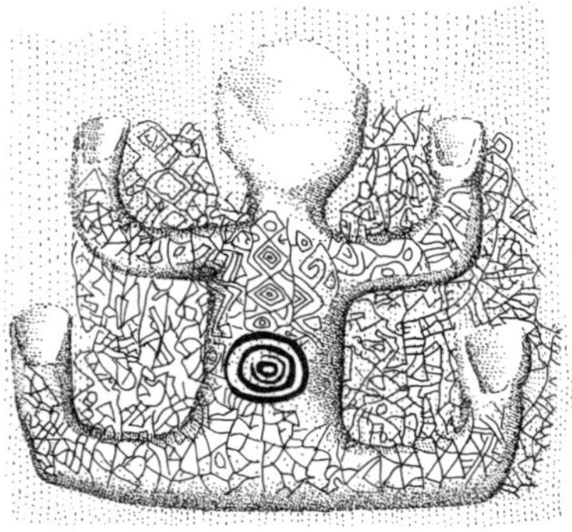

Abb. 9 Ein zentrales Thema der Wandbilder aus Çatal Höyük stellt die sogenannte gebärende Göttin dar.

Detaillierte Angaben zu den Befunden stammen nicht allein aus Mellaarts Veröffentlichung. Ein Teilnehmer der Grabungen liefert dankenswerterweise eine willkommene Hilfestellung zum Verständnis und letztlich zur Einschätzung der Mellaartschen Ergebnisse. So bietet Ian Todd in dem Buch *Çatal Höyük and Beyond* eine nüchterne, aber gerade deshalb um so willkommenere und lesenswerte Zusammenfassung der angetroffenen Befundsituationen. Todd betont, daß sich bei den Darstellungen der sogenannten gebärenden Göttin außer dem - in einigen Fällen - leicht geschwollenen Bauch, der als Hinweis auf Schwangerschaft gedeutet wird, niemals eine Geschlechtsangabe beobachten läßt. Die Brüste, die beispielsweise auf einer der Rekonstruktionszeichnungen Mellaarts erscheinen, sind in der Realität nicht belegt. Und in keinem Falle ist, wie schon erwähnt, das Gesicht der Göttin erhalten.

Die Häuser dienten in Çatal Höyük zugleich als Grabstätten; die Toten wurden unter dem Boden des Wohnbereichs bestattet und blieben so im Lebensumfeld der Hinterbliebenen. Dies stellt für die jüngere Steinzeit nichts Besonderes dar, denn der Brauch, daß sich Lebende und Tote im Haus sehr nahe waren, ist in zahlreichen Kulturen der Alten Welt zu beobachten. So jedenfalls lautet die gängige Deutung dieses Phänomens. Nicht weiter hinterfragt werden kann in unserem Zusammenhang, ob die in den Häusern Bestatteten wirklich die gesamte Einwohnerschaft bildeten oder ob sie nur eine Auswahl repräsentieren. Todd berichtet jedenfalls von fast 500 vollständigen Bestattungen bzw. Teilbestattungen. Nur 84 konnten als Männer und 132 als Frauen bestimmt werden. Der Rest, immerhin fast 300, verteilt sich auf Kinder und weitere, aber nicht mehr näher zu bestimmende Individuen. Die Zahl der vielen bestatteten Kinder macht hellhörig, aber natürlich ist für diese Zeit eine hohe Kindersterblichkeit anzunehmen, so daß es sich verbietet, gleich an Kinderopfer zu denken. Der angesichts der Jericho-Gräber recht wahrscheinliche Sachverhalt, daß die Toten wohl kaum die gesamte Bevölkerung bildeten, sondern nur eine besondere Auswahl repräsentieren, könnte zwar auch in Çatal Höyük zutreffen, doch darf dieses Argument nicht überstrapaziert werden, da die gesamte Siedlung von Çatal Höyük einen Sonderfall darstellt.

Bestattet wurde in den Häusern in der Regel unter Podesten. Die Toten wurden üblicherweise auf ihrer linken Körperseite in Hockerstellung in die Erde gelegt, wobei der Kopf zur Raummitte und die Beine zu den Wänden hin ausgerichtet waren. Spuren von Matten, Textilien oder Leder in den Gräbern deuten darauf hin, daß die Toten eingehüllt oder auf eine entsprechende Unterlage gebettet wurden. Daß in vielen Fällen Skelette auch in recht chaotischen Haufen gefunden wurden, läßt darauf schließen, daß offenbar bei den immer wieder eingebrachten späteren Bestattungen in dieselben Gräber – sogenannte Nachbestattungen – die Überreste früher eingebrachter Toter einfach zur Seite geschoben wurden.

Mehrfach konnten klare Hinweise für Sekundärbestattungen beobachtet werden, was nichts anderes bedeutet, als daß die Toten nicht sofort in die bei der Ausgrabung vorgefundene Grablege gebettet worden sind. Ein solches sicheres Indiz liegt beispielsweise vor, wenn die Knochen mit Ocker eingefärbt sind, was ja nur dann geschehen konnte, wenn das umhüllende Fleisch bereits verschwunden war. Diese uns vielleicht befremdlich anmutende Vorgehensweise ist bei Hausbestattungen eigentlich zu erwarten, denn die Beerdigung «frischer» Leichname hätte sicher schnell zu hygienischen Problemen geführt.

Beigaben sind in den Hausgräbern von Çatal Höyük häufig anzutreffen. Sie bestehen in der Regel aus Gefäßen, wobei neben Steingefäßen oft solche aus Holz zu finden sind, die durch Feuereinwirkung in den darüberliegenden Schichten karbonisiert wurden und dadurch erhalten blieben. Frauen erhielten oft Schmuckbeigaben; so wurden in zehn Fällen Spiegel aus Obsidian gefunden. Männer erhielten Waffen aus Obsidian. Interessanterweise wurden nie Tongefäße oder Tonfiguren als Grabbeigaben angetroffen.

Auffällig ist, daß sich in der Symbolwelt von Çatal Höyük keinerlei Hinweise – und zwar weder in der «Oberwelt» noch in der «Unterwelt» – auf Landwirtschaft finden lassen, obwohl sich 14 verschiedene Kulturpflanzen archäologisch nachweisen lassen, dieser Tätigkeitsbereich also gut belegbar ist. Auch stammt aus den etwa 200 Räumen, die während der Grabungen Mellaarts untersucht wurden, nur eine einzige Sichelklinge, während dieses Werkzeug eine sonst in neolithischen Siedlungen reiche Fundgruppe bildet. Die entdeckten Tierknochen belegen, daß die Bewohner des Ortes Hausrinder hielten, die gewiß eine bedeutende wirtschaftliche Grundlage für die Bewohner bildeten. Um so mehr überrascht es, daß auch diese Tiere offenbar keine Rezeption in der Symbolwelt erfahren haben. In den zahlreichen Tierszenen der Wandbilder erscheint, so läßt es jedenfalls die Art der Darstellung folgern, das Wildrind, der Auerochse, nicht das Hausrind. Haben die Bewohner von Çatal Höyük tatsächlich allein ihre Jagdbeute künstlerisch verewigt, so dürfen wir vielleicht daraus schließen, daß sie gedanklich noch nicht so ganz in ihrer neuen Realität angekommen waren – wie auch immer ihr Lebensalltag ausgesehen haben mag. Legen wir die überlieferten Wandbilder zugrunde, so waren sie jedenfalls nicht (ausschließlich) mit Haus und Hof beschäftigt. Sie träumten noch die alten Träume der Jäger.

Vom Wildtier zum Haustier Das wesentliche Unterscheidungskriterium alt- bzw. mittelsteinzeitlicher (paläolithischer bzw. mesolithischer) und jungsteinzeitlicher (neolithischer) Kulturen liegt auf einem Gebiet, das in die im engeren Sinne naturwissenschaftlichen Forschungsgebiete hineinreicht. Zum Nachweis der archäologischen Kriterien für eine neolithische Lebensweise – des Anbaus von Feldfrüchten und der Haltung von Haustieren – ist es notwendig, Spezialisten heranzuziehen, sogenannte Archäobotaniker und Archäozoologen (oder, synonym, die Paläobotaniker und Paläozoologen). So sollen an dieser Stelle die Begriffe *Domestikation* und *Kultivation* etwas näher erläutert werden. Für Leser, die tiefer in die Thematik eindringen wollen, sei auf die Werke *Der Mensch und seine Haustiere* von Norbert Benecke und *Kulturgeschichte und Biologie der Kulturpflanzen in Deutschland* von Udelgard Körber-Grohne verwiesen.

Wildtiere können in der Regel gezähmt werden. Der Begriff der Zähmung darf aber nicht mit der Haustierwerdung, also mit Domestikation, gleichgesetzt oder verwechselt werden. Zootiere sind in der Regel gezähmt, also an den Menschen gewöhnt. Ein zahmes Reh ist aber noch lange kein Haustier. Und Rehe können wie viele andere Tiere nicht domestiziert werden, da diesem komplexen Vorgang ihre von der Natur vorgegebenen Verhaltensweisen entgegenstehen. Ein in Gefangenschaft gehaltenes Wildtier reagiert in der Regel mit Unfruchtbarkeit. Einige Tierarten sind jedoch mehr als andere in der Lage, den Zustand der Gefangenhaltung zu bewältigen. Gelingt die Nachzucht von solchen Tieren, zeigen die Jungtiere allerdings sofort Minderwuchs und verschiedene Deformationen im Skelett, so etwa die sogenannte Mopsköpfigkeit. Denn neben dem psychischen Streß, dem auch gezähmte Tiere unterliegen, vermag der Mensch seinen Tieren nur selten die in der Natur zur Verfügung stehende Nahrungsvielfalt zu bieten, die für eine gesunde Entwicklung notwendig ist. Dabei geht es nicht nur um eine ausreichende Futtermenge, also um Kalorien, sondern um die zahllosen in der Natur vorhandenen Kräutlein und Stoffe, die ein Wildtier (auch reine Fleischfresser) neben seinem Lieblingsfutter hin und wieder verzehrt und die es gesund und kräftig halten. Dem in Gefangenschaft gehaltenen Tier ist dieser Zugriff auf den «Arzneischrank der Natur» in der Regel verwehrt. Wir dürfen daher davon ausgehen, daß solche kulturgeschichtlich frühen Formen der Domestikation immer wieder eine Auffrischung des Bestands durch Einkreuzen neugezähmter Wildtiere in den Haustierbestand erforderlich machten.

Manche Tiere wären wohl domestizierbar, gäbe es nicht Probleme anderer Art, die sich aus ihrer schieren Größe und damit einhergehenden Gefährlichkeit – nicht zuletzt der männlichen Exemplare – ergeben, die insbesondere während der Brunftzeit nicht mehr beherrschbar sind. Der Elefant erscheint hier als Musterbeispiel. Elefanten können wegen der Gefährlichkeit der männlichen Tiere nicht gezüchtet werden. Die Bestände an gezähmten Tieren müssen immer wieder durch eingefangene Wildtiere aufgefrischt werden, und dafür wählt man stets weibliche Tiere.

Haustiere müssen andererseits nicht immer brav und handzahm sein. Ein Haustier kann auch bewußt wild gehalten werden, wie etwa die spanischen Kampfstiere, die trotz ihrer offenkundigen Wildheit dennoch als echte Haustiere anzusehen sind. Einen Sonderfall stellt sicher das Rentier dar. Hier handelt es sich einerseits um domestizierte Tiere – jedoch sehr eigener Art. Für das domestizierte Ren hat sich im Vergleich zum Zustand als Wildtier nicht viel geändert, es folgt seinem natürlichen Wandertrieb von der Sommer- zur Winterweide, und umgekehrt, und verfügt fast uneingeschränkt über den Zugriff auf die von der Natur angebotene Nahrungsvielfalt. Der Mensch hat sich in extremer Weise diesem Tier angepaßt, indem er in nomadischer Lebensweise mit den Tieren wandert. Doch auch bei dieser Art sind die männlichen Tiere gefährlich und müssen daher mehrheitlich kastriert werden, weil sonst in der Herde schwer kontrollierbare Rivalenkämpfe losbrechen würden. Der Mensch übt somit einen entscheidenden züchterischen Eingriff in die Entwicklung der Renpopulation aus, ansonsten aber läßt er die Tiere weitgehend ihre von der Natur vorgegebenen Verhaltensweisen ausleben. So ist das Rentier zwar ein Haustier, aber weit von der üblichen Norm entfernt.

Andere Tiere führen das Wort «Haus» zwar als Namensbestandteil, sind aber dennoch keine Haustiere. Hausmaus und Hausratte haben sich einfach ein neues Ökotop erobert, dem die Namensgebung Rechnung trägt, doch muß nicht weiter erläutert werden, daß dieser Fall von *Kommensalismus* – so lautet der entsprechende Fachbegriff, der etwa «gemeinsamer Tisch» bedeutet – gewiß zu keinem Zeitpunkt auf Veranlassung des Menschen erfolgte und das ganze Phänomen nichts mit Domestikation zu tun hat.

Das letzte hier angeführte Beispiel gilt wieder einem Sonderfall. Es handelt sich bei ihm ohne Frage um ein echtes Haustier, doch scheint der Antrieb zur Haustierwerdung des Wolfes in etwa zu gleichen Teilen vom Mensch wie vom Tier ausgegangen zu sein. Der Hund wurde (und wird) in der Regel nicht als Lieferant von Fleisch, Milch oder Fellen gehalten, sondern als Wächter und Begleiter bei der Jagd. Daß er als das früheste Haustier erscheint, ist somit nicht weiter verwunderlich, denn der Jäger und der Wolf bzw. Hund teilen ähnliche Leidenschaften und ähnliche Bedürfnisse, die nicht zuletzt auf ein geregeltes soziales Umfeld gerichtet sind. Der gezähmte Wolf fand in der Gesellschaft des Menschen als Hund seinen festen Platz.

Zusammenfassend bleibt festzuhalten, daß die Domestikation nur bei vergleichsweise wenigen Tierarten erfolgreich durchzuführen ist. Sie ist kein Prozeß, sondern ein Ereignis. Der Schock der Gefangenhaltung verursacht in der Regel die Unfruchtbarkeit der Tiere. Kommt es dennoch zu Nachwuchs, leidet dieser meist unter degenerativen Erscheinungen. Dieser Sachverhalt macht nun, archäologisch gesehen, aus dem Ereignis wiederum einen Prozeß, da im Stadium beginnender Domestikation zur Stabilisierung des Bestandes immer wieder Wildformen eingekreuzt werden müssen, die das Bild der entstehenden Haustierpopulation beeinflussen.

Im archäologischen Befund stellt sich Domestikation somit als Prozeß dar. Ist der Prozeß abgeschlossen und die Einkreuzung der Wildform nicht mehr notwendig, so ist der biologische Nachweis, daß eine Haustierpopulation vorliegt, leicht. Einen laufenden Domestikationsprozeß zu erkennen ist verständlicherweise weitaus schwieriger. Diese Aufgabe dürfen Archäologen glücklicherweise getrost den Kollegen von der Paläozoologie überlassen.

Bei den Pflanzen liegt die Sache natürlich etwas anders. Der passende Boden und ein guter Standort lassen eine Pflanze gedeihen, egal, ob der Same von der Natur oder vom Menschen in den Boden gebracht wurde. Hier ist es allein die Zuchtwahl des Menschen– eine frühe Form der Gentechnik –, die aus Wildpflanzen Kulturpflanzen werden läßt, die eines gemeinsam haben: Sie übertreffen im Ertrag die Naturform. Weiter ins Detail müssen wir hier nicht gehen.

Die entscheidende Frage lautet, warum die Jäger und Sammler der Eiszeit im Frühholozän Vorderasiens beginnen, Bauern und Viehzüchter zu werden, warum sie der Natur «nachhelfen» und sie manipulieren. Schon die Jäger der Altsteinzeit werden immer wieder einmal Jungtiere eingefangen, aufgezogen und gezähmt haben, ohne daß Haustiere entstanden; die Sammler wußten immer um die guten Standorte bestimmter Pflanzen und um die Jahreszeit, zu der sie Nahrung boten. Warum also hier und jetzt? Eine endgültige Antwort werden wir nicht erhalten, doch vielleicht gelingt es uns, ihr im Verlauf der weiteren Darstellung näherzukommen. Eine wichtiges Faktum sei an dieser Stelle bereits hervorgehoben, das zweifellos in diesem menschheitsgeschichtlich so bedeutenden Geschehen eine wichtige Rolle spielte: *Alle Wildformen der frühen Haustiere und Kulturpflanzen kommen im Fruchtbaren Halbmond vor, und alle Wildformen gemeinsam gibt es nur im*

Fruchtbaren Halbmond. Nur hier konnte der Mensch all das betreiben, was das frühe Neolithikum der Alten Welt im Kern ausmacht: Getreideanbau und die Züchtung der Haustiere Schaf, Ziege, Rind und Schwein.

Das neue Çatal-Höyük-Projekt *«Archäologie ist keine Wissenschaft, sondern Vendetta.»* Diese lakonische Behauptung des großen britischen Archäologen Sir Mortimer Wheeler ist einem von Kenneth Pearson und Patricia Connor veröffentlichten Band vorangestellt, der unter dem Titel *Die Dorak Affäre* um Sachverhalte kreist, die hier nicht weiter aufgerollt werden sollen, die aber die Person James Mellaarts diskreditierten und letztlich darin gipfelten, daß die Tätigkeit von Mellaart als Ausgräber von Çatal Höyük mit dem Jahr 1963 abrupt beendet wurde. Im Jahr 1964 erteilte ihm die Generaldirektion für Altertümer in Ankara keine Grabungserlaubnis mehr, und in einer schließlich genehmigten Kampagne für das Jahr 1965 durfte Mellaart offiziell nur noch als Teilnehmer mitwirken, war aber nicht mehr der Grabungsleiter. Doch schon die vier Kampagnen der Jahre 1961, 1962, 1963 und 1965 genügten, um diesem Platz große Aufmerksamkeit und anhaltenden Ruhm zu sichern.

Durch Çatal Höyük erlangte das Neolithikum auf dem Gebiet der heutigen Türkei einen festen Platz im bunten Kaleidoskop der populärwissenschaftlichen archäologischen Veröffentlichungen. Die Tonfigur der auf einem von Leoparden flankierten Sitz thronenden «Göttin» erlangte ebenso Weltruhm wie die «Gebärende Göttin» oder die farbenprächtigen Mensch-Tier-Szenen der Wanddekorationen. 1993 kam es unter Leitung des englischen Archäologen Ian Hodder zu einem neuen Çatal-Höyük-Projekt, das vornehmlich der Detailabklärung der Mellaartschen Grabung gewidmet ist. Es bleibt die Erkenntnis, daß der in der Ebene weithin sichtbare Tell einen einzigartigen Befundkomplex mit so zahlreichen Ritualzeugnissen bietet wie keine andere Fundstelle – eine fast überquellende Befundlage der rituellen Sphäre.

Die besondere Rolle von Çatal Höyük in der steinzeitlichen Welt Anatoliens wurde durch Hodders Arbeiten bestätigt. Alle Berechnungen über die im Umkreis verfügbaren Ressourcen und potentiellen Bevölkerungszahlen sollten nicht von der (dann offensichtlich falschen) Annahme ausgehen, auf dieser archäologischen Quellengrundlage den Bedarf einer normalen Siedlung eruieren zu können. Çatal Höyük verfügte über einen *exzeptionellen*, riesigen Einzugsbereich; der Handel mit Obsidian und Salz hat unbestreitbar eine wichtige Rolle gespielt. Doch darf man bei all dem nie den herausragend wichtigen kultisch-religiösen Charakter der Anlage übersehen; er ist in seiner Bedeutung gewiß schwer zu quantifizieren, muß aber angesichts dessen, was wir dort sehen und finden, entscheidend dafür gewesen sein, warum die Häuser in Çatal Höyük einst in der Weise ausgestattet wurden, wie sie heute der Ausgräber antrifft.

Die Arbeiten im Rahmen des neuen Çatal-Höyük-Projekts dauern an. Sie erbrachten und erbringen eine Reihe neuer Detailbeobachtungen, die uns helfen, diesen Platz und seine Kultur immer besser zu verstehen. Wir aber wollen Çatal Höyük und die Konya-Ebene jetzt verlassen. Für uns war es wichtig, diesen Ort kennenzulernen, weil sich dort vieles bereits in prächtig entwickeltem Zustand dem Betrachter darbietet, was zu Zeiten, da der Göbekli Tepe ins Licht der Geschichte tritt, sich zu entwickeln begann. Çatal Höyük steht am Beginn des keramischen Neolithikums. Seine Geschichte setzt in der zweiten Hälfte des 8. Jahrtausends ein, und seine Kultur erblüht vor allem im 7. und 6. Jahrtausend v. Chr. Die Geschichte des Göbekli Tepe hingegen beginnt bereits im 10. Jahrtausend v. Chr. Er gehört daher zu einer anderen, weit älteren Welt, in der vieles, was in Çatal Höyük bereits als selbstverständliche Grundlage menschlichen Wirkens erscheint, erst noch ersonnen werden mußte.

4. **Çayönü – Frühgeburt des Hephaistos?**

Während der bereits erwähnten, von Robert Braidwood und Halet Çambel 1963 im Südosten der Türkei unternommenen Geländeuntersuchungen wurden in diesem Landesteil erstmals frühneolithische Fundorte entdeckt. Für erste Grabungen im westlichen Tigrisquellgebiet wählte man dann schon im folgenden Jahr einen ursprünglich Kötebercem genannten Platz aus. Unter dem Namen Çayönü gilt dieser Fundort heute als eine der bedeutendsten neolithischen Siedlungen Vorderasiens.

Besonders bemerkenswert sind die zahlreichen Baubefunde. Die älteste Bauschicht wird von Rundhütten gebildet, die in die ältere vorkeramisch-jungsteinzeitliche Epoche gehören (PPN A), während in der jüngeren Phase (PPN B) große rechteckige Häuser folgen, deren Grundriß oft ein sogenanntes Grillplan-Schema erkennen läßt: Das heißt, daß die aufstrebenden Gebäudeteile von einem Unterbau aus streifenförmig aneinandergereihten Mauerzügen getragen werden, die entfernt an einen Grillrost erinnern. Diese aufwendige Substruktion (Unterbau) der Gebäude sollte wahrscheinlich die trockene Lagerung von Vorräten gewährleisten. Aus diesen «Grills» sind Häuser mit regelrechten Unterfußboden*kanälen* entstanden. Die nächste, spät-PPN B-zeitliche Bauphase ist durch sogenannte Zellplanhäuser ge-

Abb. 10 Unmittelbar südlich von Çayönü liegt die bizarre Felslandschaft von Hilar, von der aus diese Aufnahme entstand: Durch die Felsen hindurch öffnet sich der Blick auf die gegenüberliegende Flußterrasse mit der neolithischen Siedlung.

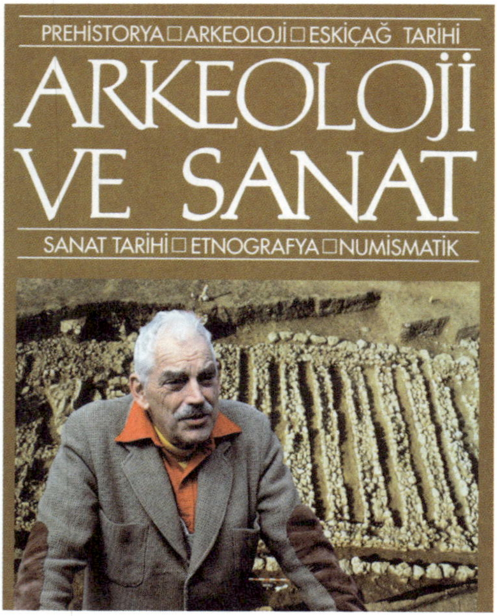

Abb. 11 Robert Braidwood vor einem Grillplan-Gebäude in Çayönü. Die Aufnahme diente als Titelbild der türkischen Zeitschrift Arkeoloji ve Sanat.

kennzeichnet, die ihren Namen daher haben, daß ihr Innenraum in viele Kammern untergliedert ist. Die sogenannte Großraum-Phase, bei der die frühere Raumteilung wieder aufgegeben wurde und man statt dessen einen großen Raum umbaute, beschließt die Bauepoche, die man als akeramisch-neolithische Sequenz bezeichnet.

Von besonderer Bedeutung sind nun drei Gebäude, die – in den Schichten im Boden (stratigraphisch) nachweisbar – aufeinanderfolgend der Grillplan-, Kanalhaus- und Zellplan-Phase zugeordnet werden. Ihre Gestalt verrät aber eine Funktion, die sich deutlich von jener normaler (Wohn-)Häuser unterscheidet und sicher nichts mit Wohnen und Vorratshaltung zu tun hatte. Zwar ist keines dieser Häuser vollständig erhalten, doch scheinen diese «Sondergebäude», wie wir sie nennen wollen, einheitlich einen annähernd quadratischen Grundriß und nur einen großen Raum besessen zu haben. In die erwähnte Grillplan-Phase gehört ein Bauwerk, dessen Fußboden von großen Kalkplatten gebildet wird, das sogenannte *flagstone building* – also Kalkplattengebäude. In der Raummitte befanden sich freistehend zwei stelenartig aufgerichtete Steinplatten.

Das zweite Sondergebäude wird als Schädelgebäude bezeichnet, da in kellerartigen, von Steinplatten überdeckten Kammern große Ansammlungen von Menschenknochen und Schädeln deponiert waren. Im Raum selbst fand sich wieder eine große, altarartige Steinplatte. Menhirartige Steinsetzungen, die sogenannten *standing stones*, umgaben die an die Gebäude angeschlossenen Freiflächen. Dieses Bauwerk, das in die oben erwähnte Kanalhaus-Phase gehört, ersetzte einen runden oder ovalen Vorgängerbau, von dem nur ein Kreissegment erhalten blieb.

Das jüngste – und damit in die Zellplan-Schicht gehörende – Sondergebäude wird nach der Art seines Fußbodens als «Terrazzogebäude» bezeichnet. Terrazzoböden waren bis zur Grabung in Çayönü erst aus der *römischen* Zeit – also viele tausend Jahre später – bekannt: Um diesen besonderen Fußbodentyp zu legen, wurde eine dicke, mit Kalksplitt durchsetzte Mörtelschicht nach dem Aushärten abgeschliffen, so daß ein glatter, betonartiger Estrich entstand. Noch nicht vollends geklärt ist, ob zur Erzeugung des Kalkmörtels brenntechnische Vorgänge notwendig waren oder nicht. Zur Herstellung des Terrazzobodens wurde in Çayönü jedenfalls rötlicher Kalk verwendet, in den der steinzeitliche Raumausstatter mit weißem Kalk parallel zueinander verlaufende Farbstreifen eingebettet hat. Je ein Paar der weißen Streifen umrahmt im Westen und Osten die Raummitte. Irgend etwas Interessantes muß sich dort verborgen haben, denn in späterer Zeit wurde hier eine Raubgrube ausgehoben und der Boden aufgestemmt, der in diesem Bereich leider zerstört war – vielleicht waren es auch wieder *standing stones,* letztlich Pfeiler, oder Installationen ganz anderer, unbekannter Art.

Im erhaltenen Teil des Gebäudes fand sich wieder wie im Schädelgebäude eine große, altarartige Steinplatte, die an einer Kante mit dem Hochrelief eines stilisierten, annähernd lebensgroßen menschlichen Gesichts versehen war. Dieses Gesicht blieb in Çayönü allerdings der einzige Hinweis auf großformatige Bildwerke. In Fachkreisen gelangte der Ort aber nicht nur wegen seiner überraschenden Architekturbefunde, sondern noch dank eines anderen Umstands zu Berühmtheit, auch wenn sich diese als von eher flüchtiger Art erweisen sollte: Çayönü galt einige Zeit als die Heimstatt frühester Metallurgen.

Der Archäologe Ulf-Dietrich Schoop präsentiert in seinem Werk *Die Geburt des Hephaistos* eine wichtige Zusammenstellung früher Kupferfunde Vorderasiens. Der klug gewählte Titel verschaffte diesem Buch Eingang in so manche Bibliothek, in der sich sonst nur klassisch-archäologisch orientierte Bände finden. Hätte manch ein Bibliothekar nicht nur auf den Titel, sondern auch in das Buch hineingeschaut, so hätte er allerdings festgestellt, daß darin dem berühmten griechischen Gott der Schmiedekunst gar keine Aufmerksamkeit zuteil wird, weil sich der Autor vielmehr für die Ursprünge Metalle nutzender Kulturen interessierte – und in der Metallverarbeitung lag dann auch der Anknüpfungspunkt zu dem verführerisch gewählten Titel.

Çayönü kommt in diesem Zusammenhang jedenfalls eine zentrale Rolle zu. In direkter Nachbarschaft zu den Kupfererzlagern von Ergani, die heute noch ausgebeutet werden, ist der Ort reich an Artefakten (von Menschen geschaffenen Gegenständen) aus gediegenem Kupfer. Die anfängliche Hoffnung der Ausgräber, die der Befund des Terrazzobodens geweckt hatte, der doch vermuten ließ, daß dessen Schöpfer die Technik des Kalkbrennens beherrscht hätten und man deshalb in Çayönü vielleicht auch metallurgische Pyrotechnologie, das früheste Schmelzen von Kupfer, nachweisen könnte, erfüllte sich indes nicht. Das gleiche Ergebnis zeigte sich auch in anderen neolithischen Siedlungen, wo man Artefakte aus gediegenem Kupfer fand.

Das bedeutet, daß die Menschen, die damals mit dem Metall umgingen, dessen Potential als Werkstoff und seine Vorzüge im Verhältnis zu den üblicherweise bearbeiteten Steinen letztlich noch nicht erkannt hatten. Diese Erkenntnis bzw. diese Entdeckung blieb erst viel späteren Generationen vorbehalten. Auch in Vorderasien wird erst im 5. Jahrtausend v. Chr. ein Technologiestand erreicht, der das Schmelzen von gediegenem Kupfer (und Gold) sowie die Einführung von Verhüttungstechniken metallführender

Erze ermöglichte. Die griechische Göttermutter Hera – bzw. ihr orientalisches Pendant – durfte sich also noch ein paar tausend Jahre Zeit lassen, ehe sie den kleinen Hephaistos zur Welt brachte.

«Der östliche Flügel des Fruchtbaren Halbmonds» Die Grabungen in Çayönü blieben lange die einzigen steinzeitlichen Feldforschungen in der Region. Die Entdeckung und Ausgrabung weiterer Fundplätze gelang erst im Gefolge der internationalen archäologischen Rettungsprojekte, die den Bau der großen Euphratstaudämme, des Karakaya- und Atatürk-Damms, begleiteten. Wichtige Orte sind Cafer Höyük bei Malatya oder Gritille, Hayaz Höyük und Nevalı Çori bei Samsat, dem antiken Samosata, Hauptstadt des Königreiches Kommagene und Heimat des griechischen Autors Lukian (2. Jahrhundert n. Chr.).

Auch in der östlichen oberen Tigrisregion, in Hallan Çemi, Nemrik und Qermez Dere, erfolgten Grabungen, wobei die beiden letztgenannten Orte schon im benachbarten Nordirak gelegen sind. Besonders diese drei Fundorte erbrachten überraschende Ergebnisse. Die Besiedlung von Qermez Dere und Hallan Çemi ließ sich bis in die Zeit des Natufien (12.–11. Jahrtausend v. Chr.) zurückverfolgen. Die materielle Kultur, die dort zutage trat, erscheint als in wichtigen Teilen unabhängig von jener in der Levante. Damit war die Monopolstellung in Sachen «früheste Seßhaftwerdung» und «früheste Neolithisierung», die lange exklusiv von der Forschung in der Levante beansprucht wurde, aufgebrochen. Der Ausgräber von Nemrik, Stefan Kozlowski, beschreibt den *Eastern Wing of the Fertile Crescent,* den östlichen Flügel des Fruchtbaren Halbmonds, als eine Region früher Neolithisierung, die der vorkeramischen Jungsteinzeit zuzuordnen ist (PPN). Die Befunde des in der westlichen Tigrisquellregion gelegenen Çayönü, das lange allein das Bild des obermesopotamischen Frühneolithikums prägte, wurden in jüngster Zeit unter dem Begriff «Çayönü-Kultur» zusammengefaßt und die Landschaft Obermesopotamiens mit in diese als *«triangle d'or»*, als «Goldenes Dreieck», bezeichnete Region aufgenommen. Die Arbeiten der hier tätigen Forscher werden durchgängig von dem Bestreben geleitet, die Eigenheiten, die lokale Entwicklung, letztlich die besondere Bedeutung des obermesopotamischen Frühneolithikums zu betonen – eine Bedeutung, die zunehmend jene der Levante für die frühe Jungsteinzeit zu übertreffen scheint.

Der persisch-arabische Golf – ein verlorenes Paradies? Von verschiedener Seite wird hinsichtlich der Entstehung frühester seßhafter Kulturen geographisch noch weiter ausgeholt und postuliert, daß das Gebiet des heutigen persisch-arabischen Golfes als Urheimat der Zivilisation, sozusagen als der verlorene Garten *in* Eden (dem sumerischen Wort für *Wüste* oder *Steppe*) anzusehen sei. Der Gedanke besitzt auf den ersten Blick zweifelsohne eine gewisse Attraktivität. Die eiszeitliche, weltweite Absenkung des Meeresspiegels ist als wichtiger Faktor bei der Rekonstruktion geschichtlicher Abläufe seit langem bekannt, so zum Beispiel im Hinblick auf die verlorene Landbrücke «Beringia» zwischen Sibirien und Alaska. Auch der Bereich des heutigen persisch-arabischen Golfs war damals Festland – und dieses sicher von Menschen bewohnt. Die nacheiszeitliche Meerestransgression (d. h. Überflutung) führte in der Folge hier wie auch in anderen Teilen der Erde zu einer Zerstörung dieser Lebensräume.

Soviel wissen wir, allerdings auch nicht mehr. Die Ausprägung der pleistozänen (2 Mio. Jahre–10 000 v. Chr.) und frühholozänen (seit ca. 10 000 v. Chr.) Kulturen im noch nicht gefluteten Golf ist unbekannt, alles weitere rein hypothetisch. Aussagen zum Thema «Garten in Eden» im Golfgebiet sind im besten Fall in die Kategorie «spekulative Archäologie» einzuordnen. Für die Gesellschaften in der Region an den Seen im Golf mag man zwar eine kulturelle, religiöse und vermutlich auch sozial-hierarchische Entwicklung annehmen, daß es aber im Gebiet des Golfs im Vergleich zum übrigen Vorderen Orient zu einer Vorwegnahme neolithischer Lebensweisen gekommen sein soll, ist durch nichts zu stützen – im Gegenteil: Sehr unwahrscheinlich mutet es beispielsweise an, daß der Golf zum Verbreitungsgebiet der Wildgetreide gehörte, deren Kultivation zum zentralen Merkmal des vorderasiatischen Neolithikums wird. Nur in Obermesopotamien treffen die Verbreitungsgebiete der Wildformen der späteren Kulturpflanzen in idealer Weise zusammen. In dieser Region darf nach heutigem Stand im 10. Jahrtausend v. Chr. eine Kernzone früher Seßhaftigkeit vermutet werden. Was damals aber im Golf geschah, wissen wir nicht, doch deutet nichts darauf hin, daß dort früheste seßhafte Kulturen (auch unbekannter Art) entstanden und es im Zusammenhang mit der Überflutung dieser Region zu einer Fluchtbewegung größerer Menschengruppen nach Nordwesten gekommen sein soll.

Ähnliches gilt für andere Landstriche, die durch den Anstieg des Meeresspiegels im Holozän überflutet wurden, so etwa das Gebiet des heutigen Schwarzen Meeres, das am Ende der Eiszeit noch durch eine Landbrücke vom Weltmeer getrennt war. Der ehemalige Binnensee besaß, so wie heute das Tote Meer, einen tief unter dem Weltmeeresspiegel liegenden Seespiegel, und weite Teile des heutigen Meeres waren damals trockene Landfläche. Der Anstieg des Weltmeeres führte zum Durchbruch der Landbrücke und zur Flutung des gesamten Gebietes. Dardanellen und Bosporus entstanden. Hinsichtlich potentieller frühester neolithischer Kulturen in diesem Gebiet können indes die schon für das Golfgebiet angeführten Argumente wieder in Anschlag gebracht werden. Wir können weiterhin davon ausgehen, daß die entscheidenden Akte des Dramas «Vom Jäger zum Bauern» im nördlichen Teil des Fruchtbaren Halbmonds spielten.

5. Nevalı Çori – im Tal der Pest

Der Name Nevalı Çori läßt sich etwa mit «Tal der Pest» übersetzen – und raunt so schauerlich, daß es einem kalt den Rücken herunterläuft. Mit Çor ist aber glücklicherweise weniger der «Schwarze Tod» als vielmehr eine bestimmte Tomatenkrankheit, eine Art «Tomatenpest», gemeint. Gemüse hin oder her – was man dort entdeckte, war für die Wissenschaft mindestens so dramatisch, wie es der Name des Ortes suggeriert.

Die Geschichte begann im Herbst des Jahres 1979, als ein junger Archäologe am mittleren türkischen Euphrat einen Survey unternahm. Von Harald Hauptmann, dem Leiter der neu begonnenen Grabungen am Lidar Höyük beauftragt, erkundete Hans Georg Gebel das Umfeld dieses bronzezeitlichen Siedlungshügels mit dem Ziel, weitere noch unbekannte archäologische Plätze zu finden.

Gebel ging beim Survey ausschließlich zu Fuß und erreichte dank dieser Fortbewegungsart auch solche Orte, die abseits aller Wege und Straßen lagen. Am Ende eines erschöpfenden Arbeitstages stieß er in einem kleinen Seitental des Euphrat auf einen im Gelände unauffälligen Platz, an dem Feuersteingeräte, darunter viele Klingenbruchstücke und kleine Pfeilspitzen, in beachtlicher Konzentration zu finden waren. Keine andere Fundstelle des Surveygebietes zeigte ein vergleichbares Fundspektrum. Gebel erkannte sofort, daß es sich um einen frühneolithischen Platz handeln müsse. Sein einheimischer Begleiter, ein ortskundiger Schäfer, nannte den Namen Nevalı Çori, der zwar das ganze Tal bezeichnete, aber nur eine von der einheimischen Bevölkerung gepflegte Benennung war und sich auf keiner Landkarte finden ließ. So gab Gebel seinem Fundpunkt «Nr. 40» zusätzlich den Namen Nevalı Çori I, denn es sollten sich bald noch weitere, meist paläolithische Fundstellen im Tal auffinden lassen.

Zufällig besuchte ich in dieser Zeit die Lidar-Grabung und durfte den Surveyor einige Tage auf seinen Wanderungen begleiten. So verdanke ich es einem glücklichen Umstand, zu den ersten zu gehören, die nach dem Entdecker Gebel den Platz zu sehen bekamen. Unvergeßlich bleibt mir der regnerische, trübe Herbsttag und das kleine, unbewohnte, nur von einem schmalen Ziegenpfad erschlossene Tal, das, von Nebelschwaden verhangen, einen etwas unheimlichen, fast mystischen Eindruck machte und so in gewisser Weise genau der Ort zu sein schien, eine bisher unbekannte und rätselhafte Stätte zu beherbergen. Und genau so sollte es sich zeigen: Die Entdeckung von Nevalı Çori, einer großen Siedlung der vorkeramisch-jungsteinzeitlichen (PPN-)Periode, hat die neolithische Geschichte Vorderasiens entscheidend verändert. Zu behaupten, daß mir damals bereits bewußt geworden wäre, daß die Begegnung mit diesem Ort sich als entscheidende Weichenstellung für mein weiteres Leben erweisen sollte, wäre sicher übertrieben, aber wie mir selbst, so dämmerte wohl auch Hans Georg rasch, daß wir vor einer großen Aufgabe standen, die uns viel abverlangen würde. Unsere Wege verliefen zwar getrennt, doch weitgehend parallel. Hans Georg fand seine wissenschaftliche Heimat in Jordanien und wurde dort zum weithin anerkannten Spezialisten für die steinzeitlichen Perioden. Nachdem er in den Jahren 1986 bis 1992 Ausgrabungen in Basta durchführte, erforscht er bis heute eine der rätselhaftesten Siedlungen des Neolithikums, Baja, das eingebettet liegt in die bizarre Felslandschaft der Region des nabatäischen Petra, nur über eine enge Schlucht zu erreichen ist und vielfältige Fragen aufwirft, warum gerade hier eine Siedlung entstanden ist. Doch dies ist eine andere Geschichte; meine eigene berufliche Zukunft lag am Euphrat, und dorthin wollen wir uns wieder wenden.

Nach der Entdeckung von Nevalı Çori sollten noch einige Jahre vergehen, bis dort 1983 unter der Leitung von Adnan Mısır vom Museum in Urfa und Harald Hauptmann mit Grabungen begonnen werden konnte. Ich selbst durfte dankenswerterweise an allen Kampagnen zunächst als Flächenleiter, schließlich als Bearbeiter der Kleinfunde teilnehmen. Im Winter 1991/92 versank der Ort dann unwiederbringlich in den Fluten des Atatürk-Stausees.

Besonders die ersten Kampagnen gestalteten sich durchaus hart. Da in den ersten Jahren nur für jeweils vier Wochen die notwendige Genehmigung erteilt wurde, arbeiteten wir in dieser Zeitspanne ohne jeden freien Tag und nur von zwei kurzen Pausen unterbrochen von Sonnenaufgang bis Sonnenuntergang. Die Abgeschiedenheit des Grabungsplatzes machte einen jeweils einstündigen An- und Abmarsch vom und zum Ort des Geschehens erforderlich, so daß der Arbeitstag vom morgendlichen Wecken um 4 Uhr bis zur Rückkehr ins Grabungshaus um 20 Uhr währte. Am Ende des Grabungsmarathons hatten sich fast alle Beteiligten in ziemlich wild aussehende, bärtige Gesellen verwandelt, da die wenige Freizeit gerade zur nötigsten Körperpflege reichte und nicht mit Rasieren oder anderen aufwendigen Kulturtätigkeiten verschwendet sein wollte.

1989 und in den folgenden Kampagnen wurde für die Grabungsmannschaft in unmittelbarer Nähe des Grabungsplatzes ein Zeltlager errichtet. Eine große Erleichterung. Der mühevolle tägliche Anmarsch entfiel; so konnte man im Schlafsack abwarten, bis im ersten Morgengrauen, noch in fast völliger Dunkelheit, das Herannahen der Arbeiter zu hören war, die im Eilschritt vom nahen Dorf am Camp vorbei zur Grabungsstelle trabten. Ein eilig eingenommenes, vom Koch vorbereitetes Frühstück – und schon nach wenigen Minuten stand man zusammen mit den Arbeitern in der Grabung. Jetzt mußte nur der Nachschub für das Camp gut organisiert werden, was leidlich funktionierte, und oft schweiften meine Gedanken bei der Lektüre heimatlicher Post zu einer Stelle Helmuth von Moltkes *Briefen über Zustände und Begebenheiten in der Türkei*, die der preußische Offizier in den Jahren 1835 bis 1839 geschrieben hatte: *«Ein Hauptgenuß für mich ist es, hier an den Ufern des Euphrat regelmäßig meine Augsburger Allgemeine Zeitung zu lesen; ich erhalte sie alle vierzehn Tage mit dem Tataren aus Stambul, und sie ist dann gewöhnlich 21 bis 28 Tage alt; das versetzt mich plötzlich über Berge und Meere weg nach Europa ...»* Ich erhielt in Nevalı Çori die Fränkische Landeszeitung ... Am Ende des 20. Jahrhunderts, nach Erfindung von Eisenbahn, Flugzeug und Mondraketen, aber nach Abschaffung der Post-Tataren, dauerte es jetzt durchschnittlich nur noch 14 Tage, bis mich die Heimat erreichte – das nenne ich Fortschritt.

Die in knappem, kurzweiligem Stil verfaßten «türkischen Briefe» von Moltke, die er in seiner Zeit als preußischer Militärberater des Sultans in der östlichen Türkei in die Heimat gesandt hatte, bildeten im Zeltlager meine abendliche Lektüre, an die ich mich noch immer gern erinnere, denn vieles, wovon von Moltke in der Mitte des 19. Jahrhunderts zu berichten hatte, schien mir zeitlos aktuell. So sei mir noch eine weitere Abschweifung zu von Moltkes Briefen gestattet, deren Inhalte zwar gut 150 Jahre alt sind, sich jedoch auf eine Gegend nur wenig euphratabwärts von Nevalı Çori beziehen: *«In einer sternhellen Nacht stand ich unlängst auf den Trümmern des alten Römerschlosses Zeugma* (Moltke hielt die Burg Rumkale irrtümlich für Zeugma, Anm. d. Verf.). *Der Euphrat glitzerte tief unten in einer Schlucht, und sein Rauschen erfüllte die Stille des Abends. Da schritten Cyrus und Alexander, Xenophon, Cäsar und Julian im Mondschein vorüber; von diesem selben Punkte hatten sie das Reich des Chosroes jenseits des Stromes gesehen, und gerade so gesehen, denn die Natur ist hier von Stein und ändert sich nicht. Da beschloß ich dem Andenken des großen Rö-*

mervolkes die goldenen Trauben zu opfern, die sie zuerst nach Gallien gebracht und die ich von ihres weiten Reiches westlicher Grenze bis zur östlichen getragen. Ich schleuderte die Flasche von der Höhe hinab, sie tauchte, tanzte und glitt den Strom entlang, dem indischen Weltmeere zu. Sie vermuthen aber sehr richtig, daß ich sie vorher geleert hatte; ich stand da wie der alte Zecher:

trank letzte Lebensgluth, und warf den heil'gen Becher,
hinunter in die Fluth.
Ich sah ihn stürzen, trinken, des Euphrats gelbe Fluth,
die Augen thäten mir sinken ...

Ich trank nie einen Tropfen mehr. Die Flasche hatte einen Fehler gehabt; sie war die letzte gewesen.»

Hirschfeld kommentiert in der Ausgabe von 1917 zutreffend, es sei ein recht widriges Geschäft, auch eine so glänzend geschriebene Textpassage pedantisch betrachten zu müssen, aber abgesehen davon, daß Rumkale nicht Zeugma sei, hätten die zuerst genannten drei Heerführer und wohl auch Kaiser Julian nicht einmal beim wirklichen Zeugma, sondern noch viel weiter südlich bei Thapsakus den Euphrat erst berührt und überschritten; und nicht Cäsar, sondern Crassus sei es gewesen, der – vielleicht bei Zeugma – einst ins Reich der Parther eindrang. Doch Hirschfeld fährt fort: *«Ob je die Griechen Ilios bestürmten, mag ungewiß sein; aber unzweifelhaft ist, daß der blinde Sänger die Gegend östlich der Dardanellenmündung genau kannte.»* Und der Kommentator des 21. Jahrhunderts darf hinzufügen: Auch wenn von Moltke hier offenbar einiges durcheinanderbringt, so gelingt ihm die doch sehr schöne Schilderung einer Situation, die sich in diesem Landstrich auch nach mehr als einem Jahrhundert in ganz ähnlicher Weise jederzeit wieder ereignen könnte.

Zurück ins Camp! Die Mühen des Aufenthalts im «Tal der Pest» lohnten sich jedenfalls. Die Ergebnisse der Ausgrabungen in Nevalı Çori waren mehr als bemerkenswert. Sie fügten sich nur teilweise in das aus Çayönü bekannte Bild des obermesopotamischen Frühneolithikums. Wie in Çayönü kamen große, freistehende Steingebäude zutage: Die zahlreichen Gebäude des Kanalhaus-Typs aus Nevalı Çori waren allerdings in Çayönü damals noch unbekannt, und auch unter den Kleinfunden zeigt sich ein Typenspektrum, das man in Çayönü und anderen, weniger prominenten Siedlungsplätzen der Region nicht angetroffen hatte. So wurden seit dem Jahr 1987 in Nevalı Çori außergewöhnliche Befunde ergraben, die dem Ort endgültig einen besonderen Platz in der Forschungsgeschichte zu sichern vermochten.

Abb. 12 Die frühneolithische Siedlung von Nevalı Çori – ihre genaue Lage ist an den rechteckigen Grabungsschnitten zu erkennen – liegt versteckt in einem kleinen Seitental des Euphrat. Dies hat wahrscheinlich jagdstrategische Gründe, denn es galt, das Wild, das die nahe Euphratfurt aufsuchte, nicht zu verschrecken.

Abb. 13 Auf die baldige Überflutung des Platzes bezieht sich ein für die letzte Grabungskampagne in Nevalı Çori entworfenes T-Shirt-Motiv. Es zeigt die typischen Pfeiler mit «Stola», Armen und Händen. Der rechte Pfeiler ist fragmentiert, der linke zeigt den charakteristischen T-förmig verbreiterten Kopf.

Das «römische Grab» Das «römische Grab», so lautete im Grabungsjargon die Bezeichnung für mehrere große Steinplatten, die am Nordrand der Siedlung von Nevalı Çori zutage lagen. Daß diese Benennung nur eine vorläufige sein konnte, war allen klar. Wie römische Gräber oder zumindest Gräber aus der Römerzeit – von welchem Volk auch immer angelegt –, jedenfalls Gräber des 1. Jahrtausends v. Chr. oder noch jünger, in der türkischen Euphratregion aussehen konnten, das wollte, ehrlich gestanden, auch keiner der ganz auf die Jungsteinzeit ausgerichteten Mannschaft so genau wissen. Es ging uns jedenfalls über Jahre hinweg nicht anders als Peter Benedict mit seinem vermeintlichen Friedhof auf dem Göbekli Tepe, als er gleichfalls nicht erkannte, was er dort vor sich hatte. Wir dachten nicht im Traum daran, daß monumentale Steinplatten und Frühneolithikum irgendwie zusammengehen könnten, und sparten diese Zone zunächst aus dem Grabungsgeschehen aus. Der Geodät, der den Platz zu vermessen hatte, benutzte den größten Steinblock als Fixpunkt der Orientierung in der Landschaft und meißelte gar zu dessen dauerhafter Markierung ein Kreuz in den vermeintlichen Felsbrocken.

Ich will beileibe nicht für mich in Anspruch nehmen, diesem seltsamen Gebilde als erster etwas mehr Aufmerksamkeit geschenkt zu haben, aber ich unterstützte nachdrücklich die bei Harald Hauptmann während der Kampagne 1987 aufkeimende Idee, auch in diesem Bereich eine Grabungsfläche zu eröffnen. So wurde damals das Areal H11 des Quadrantensystems in Angriff genommen, das während der ersten Kampagnen ausgespart worden war.

Schon die ersten Arbeitsschritte brachten eine Überraschung. Weil sich der Stein mit dem Geodätenkreuz in schräger Versturzlage befand und hätte abrutschen können, mußte er im Unterschied zu den anderen, waagerecht lagernden Platten bald entfernt werden. Als er angehoben wurde, erkannten wir auf seiner bisher den Blicken entzogenen Unterseite ein schräg über die Fläche verlaufendes erhabenes Reliefband. Auch war die «Platte» weitaus größer als zunächst angenommen. Es war eher ein Quader, der – mit Ausnahme von deutlich erkennbaren Bruchflächen auf den Schmalseiten – auf den anderen Flächen ohne jeden Zweifel sorgfältig zugerichtet war. Das Band auf der zunächst im Erdreich steckenden Fläche ließ uns nun erkennen, daß auch auf der immer zutage liegenden «Wetterseite» trotz starker Verwitterung noch Spuren eines gleichartigen Bandes existierten, das wir aber bisher überhaupt nicht wahrgenommen hatten.

Danach überschlugen sich die Ereignisse, denn der zunächst berechtigte Pessimismus, daß wir diesen Reliefstein als Oberflächenfund niemals mit

Sicherheit würden datieren können, wich schon in der nächsten Stunde der Euphorie einer gewaltigen Entdeckung: An der Stelle, an der sich das Stück schräg im Boden liegend befunden hatte, erschien ein offenbar senkrecht im Erdreich steckender rechteckiger Block von ähnlichen Dimensionen. Die Arbeiter, die wie die Archäologen von Begeisterung über diese Entdeckung gepackt worden waren, übernahmen die Initiative. In einem staunenswerten Kraftakt holten sie bald den mehrere Zentner wiegenden Block, der gerade erst mit viel Mühe an den Rand des Grabungsareals verbracht worden war, zurück und wuchteten ihn hochkant auf den im Boden steckenden Stein - die Bruchflächen beider Teile schlossen nahtlos ineinander.

Der vermeintliche Felsbrocken mit dem Geodätenkreuz und den Reliefbändern hatte sich zum umgestürzten Kopfstück eines mit dem Unterteil noch *in situ* - also an originalem Ort und ursprünglicher Stelle - stehenden, lang quaderförmigen Pfeilers «gemausert». Er gehörte unzweifelhaft zur neolithischen Schicht. Die Bänder setzten sich nach unten fort und entpuppten sich später, während der Fortsetzung der Grabungen, als Darstellung angewinkelter Arme. Diese Deutung konnte ohne Zögern erfolgen, denn auf der vorderen Schmalseite erschienen bald die zugehörigen, V-förmig einander gegenübergestellten Hände. Der Pfeiler verwandelte sich somit unzweifelhaft zu einem anthropomorphen - menschengestaltigen - steinernen Wesen. Es fehlte nur der Kopf, der aber, wie erst jetzt mit Sicherheit erkennbar wurde, schon vor langer Zeit zerstört worden sein mußte, denn die Bruchflächen an der Steinkante wiesen tiefe Korrosionsspuren auf, wie sie nur im Verlauf von Jahrhunderten, wahrscheinlich sogar von Jahrtausenden, entstehen können.

Zwei weitere, gerade und parallel zueinander herabhängende Bänder auf der vorderen Schmalseite ließen sich dagegen nicht in anatomischem Sinne erklären. Offenbar handelte es sich dabei um ein Kleidungsstück ganz in der Art der Stola katholischer Priester. Beide Bänder endeten kurz über den auf den «Bauch» gelegten Händen. Im Brustbereich waren die beiden Bänder V-förmig verbunden, so daß sie offenbar ein einmal um den Hals geschlungenes und dann auf beiden Seiten des Körpers herabhängendes Bekleidungsstück darstellten.

Der Pfeiler selbst erwies sich im Verlauf der Ausgrabung als nördlicher Zentralpfeiler eines quadratischen Gebäudes mit zwei freistehenden Pfeilern in der Raummitte. Sein südlicher «Zwilling» hingegen war komplett zerstört, doch verriet immerhin das Einlaßloch im Fußboden unzweideutig dessen einstige Existenz. Der Fußboden selbst barg eine weitere Überraschung: Es war ein Terrazzoboden, ganz in der Art, wie wir ihn schon in Cayönü kennengelernt haben. Nur die rote, von weißen Streifen durchzogene Färbung des Terrazzobodens aus Cayönü wiederholte sich nicht; hier war der Boden kalkgrau.

Die anderen Steinplatten, deren Oberflächen nun sichtbar wurden, entpuppten sich als Deckplatten einer an der Innenwand des Gebäudes umlaufenden Bank, die durch weitere, deutlich kleinere Pfeiler gegliedert war. Von ihnen waren allerdings fast ausnahmslos nur noch die Unterteile erhalten, während die oberen Abschlüsse zerstört waren. Einer aber war umgestürzt und so dem offenbar bilderstürmerischen Werk zumindest teilweise entgangen. Er war zwar in drei Teile zerbrochen, aber ansonsten vollständig. Arme, Hände und Stola waren in bestem Zustand – und endlich sahen wir auch einen Kopf. Er war ebenso wie der Körper dieser merkwürdigen Pfeilerwesen in hohem Grade stilisiert und rein kubisch gestaltet: T-förmig saß er quer auf dem schlanken Körper. Allerdings war, anatomisch zutreffend, die Gesichtshälfte deutlich länger als das Hinterhaupt.

Wen wollten die Schöpfer dieser Pfeilergestalten darstellen? Ahnen, Dämonen, Götter? Die Entdeckungen in Nevalı Çori waren so großartig, vielfältig und zahlreich, daß zunächst kaum Zeit blieb, über Deutungen der Befunde nachzudenken. Immerhin: Es lag offenbar ein «Doppelgänger» des aus Çayönü bekannten Terrazzogebäudes vor. Das Terrazzogebäude von Nevalı Çori aber war im Grundriß *vollständig* erhalten und nicht wie das aus Çayönü durch das Ausheben einer großen Grube gestört. Pfeiler hatte man in Çayönü gar keine angetroffen. Doch konnte man jetzt folgern, daß ursprünglich wahrscheinlich auch in Çayönü in der Raummitte zwei Pfeiler positioniert waren, deren Existenz frühen Bilderstürmern offenbar einst den Grund für die vorgefundenen Zerstörungen geliefert hatte.

Die von Harald Hauptmann mit Rekonstruktionszeichnungen versehene Veröffentlichung dieses wichtigen Befundes aus Nevalı Çori, der in drei Bauphasen untergliedert werden konnte, veranschaulichte jedenfalls weit besser, als es anhand der Çayönü-Befunde möglich war, wie die frühneolithischen Sondergebäude – also jene Gebäude, die anscheinend vormals keinen Wohnzwecken, sondern wahrscheinlich Kultbräuchen dienten – einst ausgesehen hatten.

Çayönü wurde nicht nur durch den besseren Erhaltungszustand des Nevalı-Çori-Baus und die hier entdeckten Pfeilerwesen übertroffen. Das Gebäude aus Nevalı Çori barg noch eine Überraschung, deren Entdeckung wir einem besonderen Sachverhalt verdanken. Nevalı Çori lag im Überflu-

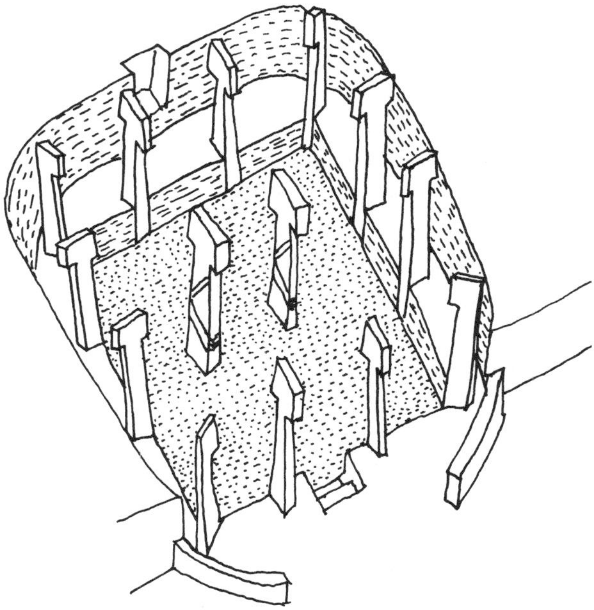

Abb. 14 Die jüngere Phase des Terrazzogebäudes von Nevalı Çori (nach einer von Harald Hauptmann veröffentlichten Rekonstruktionszeichnung).

tungsbereich des Atatürk-Stausees, in dem es im Winter 1991/92 versank. Um das Terrazzogebäude der Nachwelt zu überliefern, entschloß sich Harald Hauptmann, in der letzten Kampagne das gesamte Gebäude Stein für Stein abtragen zu lassen, um es später an anderer Stelle wieder errichten zu können. Von Murat Akman wurden diese minutiösen Arbeiten in vorbildlicher Weise geleitet. Jeder Stein wurde numeriert und in einer steingerechten Planzeichnung vermerkt, um später eine wirklich originalgetreue Wiederherstellung zu gewährleisten. Und dann kam die Sensation: In der Ostwand dieses Gebäudes eingemauert, fanden sich mehrere Bruchstücke großer Kalkskulpturen. Noch niemals zuvor war man auf Funde dieser Art gestoßen. Aus dem Neolithikum waren vor der Entdeckung von Nevalı Çori nur kleine, wenige Zentimeter messende Figurinen aus Knochen, Stein oder Ton bekannt. Lediglich die brettartig flachen Gipsstatuetten aus 'Ain Ghazal und Jericho erreichten mit Maßen von bis zu knapp 1 m Höhe eine deutlich andere Größe. Nevalı Çori lieferte dagegen gleich mehrere großformatige Exemplare aus *Stein*.

So wie sich uns die Skulpturen im Befund darboten, durften wir mit einiger Gewißheit davon ausgehen, hier auf eine Art «Begräbnis» dieser Figuren gestoßen zu sein, zumal auch an anderen Fundplätzen aus dieser Periode die Ostseite eines Hauses der bevorzugte Bestattungsplatz war.

In den Schichten der jüngsten Bauphase des Terrazzogebäudes wurden als Skulpturen ein menschengestaltiger (?) Torso und ein Vogel gefunden, dessen Schnabel in einem menschlichen Gesicht endet. Ein überlebensgroßer, kahlschädeliger Kopf, auf dessen Hinterhaupt sich eine Schlange windet, war mit dem abgeschlagenen, einst dem Innenraum des Gebäudes zugewandten Gesicht vermauert worden.

Aus der mittleren Bauphase des Terrazzogebäudes stammten ferner eine pelikanartige Vogelskulptur, der Körper eines weiteren Vogels, dessen Kopf nicht erhalten ist, sowie Kopf- und Körperfragment eines merkwürdigen Wesens mit menschlichem Kopf und vogelartigem Körper – so jedenfalls die ersten Deutungsversuche – und eine weitere Figur mit Vogelkörper und Vogelkopf, deren Schabel aber unvermittelt in einem menschlichen Gesicht endet, der sogenannte Vogelmensch.

Die älteste Bauphase des Gebäudes war nur in geringen Resten erhalten und lieferte keine nennenswerten Funde. Eine einzige großplastische Skulptur – ein weiterer überlebensgroßer Menschenkopf, dessen Gesicht erhalten war – stammte nicht aus dem Terrazzogebäude, sondern aus einem der für die Siedlung üblichen Kanalhäuser, das wir als *Haus 3* zählen, um uns im wissenschaftlichen Gespräch in der Anlage orientieren zu können.

Der kunstgeschichtliche Wert der Nevalı-Çori-Funde steht der Bedeutung der jungpaläolithischen Höhlenkunst in nichts nach. Eine wissenschaftliche Sensation bahnte sich an, die noch durch jene Ergebnisse vergrößert wurde, die während der Aufarbeitung des Materials in Heidelberg erzielt werden konnten.

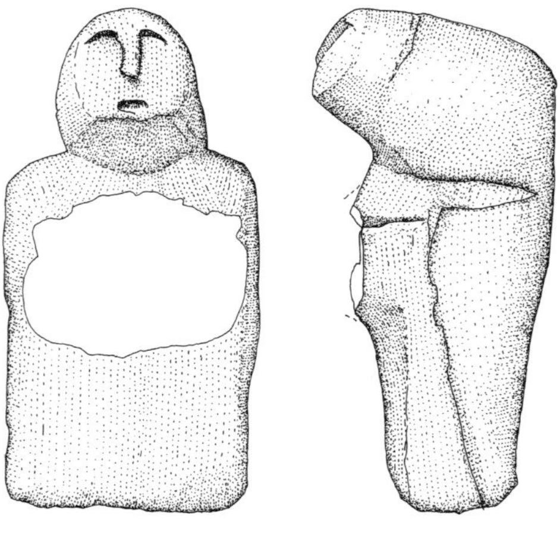

Abb. 15 Der «Vogelmensch», Kalksteinskulptur aus dem Terrazzogebäude von Nevalı Çori.

Im Schatten der Totempfähle? Im Sommer des Jahres 1995 wurde eine kleine Ausstellung der Nevalı-Çori-Skulpturen in der Uruk-Warka-Sammlung am Institut für Ur- und Frühgeschichte der Universität Heidelberg vorbereitet – natürlich keine Ausstellung der Originale, die sich im Museum in Urfa befanden und befinden, sondern der Kopien, die von Restauratoren des Römisch-Germanischen Zentralmuseums in Mainz während ihrer Grabungspraktika in Urfa abgeformt worden waren. Ich hatte das Glück, zu den Auserwählten gehören zu dürfen, die an diesen Vorbereitungsarbeiten zur Ausstellung teilnahmen, und ich empfand es auch als eine besondere Ehre, mit diesen einzigartigen Funden – selbst wenn es nur deren Abformungen waren – arbeiten zu dürfen. Meine Aufgabe bestand unter anderem darin, für die Beschriftung der Vitrinen kurze, prägnante Beschreibungen der Objekte zu verfassen. Dies erwies sich weitaus schwieriger als erwartet. Obwohl ich jedes Stück von der Ausgrabung her kannte, benötigte ich doch für jedes Objekt mehrere Stunden, denn stets eröffneten sich auf den zweiten und dritten Blick immer wieder neue und überraschende Deutungsmöglichkeiten. Jede Skulptur mußte stets aufs neue zur Hand genommen und in alle Richtungen gedreht werden. Mit den Originalen aus Kalkstein wäre das aus Gewichtsgründen zu einer athletischen Herausforderung geworden und in dieser intensiven Weise gar nicht möglich gewesen. Die vorliegenden Polyesterkopien aber waren innen hohl und damit sehr leicht. So ließen sich die im Original teilweise fast zentnerschweren Objekte wie Plastikbälle spielerisch bewegen.

Die Mühe lohnte sich in unerwartetem Ausmaß, denn beim Jonglieren mit den Abformungen wurde ich auf die zuvor unentdeckt gebliebene Möglichkeit aufmerksam, einige Exemplare paßgenau aneinanderzufügen. Dies war ein völlig unerwarteter Erfolg, auch wenn er im nachhinein eigentlich nicht ganz so überraschend war, denn schon während der Grabung war es Murat gelungen, ein kleines skulpiertes Fragment an das erwähnte Mischwesen mit menschlichem Kopf und Vogelkörper anzusetzen. Jedenfalls fügten sich mit einem Mal unter meinen Händen drei in meinen Beschreibungsversuchen bislang einzeln behandelte Skulpturenfragmente, die wir in *Haus 13* geborgen hatten, zum Oberteil einer jetzt totempfahlartigen Bildsäule zusammen. War der Befund von Nevalı Çori an sich schon einzigartig, so setzte ihm dieses Resultat gewissermaßen die Krone auf:

Der erwähnte Vogel ohne erhaltenen Kopf konnte zweifelsfrei auf jenes Mischwesen mit Menschenkopf und Vogelkörper aufgesetzt werden, an dessen Hinterkopf sich noch ein kleines Fragment mit der Andeutung eines Haarnetzes anpassen ließ, das ganz offensichtlich zu einem zweiten menschlichen Kopf gehörte, der in entgegengesetzte Blickrichtung gewendet war. Insgesamt entstand somit ein säulenartiger Bildaufbau mit Vogel und zwei menschlichen Köpfen, denen offenbar keine der menschlichen Anatomie folgenden Körper zugehörten. Der Vogel dürfte den oberen Abschluß dieses Stückes gebildet haben, da die Bruchfläche am Hals zu kleinflächig ist, um noch eine weitere Figur zu tragen. Nach unten hin besaß das Stück sicher eine - nicht erhaltene - Fortsetzung. Auch kann aufgrund der Dimensionierung mit großer Gewißheit davon ausgegangen werden, daß ein weiteres, in gleicher Fundlage angetroffenes Fragment - hätte man denn das fehlende Verbindungsteil von leider unbekannter Länge und Gestalt - weiter unten in dieses Bildwerk einzufügen ist. Dieses Fragment zeigt Füße und Schwanz zweier antithetisch gruppierter Vögel. Auch dieses Bruchstück besaß einst nach unten eine Fortsetzung von unbekannter Länge. Das Gesamtwerk ließ sich somit jedenfalls als eine totempfahlartige, monolithische Bildsäule rekonstruieren. Eine Deutung dieses Bildwerkes ist nicht leicht zu geben; zu erkennen ist, daß der Vogel zwei menschliche Köpfe zu ergreifen scheint, die keine menschlichen Körper besitzen. Doch daß solche Objekte in den Lebensbereich von Ritus, Kult und Religion gehören, dürfte kaum zu bezweifeln sein.

Die Zusammensetzung der Bildsäule mit der Kombination von Vogel und Menschenkopf hatte den Weg gewiesen, auch beim großen Kopf aus *Haus 3* zu einer umfassenderen Interpretation zu gelangen. Der säulenartige Gegenstand, dem er wie vorgeblendet erscheint, läßt sich trotz der starken Fragmentierung wieder als großer Vogel erkennen. Auch hier fehlt der Vogelkopf, doch sind bandförmig dargestellte Flügel auf der Rückseite sowie die vorgewölbte Vogelbrust noch gut erhalten. Und wieder scheint es, daß der Vogel den menschlichen Kopf ergreift. Die Vermutung dürfte nicht zu spekulativ sein, den in Nevalı Çori wie im gesamten vorderasiatischen Frühneolithikum ausgeprägten Schädelkult, über dessen Indizien ich ja bereits ausführlicher berichtet habe, mit diesen Darstellungen in Verbindung zu bringen. Offenbar erfüllten die Vögel im Bewußtsein der Menschen eine wichtige Aufgabe. Wenn wir uns klarmachen, daß es Vögeln von Natur aus möglich ist, eine Sphäre zu erreichen, die dem Menschen damals völlig unzugänglich war (und auch uns nur mit erheblichem technischem Aufwand erreichbar ist), so gehört nicht allzuviel Phantasie dazu, sich auszumalen worin diese Aufgabe bestanden haben mag.

Mit der Großplastik und den Reliefpfeilern trat in Nevalı Çori eine Befundlage zutage, die das bis dato bekannte Bild des vorderasiatischen Früh-

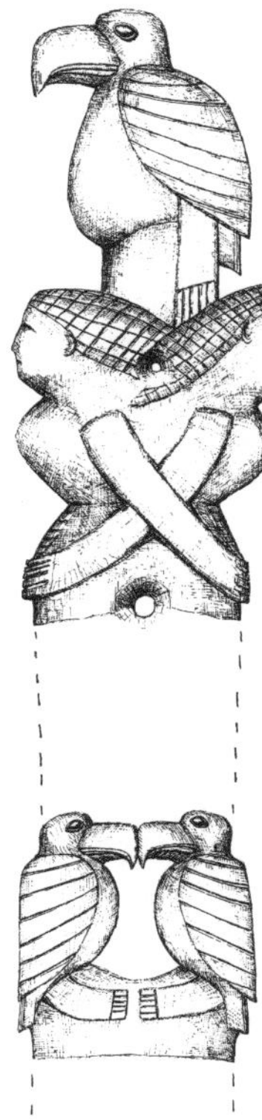

Abb. 16 Rekonstruktionszeichnung des sogenannten Totempfahls von Nevalı Çori. Die Zusammensetzung von drei getrennt voneinander geborgenen Teilen gelang 1995 anhand der nach Heidelberg verbrachten originalgetreuen Kopien; zwei antithetisch gruppierte Vögel gehören mit großer Wahrscheinlichkeit zu dieser Skulptur.

neolithikums weit übertraf und fortan deutlich vergrößerte. Es gäbe noch viele weitere Funde und Fundgruppen anzuschließen, doch wir wollen uns hier auf ein Objekt beschränken, das uns später noch einmal beschäftigen wird, wenn es um den Schamanismus in der Steinzeit geht: Singulär blieb leider eine auf der Außenseite reliefierte Kalksteinschale, die zu etwa einem Drittel ihres Umfangs erhalten ist. Aufgrund der deutlichen Schmauchspuren am inneren Rand gehört die Schale zu einer Gruppe sonst unverzierter Gefäße, die als Steinlampen oder Räucherschalen gedeutet werden können. Dargestellt sind zwei menschliche Figuren in Vorderansicht mit erhobenen Armen, dicken Bäuchen und abgespreizten Beinen. Sie umrahmen eine ebenfalls dickbauchige Figur in gleicher Stellung, die aber nicht menschenartig wiedergegeben ist, sondern eher an eine Schildkröte erinnert. Die Szene setzt sich am rechten und linken Bildrand mit weiteren Figuren fort, doch können diese aufgrund der Fragmentierung nicht bestimmt werden. Sicher handelte es sich um einen die Schale umlaufenden Bildfries, dessen erhaltener Ausschnitt als *Tanzszene* zu deuten ist.

Auffällig ist bei den zahlreichen kleinformatigen Figuren, auf die wir hier nicht näher eingehen wollen, daß sich die abgebildeten Motive sehr unterschiedlich auf die beiden Rohmaterialgruppen - Ton und Kalkstein - verteilen. Die Tonfiguren sind vor allem zwei Themen gewidmet: Sie zeigen stets einen stehenden, bis auf einen Gürtel (?) offenbar nackten und wahrscheinlich mit erigiertem Penis (im dezenten Wissenschaftlerjargon *ithyphallisch*) dargestellten Mann und eine sitzende Frau. Tierfiguren aus Ton sind überraschenderweise kaum vorhanden.

Ganz anders verhält es sich bei den Figuren aus Kalkstein. In dieser Gruppe überwiegen die Tierdarstellungen, auch wenn die Festlegung auf eine bestimmte Spezies in der Regel schwerfällt. Viele Funde sind Einzelstücke, und Motivwiederholungen finden sich nur selten. Am auffälligsten sind sicher die Miniaturausführungen der megalithischen - also aus großen Steinen gefertigten - T-Kopfpfeiler mit Armen und Händen, von denen mehrere in nur wenige Zentimeter großen Versionen gefunden wurden. Hervorzuheben ist in diesem Zusammenhang die Miniatur einer Maske, die offenbar den Typ lebensgroßer steinerner Masken, wie sie aus Nahal Hemar bekannt sind, imitiert.

Eine Untersuchung der räumlichen Verteilung des Fundmaterials von Nevalı Çori erbrachte als vielleicht wichtigstes Ergebnis, daß in der Sied-

Abb. 17 Die Reliefschale aus Nevalı Çori ziert das Titelbild des Bandes von Yosef Garfinkel, der sich mit der Bedeutung früher Tanzszenen beschäftigt.

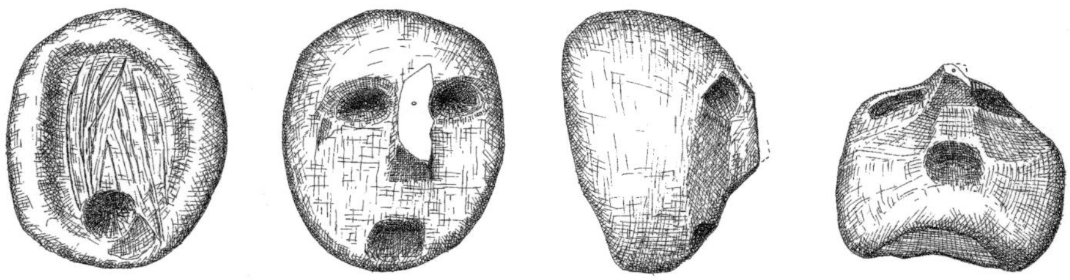

Abb. 18 Eine miniaturförmige Maske aus Kalkstein aus Nevalı Çori wiederholt lebensgroße steinerne Masken, wie sie aus Nahal Hemar und anderen Fundorten der südlichen Levante bekannt sind.

lung seltene Pfeilspitzen-Typen auftreten – bevorzugt im Areal um das Terrazzogebäude, das uns ein Ort der Kultausübung gewesen zu sein scheint, und zwar besonders in der östlich anschließenden Freifläche. Diese untypischen Spitzen sind zwar andernorts häufig anzutreffen, in Nevalı Çori aber sehr selten. Sollte einst das Terrain um das Terrazzogebäude ein Anziehungspunkt für Besucher aus fernen Landstrichen gewesen sein? Waren die Miniaturpfeiler etwa ein Art von «Souvenirs»? Und war das Terrazzogebäude vielleicht von hoch aufragenden, weithin sichtbaren Totempfählen umgeben? Die Totempfähle der Nordwestküsten-Indianer Nordamerikas wurden jedenfalls in den Dörfern errichtet. Sie standen vor den Häusern und erzählten mit ihrer Bildfolge mythische Begebenheiten und die Genealogie der Bewohner. Standen auch in Nevalı Çori hölzerne Pfähle, und stellte die dort gefundene Version aus Kalkstein, deren Bruchstücke in der Bank des Terrazzogebäudes kontrolliert «entsorgt» – besser vielleicht: sorgfältig geborgen – worden waren, nur ein besonders monumentales Exemplar dar? Wir erinnern uns, daß bereits die Archäologin Kenyon zwei Sockelinstallationen in der Natufien-Schicht Jerichos (12./11. Jahrtausend v. Chr.) als Aufstellungsplatz für Totempfähle vermutete. Gehörten also solche Totempfähle üblicherweise zum Interieur dieser Siedlungen? Oder gab es sie nur an wenigen Orten, die deshalb zur Kultattraktion und zum Besuchermagneten für die Bewohner auch weiter entfernter Gegenden wurden? Zwingend beweisbare Antworten waren und sind auf all diese Fragen natürlich nur schwer zu finden, doch uns stand klar vor Augen, daß durch diese Funde die frühneolithische Besiedlungsgeschichte Obermesopotamiens plötzlich Facetten und Farben hinzugewonnen hatte, die vorher völlig verborgen geblieben waren.

Die neue Befundlage implizierte eine Fülle neuer Fragen und Forschungsziele, die in dieser Weise vorher gar nicht hatten formuliert werden können. In meinem eigenen Forscherleben war damit spätestens zu diesem Zeitpunkt eine Weichenstellung erfolgt, die eine berufliche Entwicklung in andere Richtungen ausschloß. Es war doch sehr unwahrscheinlich, daß Nevalı Çori der einzige Ort sein sollte, der mit großen Skulpturen und Tempfählen aufwartete. Hatte man also andere, vielleicht gar noch wichtigere Plätze bislang übersehen?

Die archäologische Landkarte des Frühneolithikums war zur Zeit der Ausgrabungen in Nevalı Çori in Obermesopotamien nur sehr sporadisch mit Fundpunkten ausgezeichnet. Riesige Landstriche lagen völlig unerforscht. Nevalı Çori wurde als frühneolithischer Siedlungsplatz erst 1979 entdeckt, und bis zur richtigen Einschätzung des «römischen Grabes» hatte es noch einmal Jahre gedauert. Die gesamte Periode der vorkeramischen Jungsteinzeit (des präkeramischen Neolithikums) war bis zur Erforschung Jerichos unbekannt, da Siedlungsplätze ohne Keramikfunde in der «Rasterfahndung» der archäologischen Feldforschung als Kategorie nicht vorgesehen waren. In meinem persönlichen Forschungsplan kristallisierte sich vor diesem Hintergrund bald eine Fragestellung heraus, die sich heute etwa wie folgt zusammenfassen läßt: Wie dicht mochte die frühneolithische Besiedlung Obermesopotamiens gewesen sein, und wie weit lagen Nachbarsiedlungen von Nevalı Çori entfernt? Waren es dörfliche Siedlungen, die relativ ähnliche innere Strukturen aufwiesen, oder gab es besonders bedeutende, sozusagen in der Siedlungshierarchie hervorgehobene Orte? Und welchen Platz nahm Nevalı Çori im zu vermutenden Netz frühneolithischer Siedlungen ein?

Klar war, daß im weiten Land zwischen Euphrat und Tigris noch mit einer Vielzahl von unbekannten Fundplätzen zu rechnen war. Und dennoch erreichte uns ziemlich unerwartet 1994 die Meldung, daß man in dieser Region einen großen, bislang völlig unbekannten akeramischen Fundplatz entdeckt hatte, der uns nun schon räumlich und zeitlich ganz in die Nähe des Göbekli Tepe bringt: In unmittelbarer Umgebung von Şanlıurfa hatte man den Siedlungsort Gürcütepe gefunden.

6. Der Gürcütepe und die Geburt eines neuen Forschungsprojekts

Die Entdeckungsgeschichte des Gürcütepe läßt sich in wenigen Worten schildern. Von Henry Wright, einem erfahrenen amerikanischen Archäologen, wurde jene in Urfa weilende Mannschaft, die die Funde von Nevalı Çori wissenschaftlich aufarbeitete und die wir schon bei den ersten Besuchen in der Gegend des Göbekli Tepe kennengelernt hatten, im Herbst

1994 über einen bis zu diesem Zeitpunkt unbekannten neolithischen Siedlungsplatz informiert. Ob die mit der Steinzeit vertraute Gruppe nicht Interesse an einer Erforschung dieses Ortes habe?

Der Platz trug den Namen Gürcütepe, was etwa «Hügel der Georgier» bedeutet – ein Name, der geschichtliche Hintergründe vermuten läßt, die aber nicht näher eruiert werden konnten. Er lag am östlichen Stadtrand von Urfa und wenige Kilometer nordwestlich von Tell Kazaneh, einem gewaltigen Siedlungshügel, der von Henry und seinen Mitarbeitern erforscht wurde. Bei einer Begehung des Umlandes hatte Henry den von der Straße aus sichtbaren, bis dato aber unbeachtet gebliebenen und unscheinbaren Gürcütepe als frühneolithischen Platz erkannt. Doch in das Forschungsprogramm des im Kern bronzezeitlich orientierten Kazaneh-Teams paßte ein steinzeitlicher Platz nicht.

Der Hinweis auf den Gürcütepe traf nur kurz vor der Wiederentdeckung des Göbekli Tepe ein. Nach diesem Ereignis wurden an aufeinanderfolgenden Tagen beide Plätze mehrfach intensiv besucht. Damit war auch bald die Idee eines neuen Forschungsprojekts geboren – oder besser: einer Fortsetzung des in Nevalı Çori begonnenen Projekts. Das Projekt «Urfa», das fortan Nevalı Çori, den Gürcütepe und den Göbekli Tepe einschloß, gewann rasant an Fahrt. In Harald Hauptmann, der gerade zum Ersten Direktor der Abteilung Istanbul des Deutschen Archäologischen Instituts berufen worden war, hatten wir die denkbar beste Unterstützung, und der 1995 eilig gegründete Förderverein ArchaeNova e. V. ermöglichte die Mobilisierung privater Initiativen, die gerade in der Anfangsphase des neuen Projekts Unmögliches möglich machten.

Im Herbst des Jahres 1995 brachen die «Pioniere» des neu formierten Projekts «Urfa» von Heidelberg aus auf, um mit Unterstützung einer Mitarbeiterin des Museums in Urfa die erste Grabungskampagne zu beginnen. Die zahlreichen Teilnehmer der späteren Kampagnen können nicht alle namentlich aufgezählt werden, die kleine Kerngruppe der ersten Jahre verdient es aber, genannt zu werden. Neben dem Verfasser waren als Archäologen Manuela Beile-Bohn, Songül Ceylan, Christoph Gerber, Çiğdem Köksal und Michael Morsch beteiligt. Die Geodäten Markus Geiß und Stefan Obermeier legten die Grundlage für die notwendigen topographischen Vermessungen.

Je ein Monat sollte am Göbekli Tepe und am Gürcütepe gearbeitet werden. Wir entschlossen uns, nicht mit dem Göbekli Tepe zu beginnen, denn der erschien allen als zu gewaltig, ja fast einschüchternd. So nahmen wir die Arbeit am überschaubaren Gürcütepe auf. Die Ergebnisse der ersten und der folgenden Kampagnen möchte ich im folgenden knapp skizzieren.

Der Gürcütepe liegt am südöstlichen Stadtrand von Şanlıurfa und am nordwestlichen Rand der Harran-Ebene. Er erstreckt sich in ostwestlicher Richtung etwa 1,2 km und weist in diesem Bereich eine Gruppe von nicht weniger als insgesamt vier jungsteinzeitlichen Siedlungshügeln ohne Keramikfunde auf (akeramisch-neolithisch); diese wurden von uns als Gürcütepe I–IV bezeichnet. Der größte ist Gürcütepe II mit etwa 200 m Durchmesser, der 6 m über das Niveau der Ebene hinausragt. Die Hügelkette reiht sich offensichtlich entlang eines in der Karstquelle von Urfa entspringenden Bachlaufs, der heute durch nachhaltige Wasserentnahme, vor allem für die intensive Bewässerungswirtschaft, weitgehend verschwunden ist.

Wir begannen zunächst mit der Vermessung und einer systematischen Begehung des großen Areals. Nur am Gürcütepe I entdeckten wir keramisch-neolithisches Material, das hier über akeramisch-neolithischen Siedlungsschichten auch jüngere, keramisch-neolithische verhieß. Die übrigen Hügel ließen rasch erkennen, daß wir dort keine Keramik finden würden. Die Sicherheit, mit dieser Einschätzung nicht fehlzugehen, konnten wir aber noch aus einem weiteren Sachverhalt schöpfen.

Die ersten Grabungen Auf Gürcütepe II befindet sich das alte Wasserwerk von Urfa. Das Grundwasser wird dort abgepumpt und in das Leitungssystem der Stadt eingespeist. Im Zusammenhang mit der Reinigung des Wassers erschweren immer wieder beißende Chlorschwaden den Aufenthalt im Gelände. Für den Besucher nicht ganz nachvollziehbar, enden verschiedentlich Rohrleitungen offen am Hügel, führen periodisch Wasser und speisen unkontrolliert abfließende, «perennierende» Bächlein. Für Archäologen ein Glücksfall. In einer so entstandenen Erosionsrinne am Nordhang des Hügels traten die steinzeitlichen Schichten gut sichtbar zutage. Die Profile des Miniatur-Canyons zeigten Lehmmauern, Fußböden und Gruben; als «Bachkies» lagen Silex- und Obsidiangeräte sauber gewaschen und sozusagen «schon nach Größe sortiert» vor. Somit war klar, daß die Oberflächenfunde, die auf allen Hügeln des Gürcütepe zu sehen waren, nicht in die Irre führten. Zumindest am Gürcütepe II waren mächtige frühneolithische Siedlungsschichten vorhanden. Folglich wurde auch an der Erosionsrinne mit den ersten Untersuchungen begonnen.

Die Grabungsflächen auf Gürcütepe II erbrachten zunächst unmittelbar unter der Oberfläche beigabenlose Gräber, bei denen oft Dachziegel als Grababdeckung dienten; sie stammten aus der Spätantike. Die Grabgruben waren in große, rechteckige Bauten mit Steinfundamenten und Stampflehmmauerwerk eingetieft.

Das Erkennen von Stampflehmmauern stellt eine grabungstechnisch oft schwierige Aufgabe dar, da im Unterschied zu Lehmziegelmauerwerk keine regelhaft auftretenden Fugen vorkommen. Und die Außenkanten der Mauern sind oft kaum zu erkennen, da das umgebende Sediment ja in der Regel aus dem gleichen Material wie die Mauer besteht, da es von den herabgeflossenen Mauerkronen stammt. Die Wahl des Wortes «fließen» mag den Leser, der mit der Lehmbauweise mediterraner Länder nicht vertraut ist, überraschen: Bis in unsere Zeit benutzt man in den Mittelmeerländern in der traditionellen Bauweise ungebrannte Lehmziegel oder eben in Verschaltechnik errichtete Stampflehmmauern, die ebenfalls ungebrannt bleiben. Beide Techniken repräsentieren zwar unterschiedliche Verfahrensweisen und Traditionen, führen aber annähernd zu dem gleichen Ergebnis – eben jenen Mauern aus ungebranntem Lehm –, und beide Techniken können in einem Gebäude zusammen vorkommen. Ist ein schützendes Dach vorhanden, so überdauert solch ein Gebäude in Lehmbauweise Generationen. Erst die von einer Überdachung entblößten Mauerkronen sind schnellem Verfall preisgegeben – da «fließt» dann bei Regenfällen das Material förmlich zu Boden.

Wie das Dach von oben, so schützen üblicherweise angelegte Steinfundamente vor Feuchtigkeit von unten. Solche Steinfundamente gelten als sicherer Beweis für die Lehmbauweise der Mauern, und zwar selbst in jenen Fällen, da die Stampflehm- oder Lehmziegelmauern gänzlich verschwunden sind oder man sich nicht sicher ist, ob die vorhandenen Reste sie repräsentieren. Nach diesem letzten Beweis zu suchen war am Gürcütepe glücklicherweise nicht notwendig. Die Grabungsmannschaft verfügte über reichlich Erfahrung mit Lehmarchitektur, so daß sie im Flächenbefund schnell mehrere Stampflehmgebäude ausmachen konnte. Die noch erkennbaren Grundrisse ließen sehr kleingekammerte Häuser erahnen; das überraschte nicht, weil man Vergleichbares auch von anderen Fundplätzen dieser Periode kannte und nicht viel anderes erwartet hatte.

Eines der Bauwerke besitzt Mauern von 1,4 m Dicke. Die Verwendung großer Steinplatten, die partiell der Mauer vorgeblendet waren, ließ auch in diesem Fall eher an ein Sondergebäude denn an Wohnarchitektur denken, doch war von diesem Gebäude nur eine Raumecke erhalten, so daß eine definitive Festlegung nicht möglich war. Gefäßkeramik wurde bei den Grabungen nicht gefunden, dafür aber Steingeräte in großer Zahl, wie es anhand der Beobachtungen in der Erosionrinne vorherzusagen war.

Über Radiokarbondaten verfügen wir für den Gürcütepe noch nicht, doch ist die archäologische Datierung dank bestimmter Leitformen, die man auf anderen Grabungen geborgen und sicher hat zeitlich zuordnen

Abb. 19 Die am Nordwest-Rand der Harran-Ebene gelegene Hügelgruppe des Gürcütepe aus der Vogelperspektive.

können, für bestimmte Zeithorizonte in ihren chronologischen Bestimmungsmöglichkeiten recht genau. Um als «Leitform» fungieren zu können, muß ein bestimmter Fundtyp zwei Grundvoraussetzungen erfüllen: Er muß an möglichst vielen Fundplätzen nachgewiesen sein, also eine möglichst große «horizontale» Verbreitung besitzen. Dafür soll diese in der Vertikalen möglichst kurz ausfallen, d. h., der Typ soll nur in einer möglichst kurzen Zeitphase vorkommen. In der Geologie dienen die von der Schwesterwissenschaft Paläontologie definierten *Leitfossilien* in methodisch gleicher Weise als Datierungskriterien für geologische Schichten. Es genügt, wenn ein Leitfossil bzw. eine archäologische Leitform an einigen Fundplätzen ihres Vorkommens absolutchronologisch fixiert ist. Die so gewonnenen Daten können dann auch auf die anderen Fundplätze zur Datierung der Befunde übertragen werden.

Stets müssen Leitformen erst definiert werden. Die Liste potentieller Kandidaten ist länger als jene mit tatsächlich erfolgreich bestandener «Prüfung». Besonders in Fundgruppen jenseits der Steingeräte ist auf diesem Gebiet noch viel Arbeit zu leisten.

Im Fall des Gürcütepe stieß man auf die jüngste vorkeramisch-jungsteinzeitliche Schicht (PPN B), die noch jünger war als die jüngste in Nevalı Çori

Abb. 20 Blick nach Süden auf die durch eine Erosionsrinne teilweise zerstörten Architekturbefunde des Gürcütepe II.

ergrabene Bauphase. Als Leitformen zur Zeitbestimmung dienten am Gürcütepe die sogenannten Byblos-Pfeilspitzen – benannt nach ihrem Vorkommen in den steinzeitlichen Schichten des Tells von Byblos, einer im zweiten und ersten vorchristlichen Jahrtausend bedeutenden phönikischen Stadt an der libanesischen Küste. Bei den Byblos-Spitzen handelt es sich allerdings um eine große Formengruppe, die erst in einzelne Varianten untergliedert werden muß, um wirkliche Leitformen zu gewinnen. Am Gürcütepe konnten wir eine bestimmte Variante erkennen, für welche die neue Typ-Bezeichnung «Palmyra-Spitzen» eingeführt wurde. Dieser Typ darf in Obermesopotamien als Leitform der späten vorkeramischen Jungsteinzeit gelten – des späten PPN B. In der jüngeren Schicht des Gürcütepe II ist er sehr häufig, während er am älteren Göbekli Tepe völlig fehlt.

Insgesamt gesehen, dürfte der Gürcütepe II den bisher bekannten frühneolithischen Siedlungstyp mit Wohnbauten *und* vereinzelten Sondergebäuden verkörpern, bei dem man Wasser und Ackerland in unmittelbarer Nähe finden kann. Ganz ähnlich der Situation in Çayönü scheint eine keramisch-neolithische Besiedlungsphase in gewisser räumlicher Distanz zur akeramischen Besiedlung vorhanden zu sein. Neben der reichen Silex- und Obsidiangeräteindustrie wurden zahlreiche Felsgesteinartefakte, darunter

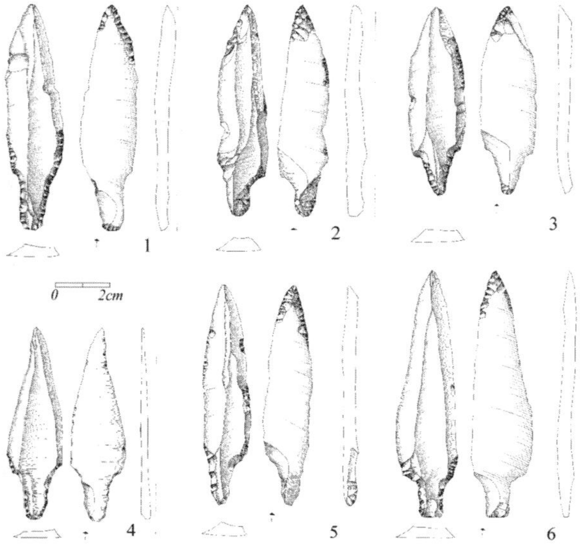

Abb. 21 Gestielte Spitzen aus Feuerstein bilden im vorkeramischen Neolithikum (PPN) die wichtigste Gerätegruppe, die Pfeil- und Speerspitzen und auch Dolchklingen enthält. Eine Variante der sogenannten Byblos-Spitzen bilden die Palmyra-Spitzen, die am Gürcütepe häufig vorkommen.

polierte Steingefäße und spezielle Steingefäßbohrer aus hartem Quarzit, welche die Existenz derartiger Produktionsstätten nahelegen, gefunden.

In der dritten Kampagne konnte erstmals der Gürcütepe I, auf dem sich, wie schon erwähnt, bei den Begehungen als einzigem eine nennenswerte Konzentration von keramisch-neolithischen Funden beobachten ließ, durch Grabungen untersucht werden. Das ist nicht jedes Jahr ohne Schwierigkeiten möglich, weil der sehr flache Hügel auf ganzer Fläche in das Bewässerungssystem der Harran-Ebene einbezogen werden kann und folglich landwirtschaftlich genutzt wird. Häufig ist er von Auberginen-, Paprika- oder Baumwollpflanzungen bedeckt und kommt nur selten - eben in der Zeit, da die Äcker brachliegen - ohne finanziellen Aufwand (für die Entschädigung der Bauern) als Grabungsgelände in Betracht.

Im Jahr 1997 war dies der Fall. Stampflehmbauten, wie wir sie auf Gürcütepe II gefunden hatten, ließen sich indes nicht erkennen. Zahlreiche Gruben, darunter solche mit einem Pflaster aus Kieselsteinen zum Rösten von Nahrungsmitteln, ließen andererseits keinen Zweifel am Charakter der ergrabenen Flächen als Siedlungsschichten. Allein eine Lehmplattform mit einer zentralen Herdplatte deutete auf eine Architekturstruktur; doch konnte man keine begrenzenden Mauern, auch keine eindeutigen Flechtwerkwände oder Pfostenlöcher finden. Keramische Funde traten entgegen den Erwartungen unterhalb des Pflughorizontes - also in tieferen Schichten - nicht mehr auf. Da wir an der Oberfläche des Gürcütepe I keramischjungsteinzeitliches Material gefunden hatten, gelangten wir zu dem Ergebnis, daß wir hier auf eine Übergangsphase der späten vorkeramisch-neolithischen Zeit (PPN B) zur keramischen Jungsteinzeit (PN) gestoßen waren. Jedoch ist es uns nicht gelungen, Häuser dieser Epoche freizulegen.

Die Hügelgruppe des Gürcütepe – eine steinzeitliche Talsiedlung Eine in der dritten Kampagne angelegte Tiefsondage auf Gürcütepe II erbrachte als überraschendes Ergebnis, daß die neolithische Schichtenfolge an dieser Stelle mit 4,1 m kaum mächtiger ist, als schon im Profilschnitt des Jahres 1995 deutlich geworden war. In den mächtigen, durch Laufhorizonte gegliederten Schuttlagen kamen viele Kleinfunde und Tierknochen, aber keine Baustrukturen ans Tageslicht. Der Charakter dieses Areals als Freifläche zwischen den Gebäuden der Siedlung hatte sich offenbar über die gesamte Besiedlungsdauer hindurch nicht geändert.

Unter den Archäologen entwickelte sich fast so etwas wie ein Tiefenrausch. Mit Ausnahme eines Mannes mit Namen Ahmet Gök aber scheuten sich die Arbeiter, in der tiefen Grube weiterzumachen. Doch zum Glück entwickelte Ahmet einen geradezu bergmännischen Ehrgeiz, der eine Fortsetzung der Tiefgrabung ermöglichte. Mittels Eimer, Seil, Dreibein und Umlenkrolle hatten wir das Problem des Erdaushubs gelöst, und so wanderte Ladung für Ladung Abraum nach oben. Schließlich reichte der bald enge Schacht insgesamt 7,5 m in die Tiefe. Auch wenn die geomorphologische Aufarbeitung des Befundes noch aussteht, so läßt sich doch aufgrund der archäologischen Auswertung der geborgenen Artefakte sagen, daß die Besiedlung des Gürcütepe II auf die späte vorkeramisch-jungsteinzeitliche (PPN B-)Periode beschränkt war.

Dies gilt auch für die anderen Hügel der Gürcütepe-Gruppe, die im Verlauf der Jahre alle zumindest durch Sondagen erforscht wurden. In allen Hügeln läßt sich die Besiedlung ins späte PPN B datieren. Frühere oder spätere Kulturschichten sind mit der erwähnten Ausnahme am Gürcütepe I nicht nachzuweisen.

Als besonderer Fund vom Gürcütepe III möchte ich ein kleines Fragment eines Kalksteinartefakts erwähnen, dessen Funktion wir aber nicht bestimmen können. Es trägt eine Reliefdarstellung, möglicherweise die eines Hundes. Der Kopf ist leider nicht erhalten. Es wurde in der Füllung der kanalartigen Struktur gefunden. Während der Sondage am Hügel I haben wir zudem einen stempelsiegelartigen Gegenstand aus Steatit entdeckt.

Interessante Erkenntnisse brachte die Analyse des Tierknochenmaterials, die von Angela von den Driesch und Joris Peters durchgeführt wurde: Bei

Abb. 22 Stempelsiegelartiges Objekt aus Steatit vom Gürcütepe.

mehreren Tierarten konnten wir frühe *Domestikationserscheinungen* beobachten, die auffälligerweise im Material des älteren Göbekli Tepe fehlen sollten. Die reiche Faunenliste dieses Platzes (also die am Göbekli Tepe einst nachweislich vorkommenden Tierarten) umfaßt ausschließlich *Wildtiere* – vor allem Auerochse, Gazelle, Wildschwein, Fuchs und Onager, den asiatischen Wildesel.

Ein ähnlicher Befund zeichnet sich bei der Auswertung des botanischen Materials ab, das von Reinder Neef bearbeitet wird: Kulturpflanzen finden sich zwar am Gürcütepe, sie fehlen aber am Göbekli Tepe. Die Anlage am Göbekli Tepe ist also nicht nur älter als der Gürcütepe, sondern die Menschen dieser Gegenden hatten auch deutlich andere Ernährungsgewohnheiten und versorgten sich auf unterschiedlichen Nahrungsgrundlagen. Die «Talsiedlung» des Gürcütepe tritt zur «Bergsiedlung» des Göbekli Tepe somit in immer schärferen Kontrast. Göbekli Tepe und Gürcütepe – das sollten wir als Ergebnis mitnehmen – verkörpern zwei gegensätzliche Typen frühneolithischer Plätze.

III. Göbekli Tepe

Damit haben wir die Besichtigung einiger, für das Verständnis dessen, was uns am Göbekli Tepe erwartet, wichtiger Siedlungsplätze abgeschlossen. Wir sind unterschiedlichen Forschern und ihren Funden begegnet, die uns eine Vorstellung von der jungsteinzeitlichen Welt in Vorderasien vermittelt haben. Es ist deutlich geworden, daß die Menschen jener entfernten Epoche sich bereits auf frühe Formen des Ackerbaus und der Tierzucht verstanden – auch wenn manche noch der Jägerkultur nachträumten. Aber ihre Kreativität hat sich nicht auf dieses Metier beschränkt. Ihre Häuser bargen größere und kleinere Kultgegenstände, die wir mit Fug und Recht auch als Kunstwerke bezeichnen dürfen. Offenbar war ihr Denken nicht allein mit der alltäglichen Daseinsvorsorge ausgelastet, sondern auch in starkem Maße mit mythischen Themen befaßt. Innerhalb dieses Teils ihrer Lebenswelt gab es nicht nur «Sondergebäude», die rituellen Zwecken dienten, sondern – wie der Umgang mit bestimmten Schädeln zeigt – wohl auch besondere Menschen oder Menschengruppen, die in der Kultpraxis eine herausgehobene Rolle spielten. Man kann daher vielleicht schon von Grundzügen einer religiösen Orientierung – im Sinne einer organisierten Kultpraxis – sprechen.

Es ist bemerkenswert, daß dies alles auch bereits zu einer Zeit die Menschen in ganz unterschiedlichen Gebieten lebhaft beschäftigte, da sie vielfach noch nicht die Kulturtechnik des Töpferns, des Brennens von Tongefäßen, beherrschten. Wir sollten uns daher – ehe wir nun den Göbekli Tepe betreten – an die Vorstellung gewöhnen, daß wir es im 10. Jahrtausend v. Chr. mit einer entwickelten und komplexen Kulturstufe zu tun haben, die unsere Vorfahren damals erklommen hatten. Vor diesem Hintergrund wird es uns leichter fallen zu verstehen, was damals am Göbekli Tepe bereits entstanden war.

In diesem Kapitel versuche ich nun, die Architektur- und Bildbefunde der dritten und ältesten Schicht, die wir am Göbekli Tepe ergraben haben und die sich – wie gesagt – ins 10. Jahrtausend v. Chr. datieren läßt, zu beschreiben. Die beiden jüngeren Schichten – und vor allem die zweite Schicht – werden wir erst gegen Ende des Buches (Kapitel V) kennenlernen, wenn wir uns mit dem Niedergang und schließlich dem Verschwinden der Kultur unserer Vorfahren am Göbekli Tepe befassen.

Auf den nun folgenden Seiten, die der Vorstellung der Funde und Befunde am Göbekli Tepe gewidmet sind, bitte ich Sie auch um etwas Geduld. Ich will Sie zunächst in der Art eines Rundgangs mit den Anlagen und der Bilderwelt dieses Zentrums aus der Steinzeit vertraut machen. Ohne daß ich Sie gleich mit Deutungen und Interpretationen überhäufe – die mir auch in vielen Fällen gar nicht möglich oder die in hohem Maße spekulativ wären –, sollen Sie ihre eigenen Eindrücke sammeln. Im Laufe des Rundgangs werde ich dann meine Überlegungen zu Struktur und Wesen der Anlage und Bilder in die Präsentation einfließen lassen und in den Kapiteln IV und V weiterreichende Folgerungen vorstellen, so daß Ihnen schließlich der ganze Facettenreichtum der Entdeckungen aufscheinen mag. Ihre anfängliche Verwirrung wird nicht größer sein als unsere, während sich uns der Göbekli Tepe erst nach und nach erschloß.

1. Der «gebauchte» Berg

Die für den Gürcütepe geschilderten Ergebnisse resultierten aus den Arbeiten der Jahre 1995 bis 2000. Diese Forschungsarbeiten fanden parallel zu den Grabungen am Göbekli Tepe statt und können als weitgehend abgeschlossen betrachtet werden. Denn obgleich der Gürcütepe bei weitem nicht vollständig ausgegraben wurde, so handelt es sich doch bei ihm um einen Fundorttyp, der so selten nicht zu beobachten ist. Andere Expeditionen erzielen an anderen Orten dieser Art ähnliche Ergebnisse, die sich Schritt für Schritt zu einem dichten Mosaik der neolithischen Welt zusammensetzen lassen. Der Gürcütepe liefert hierzu einige farbige Steine, die ihren Wert beim Zusammenfügen des großen Puzzles «Geschichte früher seßhafter Kulturen» erhalten. Für diese Art von Puzzle liegen der Wissenschaft gelegentlich aber auch gleichgeformte und somit untereinander austauschbare Steine vor. Eine Fortsetzung der Arbeiten am Gürcütepe würde vorhersagbar in großer Zahl Duplikate bereits existierender Fakten und Erkenntnisse produzieren. Zugleich aber möchte ich betonen, daß niemand weiß, ob nicht auch in dieser Hügelgruppe noch so manche archäologische Überraschung verborgen ist.

Doch es galt und gilt, die Kräfte zu konzentrieren, denn der Göbekli Tepe ist ein Platz ganz anderer Art, der auch ganz andere Herausforderungen stellt. Das türkische Wort Göbek bedeutet Nabel oder Bauch. Die Wortkombination Göbekli Tepe ist am besten als «gebauchter Berg» zu übersetzen – eine Bezeichnung, die treffend der Silhouette des Ruinenhügels Rechnung trägt, der sich wie ein riesiger Bauch auf einem sonst ebenen Kalkplateau erhebt. Die Ausgrabungen dort werden noch viele Jahre, wenn nicht Jahrzehnte, in Anspruch nehmen, ohne daß – wissenschaftlich gesehen – für den Erkenntnisprozeß minder wertvolle «Duplikatfunde» in hoher Zahl zu erwarten sind. Ebenso, wie uns dies von Beginn an bewußt war, war uns auch klar, daß vorschnelles, unbedachtes Handeln an einem Platz von dieser Bedeutung großen Schaden anrichten könnte. Denn *Ausgrabung* bedeutet immer unumkehrbare *Zerstörung* – Zerstörung des erklärenden Kontextes, in den die Objekte oder Bauwerke eingebettet sind. Anders als bei naturwissenschaftlichen Arbeiten, die das genaue Gegenteil – die Wiederholbarkeit des Experiments zur Erkenntnissicherung und -bestätigung – zur Prämisse haben, ist die archäologische Ausgrabung unwiederholbar. Was an Befundzusammenhängen nicht beobachtet und dokumentiert wird, ist verloren. Grabungstechnische Fehler sind später oft nicht mehr zu korrigieren – das archäologische Denkmal verzeiht keinen Pfusch bei seiner Erforschung. Trotz der in Nevalı Çori erworbenen Erfahrung mit frühneolithischen Plätzen hatte uns daher der Gürcütepe den willkommenen Anlaß geboten, nicht von Anfang an mit voller Kraft am Göbekli Tepe zu arbeiten. So begannen wir langsam, gleichsam tastend ...

Erste Beobachtungen und Funde Am Anfang stand natürlich das genaue Kennenlernen der schon an der Oberfläche sichtbaren Befunde. Wir wanderten den Platz systematisch ab; Funde und *In-situ*-Strukturen wurden typisiert, katalogisiert und in den parallel zu den ersten Arbeiten entstehenden topographischen Gesamtplan des Areals eingetragen. Schon unter den Oberflächenfunden, die wir während der ersten Kampagnen am Göbekli Tepe bergen konnten, befanden sich neben zahllosen Feuersteingeräten bisher unbekannte Fundgruppen wie Bruchstücke von großen Steinringen mit mehr als einem halben Meter Durchmesser. Auch mehrere großformatige Skulpturen aus Kalkstein, wie sie in dieser Art vorher nur aus Nevalı Çori bekannt waren, konnten wir einfach von der Oberfläche aufsammeln.

So brachte bereits der erste Tag der Begehung im Jahr 1995 eine faustdicke Überraschung: Wir stießen am Südosthang des Göbekli Tepe auf eine frische Grube, die ganz offensichtlich unmittelbar vor unserem Besuch von Bauern angelegt worden war, um beim Pflügen hinderliche Steine auszugraben und so die Ackerfläche zu bereinigen. Unweit der Grube lag eine große Platte aus Kalkstein auf der Ackerfläche, die höchstwahrscheinlich auch aus dieser Grube stammte. Auf der Platte saß ein Tier. Doch es war nicht lebendig, es war eine Skulptur, oder, um genau zu sein, ein Hochrelief,

Abb. 23 Große Kalksteinringe sind bisher nur vom Göbekli Tepe bekannt. Ihre Verwendung ist noch völlig ungeklärt.

Abb. 24 Die großformatigen Funde werden im Steingarten am Göbekli Tepe gesammelt und dokumentiert.

denn das Tier und die auf allen Flächen sorgfältig bearbeitete Platte waren aus einem Steinblock gefertigt. Der Körper des vierfüßigen und geschwänzten Tieres war flach auf die Steinplatte gepreßt. Trotz einer dicken Kalksinterschicht - Sinter ist eine Ausscheidung von Kalk oder Kieselsäure - waren Maul und Zähne klar zu erkennen.

Eine zweite, jedoch weitaus naturalistischere Darstellung eines ähnlichen Tieres entdeckten wir wenig später - allerdings bereits im Museum. Dort war das Exemplar einige Jahre vor unseren Aktivitäten von Bauern mit der Fundortangabe «Göbekli Tepe» abgeliefert worden, wo es aber zunächst mangels vergleichbarer Funde völlig unbeachtet blieb. Bei diesem Hochrelief wirkt das Tier nun eindeutig reptilien-, fast drachenartig. Das aufgerissene Maul und die gefletschten Zähne bedrohen den Betrachter regelrecht. Versucht man eine Deutung der dargestellten Tierart, so denkt man unwillkürlich an ein Krokodil. Nach Auskunft der Archäozoologie gab es jedoch an Euphrat und Tigris zu keiner Zeit derartige Tiere, weder Drachen noch Krokodile.

Die Beinstellung des ersten, von uns auf dem Acker vorgefundenen Tiers im Hochrelief entspricht auffällig den Wandreliefs aus Çatal Höyük, die von Mellaart als Darstellung der gebärenden Göttin gedeutet worden waren. Diese Ähnlichkeit eröffnet natürlich ein weites Feld für Überlegungen, denn am Göbekli Tepe handelt es sich unzweifelhaft um Tiere, nicht um

Göttinnen. Und wir erinnern uns: Auf den Darstellungen der gebärenden Göttin von Çatal Höyük war nie das Gesicht erhalten. War vielleicht die Göttin gar keine Göttin? Ein weiterer Fund, diesmal ein Flachrelief auf einem *in situ* – an Ort und Stelle – stehenden Pfeiler des Göbekli Tepe, wird später unsere Aufmerksamkeit nochmals auf dieses Motiv und die aufgeworfene Frage lenken.

Doch bleiben wir zunächst bei den Oberflächenfunden des Göbekli Tepe. Deren Erhaltungszustand ist durch Beschädigungen und Witterungseinflüsse leider meist sehr schlecht. So sind die dargestellten Motive bei vielen Objekten unklar oder nicht ohne Zögern und Unsicherheiten zu bestimmen. Unter den Stücken, die wir deuten können, befindet sich ein überlebensgroßer menschlicher Kopf, der aufgrund der vorhandenen Bruchstellen, die nicht nur am Hals, sondern auch am Hinterkopf zu beobachten sind, möglicherweise nicht nur zu einer Statue, sondern zu einer Kompositfigur gehörte, die vielleicht in der Art des «Totempfahls» von Nevalı Çori gestaltet war; auf diesem werden zwei menschliche Köpfe von einem Vogel ergriffen. Die Bruchflächen am Hinterkopf des Göbekli-Tepe-Exemplars geben Anlaß zu Gedanken, die gleichfalls in derartig phantasievolle Rekonstruktionen münden.

Ein weiteres Stück zeigt ein grob geformtes, überlebensgroßes Gesicht, das in Anbetracht der konkaven, «ausgehöhlten» Rückseite wahrscheinlich als eine überdimensionierte Maske zu deuten ist; solche lebensgroßen Steinmasken hat man auf neolithischen Fundplätzen der Levante, etwa in Nahal Hemar oder Basta, mehrfach gefunden. Die miniaturisierte Form

Abb. 25 Das Hochrelief eines reptilienartigen Tieres fand sich schon am ersten Tag der Oberflächenbegehungen der ersten Feldkampagne am Göbekli Tepe (Länge des Tieres 81 cm).

von Masken hatten wir, wie Sie sich erinnern, bereits in Nevalı Çori kennengelernt.

Vielleicht am auffälligsten ist eine annähernd vollständig erhaltene menschliche Figur mit erigiertem Penis. Auch dieser Fund war schon vor Jahren zusammen mit dem «Drachen» oder «Krokodil» im Museum abgeliefert worden. Da das Stück vollständig erhalten ist, die Arme und der Unterkörper aber nicht dargestellt, sondern gleichsam abgeschnitten werden, nennt sich das Objekt im Fachjargon «ithyphallische Protome». Auch über die Deutungsmöglichkeiten dieses Fundes soll später noch nachgedacht werden.

In einer Lesesteinmauer – also einer Feldmauer, die von den Bauern aus aufgelesenen Steinen errichtet wurde – haben wir den Kopf eines wolfsartigen Raubtieres mit gefletschten Zähnen entdeckt. Bei dieser Deutung wäre der Kopf etwa lebensgroß. Das Fragment einer zunächst schwer zu deutenden Figur erinnert an das Motiv «Vogel und menschlicher Kopf» aus Nevalı Çori. Auch ein etwa 20 cm langes menschliches Gesicht wird möglicherweise wie beim großen Kopf aus Nevalı Çori von einem Vogel ergriffen, doch erlaubt der Erhaltungszustand keine völlig eindeutige Interpretation. Ein weiteres Bruchstück läßt wieder sogleich einen menschlichen Kopf erkennen, auf dem abermals ein Tier sitzt, auch wenn es diesmal wahrscheinlich kein Vogel, sondern ein Vierfüßer ist.

Eine weitere große Kalkplatte unter den Oberflächenfunden trägt die eingravierte Zeichnung einer Schlange. Im mittleren Hangabschnitt des Südtales hingegen wurde eine Skulptur gefunden, die offenbar aus dem

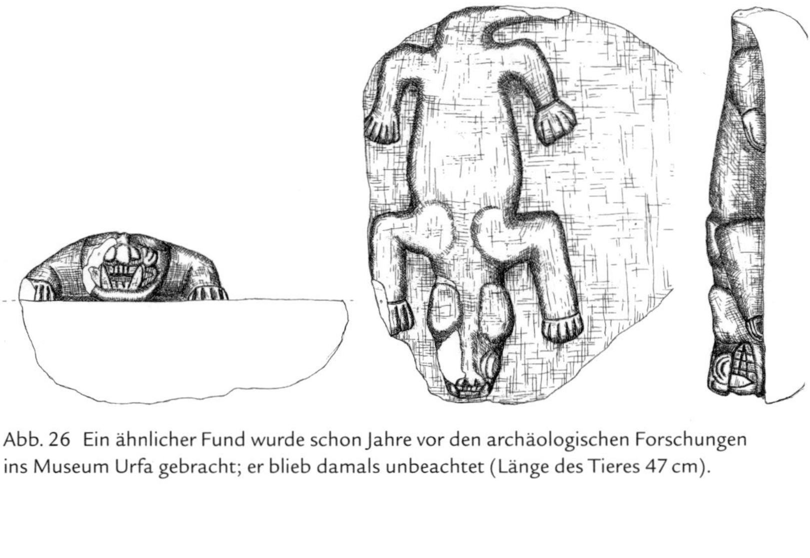

Abb. 26 Ein ähnlicher Fund wurde schon Jahre vor den archäologischen Forschungen ins Museum Urfa gebracht; er blieb damals unbeachtet (Länge des Tieres 47 cm).

Abb. 27 Ein überlebensgroßer Kopf aus Kalkstein könnte Teil einer Kompositdarstellung in der Art des «Totempfahls» von Nevalı Çori gewesen sein (Höhe 23 cm).

Siedlungshügel ausgepflügt und den Hang hinabgestoßen worden war; wäre sie nicht die längste Zeit von Erdreich bedeckt gewesen, hätte sie Verwitterungserscheinungen zeigen müssen. Der Bildinhalt ist jedoch nicht mehr mit Sicherheit zu erschließen. Es scheint, als zerfalle die Darstellung in zwei Motive, die allerdings aufeinander bezogen sind – ähnlich wie auf der Bildsäule von Nevalı Çori. Eine Hälfte läßt schlangenartige, plastische Bänder erkennen, der zweite Teil die Form eines menschlichen Gesäßes.

Die hervorgehobene landschaftliche Lage, die Funde von wilden, gefährlichen Tieren als Motive, die Gestalt mit erigiertem Penis (die ithyphallische Protome) und die «Tier und menschlicher Kopf»-Darstellungen, die überall auf dem Hügel verstreuten Pfeilerbruchstücke sowie der zu erahnende architektonische Befund machten uns damals bereits eines ganz deutlich: Beim Göbekli Tepe handelte es sich nicht um einen Ort in der Art der bekannten steinzeitlichen Siedlungen mit vereinzelten kultischen «Sondergebäuden». Unsere Vorfahren hatten hier vielmehr eine Stätte von primär religiösem Charakter geschaffen. Der Vergleich mit den bekannten Fundplätzen des obermesopotamischen Frühneolithikums ließ klar erkennen, daß wir am Göbekli Tepe auf eine bis dato nie gekannte Fülle ritueller Zeugnisse gestoßen waren, die in dieser Dichte eben auch in Nevalı Çori nicht existierte. *So brachte bereits ein erster Interpretationsversuch unter Einbeziehung aller vorliegenden Beobachtungen die ganz entscheidende Erkenntnis, daß der Göbekli Tepe nicht als dörfliche Siedlung zu verstehen war.*

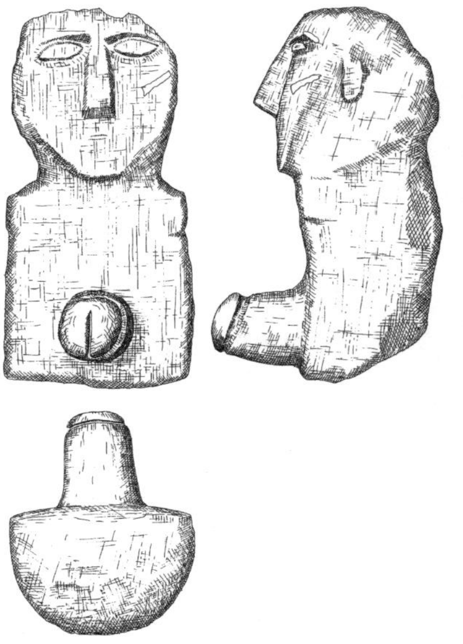

Abb. 28 Eine vollständige Skulptur zeigt einen Mann ohne Gliedmaßen mit erigiertem Penis (in der Fachsprache eine ithyphallische Protome, Höhe 40 cm).

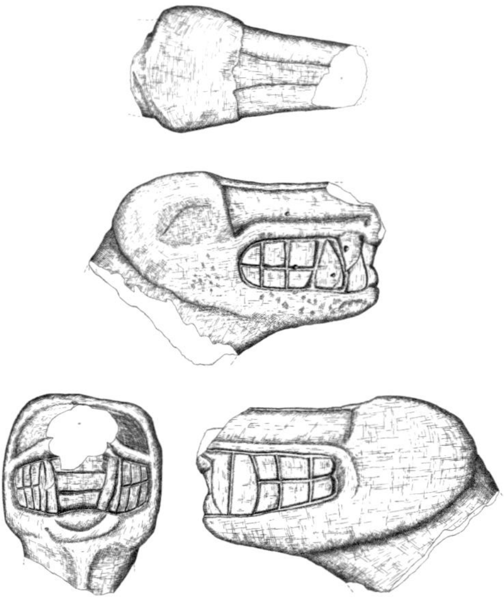

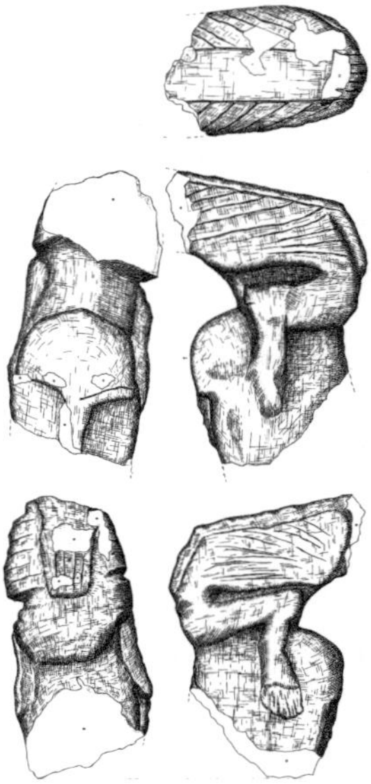

Abb. 29 (links) Eine Kalksteinskulptur stellt ein zähnefletschendes Raubtier dar. Bei einer Deutung als Wolf wäre der Kopf annähernd lebensgroß (Länge 32 cm).
Abb. 30 (rechts) Eine stark beschädigte Skulptur zeigt einen Vogel auf einem menschlichen Kopf (Höhe 40 cm).

Welche Befunde sollten erst bei der Ausgrabung des Göbekli Tepe zutage treten? Trotz unseres mehr als bescheidenen Finanzrahmens und der beschränkten Zeit – wir hatten ja die ersten vier Wochen der auf zwei Monate angesetzten Kampagne 1995 am Gürcütepe verbracht – entschlossen wir uns zu einer Testgrabung.

An welcher Stelle aber sollten wir beginnen? Bei Tell-Siedlungen – also Hügel-Siedlungen – üblicherweise oben, auf dem höchsten Punkt. Will man an einem solchen Ort die Spannweite der vorhandenen Schichten abklären, so legt man üblicherweise einen von oben bis zum Hügelfuß reichenden, getreppten Hangschnitt an. Doch das erfordert Zeit, wahrscheinlich mehrere Kampagnen, und Geld, denn ohne eine ausreichende Zahl von Grabungsarbeitern ist das Aushubvolumen nicht zu bewältigen. Beides, Zeit und Geld, waren aber in dieser ersten Kampagne inzwischen knapp geworden. So wählten wir für eine auf wenige Wochen begrenzte Testgrabung eine Stelle am Südosthang, an der vom Bauern eine tiefe Grube geschaufelt worden war, offenbar mit dem Ziel, große und beim Ackern störende Steinbrocken zu entfernen. In den Grubenwänden waren Mauerköpfe zu erkennen und, weitaus spannender, ein durchschlagener Terrazzoboden ganz in

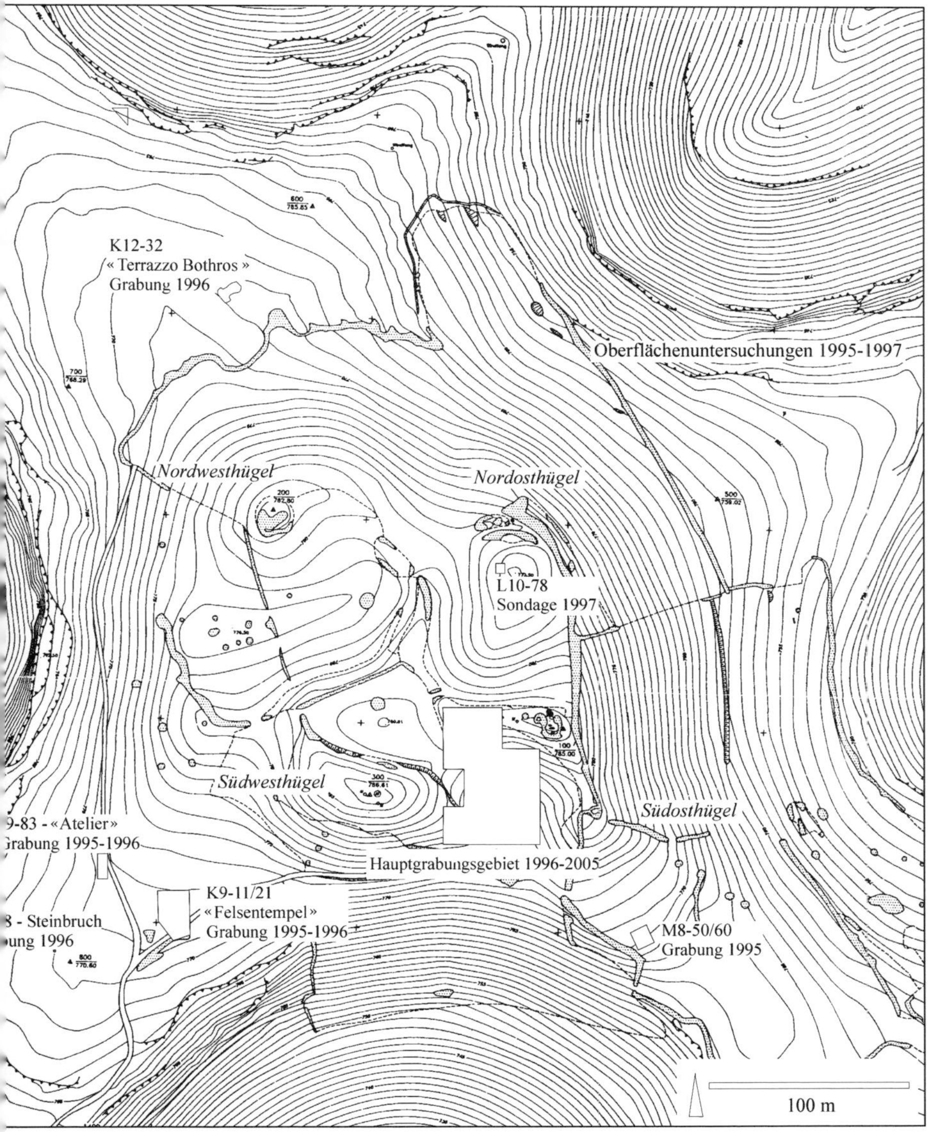

Abb. 31 Topographischer Plan des Göbekli Tepe.

der Art, wie er in den «Sondergebäuden» in Çayönü und Nevalı Çori zutage getreten war.

So wurde im Bereich der Grube eine erste Grabungsfläche angelegt. Sie bestätigte vollauf die vorab gewonnene Einschätzung. Unmittelbar unter der Oberfläche fanden wir mindestens fünf Bauschichten mit Steinmauern, senkrecht verbaute Steinplatten, sogenannte Orthostaten, und Reste von vier verschiedenen Terrazzoböden, die unmittelbar übereinander gelagert waren. Diese aufwendige Art der Fußbodengestaltung und die Verwendung von Orthostaten ist in Çayönü und Nevalı Çori jeweils auf ein einzelnes Sondergebäude beschränkt. Für die Baumeister des Göbekli Tepe aber waren die aufwendigen Terrazzoböden und Orthostaten offenbar der «Normalfall»; dies können wir bereits heute feststellen, auch wenn eine Rekonstruktion der angetroffenen Baureste aufgrund ihrer Größe erst nach einer Freilegung auch der Nachbarflächen möglich sein wird.

Durch die Testgrabung konnten wir auch die Datierung, die anhand des Oberflächenmaterials allgemein als akeramisch-neolithisch schien – also einer Phase der Jungsteinzeit entstammte, die aber keine Reste von gebrannten Tongefäßen enthielt –, für die ausgegrabenen Befunde präzisieren: Tonscherben fehlten in der Tat vollständig. Das lithische – steinerne – Fundmaterial umfaßte ein Typenspektrum, das der frühen bis mittleren Phase der späteren vorkeramisch-jungsteinzeitlichen Epoche (PPN B) entstammte. Elemente des späten PPN B waren hingegen nicht auszumachen. Verschiedene Gerätetypen ließen dagegen die Existenz früherer, PPN A-zeitlicher Schichten vermuten. Die Baureste waren somit ohne Zweifel in die Spanne vom 10. bis zum 9. Jahrtausend v. Chr. einzuordnen, *also in die Zeit der frühesten Bauwerke der Menschheit* – sieht man einmal von den in Sibirien entdeckten, oft aus Mammutknochen errichteten Zelten oder Hütten des Jungpaläolithikums ab.

Das Felsplateau und der «römische Tempel» Zeitlich parallel zur Grabung am Südosthang wurde das Umfeld des Ruinenhügels erkundet, denn der Göbekli Tepe liegt auf einem großen, tafelartig flachen und völlig kahlen Felsrücken. Das Plateau ist in alle Himmelsrichtungen sternförmig aufgefächert. Nur im Norden verbindet es eine schmale, leicht eingesenkte Felszunge mit dem nächsten, annähernd gleich hohen Bergzug; im übrigen führen überall steil abfallende Hänge, oft auch schroffe Kliffs, in die Tiefe.

Die Felsflächen des Göbekli-Plateaus waren – das hatten wir bald entdeckt – im Unterschied zu den Nachbarbergen nicht allein durch die Kräfte der Natur geformt worden: Überall tragen sie Spuren menschlichen Schaf-

Abb. 32 Typisch für die steinzeitlichen Steinbrucharbeiten auf den Plateaus des Göbekli Tepe sind mannsbreite, U-förmige Schrottkanäle zur Abtrennung der megalithischen (großsteinernen) Werkstücke. Im vorliegenden Fall wurde die Arbeit an einem ovalen Objekt nicht vollendet.

Abb. 33 Auch ein 7 m langer und 3 m breiter T-Kopf-Pfeiler blieb im Steinbruch am Nordplateau liegen.

fens. Sie liegen ohne jede Überdeckung frei unter der mesopotamischen Sonne, und uns war klar, daß hierin ein wichtiger Ansatzpunkt zum Verständnis des gesamten Berges zu sehen ist. Die 1995 begonnene archäologische Untersuchung des Plateaus wurde dann im Jahr 1997 durch geomorphologische Arbeiten ergänzt, die neben einer Kartierung des Gebietes die Abgrenzung natürlicher Verkarstungsformen von artifiziellen, vom Menschen erzeugten Strukturen erlauben.

Dank mehrerer Profilschnitte an den Abbruchkanten des Berges war es möglich, die drei Hauptphänomene - Erosion, neolithische und postneolithische (d. h. in späteren Perioden als der Steinzeit erfolgte) Steinbruchtätigkeit - zu charakterisieren und zu veranschaulichen: So konnten wir eine großflächig bearbeitete Felsfläche mit vier etwa 10 m langen und 20 cm breiten Kanälen auf dem südöstlichen Felsplateau als Steinbruch zur Gewinnung rechteckiger Quader bestimmen. Doch handelt es sich hier wie bei einer großen, viereckig ummauerten Struktur in der unmittelbaren Nähe wohl um die Spuren einer antiken - also nicht bereits steinzeitlichen - Nutzung des südlichen Plateaugebietes. Jedenfalls befindet sich am Osthang des Südplateaus ein sicher in die Antike zu datierender Steinbruch.

Abb. 34 Eine vollständige, monumentale Steinplatte mit einer von einem kragenförmigen Rand umgebenen Öffnung wurde im Versturz der Anlage B angetroffen. Ein ähnliches Exemplar am Südostplateau ist etwa doppelt so groß, aber schlecht erhalten.

Und bei dem quadratischen Bauwerk, dessen Grundmauern wir fanden, könnte es sich um die Überreste eines Wachtturms handeln, der vielleicht zum römischen Euphratlimes gehörte, also der römischen Kaiserzeit entstammt. Dieser war weniger eine das Gelände durchziehende Palisade bzw. Mauer, wie wir dies von unserem heimischen rätisch-germanischen Limes kennen, sondern – und das war ursprünglich im Prinzip auch der uns vertraute «deutsche» Limes – ein tief gestaffeltes System militärischer Anlagen, wie sie über ein Gebiet verteilte Wachttürme und Lager darstellen.

Um den «römischen Tempel», wie wir diesen Ort im Grabungsjargon – in Erinnerung an das «römische Grab» von Nevalı Çori – nannten und immer noch nennen, wirklich als römische Grenzanlage zu identifizieren, bräuchten wir jedoch Archäologen, die sich in der betreffenden Epoche besser auskennen als wir; das sind die Nachteile unvermeidlicher Spezialisierung. Die Klärung dieser Frage ist für die Zukunft geplant, doch stellt sie für uns keine dringliche Angelegenheit dar. Wichtig in der Sache ist, daß das am Göbekli Tepe feststellbare Intermezzo – Aktivitäten in einer viel jüngeren Zeitperiode, als wir sie erforschen – ohne jeden Zweifel nicht mit der neolithischen Nutzung des Platzes in Verbindung steht, sondern in gänzlich anderem historischen Kontext erfolgt ist.

Nachdem wir den Berg untersucht hatten, waren wir jedoch absolut sicher, daß es sich bei der Mehrzahl der von Menschen geschaffenen Strukturen um neolithische Steinbrüche handelt. Die großen, monolithischen (aus einem Stein gearbeiteten) Architekturteile, die im Tepe verbaut sind, wurden in den umliegenden Felsflächen dadurch gewonnen, daß man ihre äußeren Umrisse mit einem kleinen Graben umgab, den man dadurch schuf, daß man ihn mit Steinwerkzeugen aus dem Stein «herauspickte»; in einem zweiten Schritt wurde dann der gewünschte Gegenstand vom Felsuntergrund gelöst – keine leichte Aufgabe, sondern eine, die Planung, Kraft, Geschick und einiges an *manpower* erforderte.

Kreisförmige Gräben wurden, wie die Reinigung einer derartigen Struktur am Westplateau deutlich werden ließ, zur Gewinnung ovaler oder runder Werkstücke angelegt. Ein vollständiges, oval-quadratisches Exemplar mit zentraler Durchlochung, das nicht mehr im Steinbruch an Ort und Stelle, sondern am Südostplateau gefunden wurde, wohin es offenbar hinabgestürzt war, besitzt mit einer Kantenlänge von etwa 3×3 m eine monumentale Größe. Die Unterseite ist plan (eben), während auf der Oberseite eine erhöhte, kragenartige Leiste die zentrale Öffnung umrahmt. Dieses Merkmal charakterisiert eine große Zahl entsprechender Objekte, die als Oberflächenfunde vom Hügel selbst und aus den Grabungen stammen.

Diese Gegenstände haben wir zunächst angesichts der Podeste im «Felsentempel» (den wir gleich näher kennenlernen werden, vgl. Abb. 35) als «Pfeilerfassungen» gedeutet. Vielleicht handelt es sich aber um ringförmige Türlochsteine, wie sie zum Beispiel auch in Großsteingräbern West- und Nordeuropas vorkommen: Dabei wurde in eine senkrecht aufgerichtete Steinplatte eine runde oder ovale Öffnung eingemeißelt, die dann als Zugang zu einer Grabkammer diente. Bei den Großsteingräbern sind diese Öffnungen manchmal aber nur armdick und werden im archäologischen Sprachgebrauch «Seelenloch» genannt, da ein Mensch unmöglich durch diese Öffnungen paßt – vielleicht sollte ja die Seele des Verstorbenen durch diese Öffnung entweichen können, nachdem sich der Körper zersetzt hatte?

Die Öffnungen der Steinplatten des Göbekli Tepe sind jedoch durchweg von größerem Format als die «Seelenlöcher» und würden problemlos den Durchstieg eines Menschen gestatten. Auch in den megalithischen Tempelanlagen Maltas finden sich derartige monolithische Türlochsteine. Sie sind wie die Objekte vom Göbekli Tepe sehr sorgfältig zugerichtet, die Öffnungen türgroß, rechteckig und fraglos als Umrahmung von Durchgängen gedacht. Mehr als eine formale Ähnlichkeit vermag dieser Vergleich allerdings nicht zu bezeugen, da die Tempel Maltas wie die Großsteingräber mehr als fünf Jahrtausende jünger sind als die Steinmetzarbeiten am Göbekli Tepe.

Eine definitive Klärung, ob es sich bei den Funden am Göbekli Tepe wirklich um Türlochsteine, um Pfeilerfassungen oder Objekte völlig unerwarteter Funktion handelt, steht also leider noch aus. Zwar stammen zahlreiche, mit Außenmaßen von 1×2 m in der Regel etwas kleiner dimensionierte Fragmente aus den Grabungsarealen, doch haben wir sie bisher nicht in einer Befundlage angetroffen, die es uns erlaubt hätte, ihre Funktion zweifelsfrei zu klären. Wie der immer nur auf einer Seite vorhandene Kragen an diesen Steinlöchern zu deuten ist, wissen wir ebenfalls noch nicht. Zumindest bildet er ein wichtiges Merkmal dieser Fundgruppe. So können wir im Fundmaterial auch sehr kleine, miniaturförmige Beispiele anhand dieses Kragens zuverlässig identifizieren. Die miniaturhafte Darstellung von Architekturteilen, ja von ganzen Bauwerken, ist übrigens häufig zu beobachten. So kennen wir aus Çayönü beispielsweise ein Hausmodell aus Ton; und die Hausmodelle bronzezeitlicher Perioden füllen gar ganze Bände. Wenn die «Seelenlochsteine» wirklich die Funktion hatten, die ihr von den Wissenschaftlern verliehener Name andeutet – und einiges spricht dafür –, so kam ihnen im Baukörper ja eine sehr wichtige Bedeutung zu, und es würde uns von daher nicht überraschen, sie auch in Miniaturdarstellungen zu finden.

Unter den noch im Steinbruch verbliebenen Werkstücken, die also noch

Abb. 35 Der sogenannte Felsentempel am Südwestplateau des Göbekli Tepe besteht aus einer in den gewachsenen Felsen eingesenkten ovalen Fläche mit zwei Podesten in der Mitte und einer umlaufenden Bank (Pfeil); angesichts der heute für Kreisanlagen typischen Grundrißform mit zwei zentralen Pfeilersetzungen wird der «Felsentempel» nun auch als Anlage E bezeichnet.

nicht ausgearbeitet und vom Boden gelöst waren, läßt sich am Nordplateau ein gewaltiger T-Kopf-Pfeiler eindeutig bestimmen. Es handelt sich dabei um das auffälligste Architekturelement frühneolithischer Orte der Region. Der Pfeiler erreicht mit etwa 7 m erhaltener Länge und 3 m Kopfbreite eine bisher nicht bekannte Dimension. Zwei weitere, etwas kleinere T-Pfeiler befinden sich noch in Steinbruchlage auf dem Südplateau.

Auch wenn fraglich bleibt, ob Pfeiler dieser Größe wirklich im Tell verbaut wurden, so lassen schon die in den Grabungen angetroffenen Exemplare von über 4 m Gesamtlänge (da die Pfeiler alle *in situ* stehen, sind für die Gesamtlängen bisher nur Schätzungen möglich, da ja ein Teil von ihnen noch in der Erde steckt) auf eine Gesellschaft ihrer Schöpfer schließen, die zumindest zeitweilig in der Lage gewesen sein muß, größere Menschenmengen zu mobilisieren und zu organisieren, denn anders waren diese Arbeiten – Steinbruch, Transport, Aufrichten – unmöglich zu leisten. Als interessanter Vergleich seien hier die Angaben des berühmten norwegischen Naturforschers Thor Heyerdahl erwähnt, der von einem Experiment auf der Osterinsel berichtet. Dabei sollen 180 Menschen mittels Stricken und hölzerner Kufen eine 12 t schwere Statue durchs Gelände gezogen haben. Für den Transport

Abb. 36 Im Werkstattbefund am Westrand des Hügels wurden Kalkplatten zu Architekturteilen und Skulpturen verarbeitet. Von links nach rechts sind ein unvollendeter, zerbrochener Türlochstein, die sogenannte Bildsäule und eine weitere, weitgehend unfertige Skulptur zu erkennen.

der größten Statuen auf der Osterinsel, die bis an 100 t heranreichen, rechnet er mit einem Bedarf von 500 bis 700 Menschen. Ohne nun aber diesen in jeder Hinsicht entfernten Vergleich überstrapazieren zu wollen, sind für die Situation am Göbekli Tepe ähnlich große Personengruppen anzunehmen – wöge doch der 7 m lange T-Pfeiler-Koloß im Steinbruch, wäre er vom Felsgrund getrennt, wohl um die 50 t. So bleibt die Frage zu klären – oder sich ihrer Lösung anzunähern –, ob eine derartig große Zahl (Erwachsener) beständig an diesem Ort lebte oder, wohl wahrscheinlicher, sich nur zu bestimmten Anlässen am Göbekli Tepe versammelte. Wie dem auch sei, eine solche Anlage konnte nur entstehen – zumal wenn ihre Errichtung ihren Erbauern soviel Mühe abforderte –, wenn dieser Platz und das sich dort vollziehende Geschehen allen Beteiligten von höchster Wichtigkeit war.

Eine außerhalb des Tells gelegene, in den Fels eingesenkte Fläche erinnert in Größe und Grundriß stark an das jüngere Stelengebäude von Nevalı Çori, das wir in kultischem Zusammenhang gedeutet haben; ihm kamen mit Gewißheit vergleichbare Funktionen zu. So finden sich innerhalb der Bodenfläche zwei Podeste mit Einlassungen für Pfeiler sowie eine umlaufende, allerdings sehr niedrige Bank. In diesem Gebäude fand sich zum Innenraum hin eine feine plastische Leiste. Der sorgfältig aus dem gewachsenen Fels herausgearbeitete und geglättete Fußboden könnte möglicherweise einen «Ur-Terrazzoboden» darstellen. Zwei zisternenartige, etwa 2 m tief in den Fels gehauene ovale Räume, die sich unmittelbar nordwestlich anschließen, sind sicher mit dieser Anlage zu verbinden. Einer der beiden Räume läßt eine fünfstufige Felsentreppe und einen ebenfalls aus dem gewachsenen Fels herausgearbeiteten großen Zapfen von Tischhöhe erkennen, der wie ein Altar anmutet.

Wir tauften die Anlage daher angesichts ihrer Ähnlichkeit mit dem Grundriß des Terrazzogebäudes von Nevalı Çori zunächst einmal «Felsentempel».

In den folgenden Grabungskampagnen, über die ich gleich berichten möchte, wurden am Südhang des Göbekli Tepe vier im Grundriß vergleichbare Anlagen entdeckt und mit den Kennbuchstaben A–D versehen. Da wir mit Sicherheit feststellen konnten, daß der «Felsentempel» die für diese Kreisanlagen typische Grundrißform wiederholt, nennen wir ihn jetzt Anlage E. Dies ist eine ganz und gar erstaunliche Häufung von Gebäuden, die ihrer aufwendigen Ausgestaltung zufolge offenbar kultischen Zwecken dienten.

Am Westrand des Hügels hatten wir 1995 einen Bildpfeiler mit einer löwenartigen Darstellung gefunden. Eine 1996 unternommene Detailunter-

Abb. 37 Die sogenannte Bildsäule wurde im Werkstattbefund am Westrand des Hügels vorgefunden, dort aufgerichtet und später ins Museum Urfa gebracht (Höhe 1,20 m).

Abb. 38 Zeltlager der Grabungsmannschaft auf dem Westplateau am Fuß des Göbekli Tepe.

suchung bestätigte die Einschätzung, daß es sich an der Stelle, wo er zutage trat, um einen Werkplatz der frühen «Bildhauer», um ein Atelier, handelt, wie wir angesichts der großen Menge von Silexabfall und Kalksplittern folgerten. Das vollplastisch dargestellte Tier ist am ehesten als Löwe oder Bär zu deuten. Trotz der sehr starken Versinterung ist zwischen den Pranken des Tieres ein wohl menschliches Gesicht zu erkennen, so daß auch dieses Kunstwerk die Thematik «Vogel hält menschlichen Kopf» in einer Variation wiederholt.

Auf dem Südostplateau fanden wir auf einer horizontalen Felsfläche eine Gruppe von drei gleichartigen Phallusdarstellungen im Relief. Zwar stellten wir in diesem Bereich an den Abhängen auch antike Steinbruchtätigkeit fest, so daß die Datierung dieser Bildwerke ein wenig unsicher ist, doch erscheint eine Verbindung mit der neolithischen Phase des Tells als die wahrscheinlichste. Das Phallusmotiv ist, wie wir gesehen haben, den jungsteinzeitlichen Bildhauern ja keinesfalls fremd gewesen.

In einer kleinen Höhlenruine in der westlichen Abbruchkante entdeckten wir schließlich ein kleines Felsrelief. Es stellt in fast miniaturhafter Ausführung ein Rind dar. Die umgebende Höhlenwand ist mit zahlreichen Kuhlen und Rillen überdeckt, doch sind weitere «Bilder» darauf nicht auszumachen.

Nachdem wir die Fülle der Funde gesichtet und den gewaltigen Umfang der gesamten Anlagen auf dem Göbekli Tepe – d. h. die weitflächigen Felsbearbeitungen außerhalb des Tells sowie die Baustrukturen des Tells selbst – in unsere Überlegungen einbezogen hatten, kamen wir zu dem Ergebnis, daß dieser Ort mit einiger Gewißheit ein großes Bergheiligtum aus der Jungsteinzeit war. So waren wir uns am Ende unserer ersten Forschungskampagne am Göbekli Tepe sicher, auf ein Kultzentrum gestoßen zu sein, an dem Menschen aus der ganzen Region über einen langen Zeitraum gearbeitet hatten und das wohl noch sehr viel länger von Menschen zur Verrichtung von Kulthandlungen besucht worden war.

2. Anlage A – das Schlangenpfeilergebäude

Die Untersuchungen in der Testfläche von 1995 wurden bereits im nächsten Jahr unterbrochen, denn am Ende der ersten Kampagne waren in der Ackerfläche am Südhang des Hügels gewaltige behauene Steine entdeckt worden, die ganz offensichtlich *in situ* standen und das gesamte Grabungsteam in große Aufregung versetzten. Es waren unzweifelhaft T-Kopf-Pfeiler, doch ungleich größer, als wir sie aus Nevalı Çori kannten. (Der 50 Tonnen schwere Koloß im Steinbruch am Nordplateau war zu diesem Zeitpunkt noch nicht entdeckt.) Die beiden Pfeilerköpfe im Acker waren vom Bauern teilweise ausgegraben worden, um diese beim Pflügen des Ackers sehr hinderlichen Steine zu zerschlagen. Ein Pfeiler war noch intakt, der sichtbare Kopf des zweiten war jedoch bereits mittels eines Vorschlaghammers teilweise zertrümmert worden.

Eine Fortsetzung dieses Zerstörungswerkes konnten wir aber glücklicherweise verhindern: Wir versprachen dem Bauern, daß ihm die Einstellung seiner Ackerbereinigung zum Vorteil gereichen sollte, da wir beabsichtigten, den Acker zu pachten und künftig an dieser Stelle zu graben. 1996 wurden dann an der Stelle der im Vorjahr von uns wieder zugeschütteten und so vor weiterer Zerstörung geschützten Pfeilerköpfe zwei Grabungsschnitte von je 9×9 m Größe angelegt. Seither zahlt die Grabungsmannschaft dem fröhlichen Landmann eine üppige jährliche Pacht als Ausgleich für den Ernteausfall.

Die Entscheidung, nicht in dem Areal weiterzuarbeiten, wo wir 1995 begonnenen hatten, sondern an die Stelle der beiden Pfeilerköpfe zu wechseln, erwies sich bald als sehr glücklich. Teile eines gewaltigen Bauwerks mit zahlreichen monolithischen Architekturteilen traten um das Pfeilerpaar zutage, ohne daß bereits eine Außenmauer oder Raumgrenzen zu bestimmen waren.

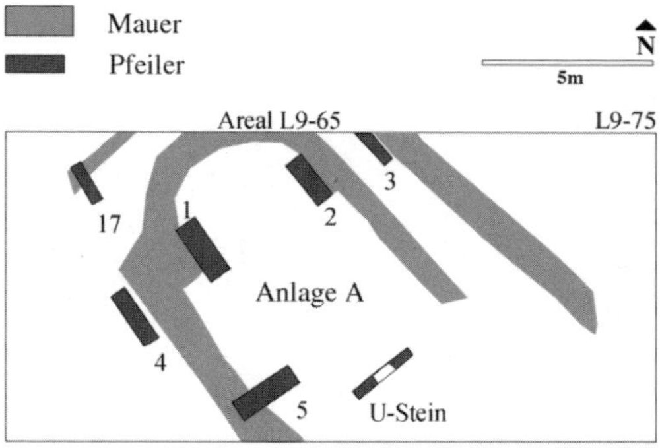

Abb. 39 Schematischer Plan der Anlage A.

Zu beiden Seiten der jetzt «Pfeiler 1 und 2» genannten Funde, beide jeweils über 3 m hoch, stehen in annähernd gleichem Abstand und in gleicher Orientierung weitere Pfeiler, 3 und 4 in unserer Zählung. Eine jüngere steinzeitliche Überbauung, bestehend aus rechteckigen Räumen und Bruchsteinmauern, war nur an der Westkante des Areals zu beobachten. Auch sie gehört in die jüngere vorkeramische-jungsteinzeitliche Phase (PPN), doch ist sie deutlich jünger als die Anlage, zu der die großen Pfeiler gehören, denn die Mauern der jüngeren Phase liegen hoch über dem noch unausgegrabenen Fußteil des schräg im Boden steckenden Pfeilers 4. In der Kernzone um die Pfeiler und im gesamten östlichen Areal fehlte diese jüngere Bauschicht. Hier fanden wir nur mächtige Füllschichten, die bis zu den 1–2 m tief liegenden Mauerköpfen reichten, welche an die Pfeiler anstreichen.

Die zu den Pfeilern gehörenden Mauern waren mit über 1 m Dicke deutlich mächtiger als die der jüngeren Überbauung. Auch die Mauersteine selbst waren anders. Es waren keine rohen Bruchsteine, sondern sorgfältig, merkwürdig brotlaibförmig zugerichtete, bis zu 80 cm lange Steine. Sie sind damit durchgängig deutlich größer als die Mauersteine der jüngeren Phase. Spolien – also ältere Werkstücke, die später wieder verbaut wurden –, darunter sehr große Pfeilerbruchstücke, wurden in der früheren Phase häufig verwendet.

Auf einer Mauerkrone fanden wir ein löwenartiges Tier mit deutlich erkennbaren Rippen und erigiertem Penis. Es ist fast vollständig erhalten. Nur am Hinterteil befindet sich eine Bruchfläche, die auf den Anschluß eines weiteren, nicht zu diesem Tier gehörigen Skulpturteiles deutet. Es könnte vielleicht als Oberteil einer Bildsäule (Totempfahl) in der Art von Nevalı Çori zu verstehen sein. Ein lebensgroßer Kopf eines Keilers steckte unweit hiervon im Versturz.

Abb. 40 1995 wurden vom Bauern am Südhang des Göbekli Tepe große Steine, die beim Pflügen störten, teilweise ausgegraben, um sie zu zerschlagen und so den Acker zu bereinigen. Bei den 1996 folgenden Grabungen wurden sie zu den Köpfen der Zentralpfeiler der später so benannten Anlage A.

Eine weitere Skulptur wurde im Füllschutt neben Pfeiler 3 geborgen. Der erhaltene Teil des stark fragmentierten und bestoßenen rundplastischen Stückes zeigt den hinteren Körperteil eines tierartigen Wesens, dessen Hinterbeine einen menschlichen Kopf ergreifen. Eine nähere Bestimmung des dargestellten Tieres ist nicht mehr möglich, doch könnte es sich wieder um das schon bekannte Motiv «Vogel und menschlicher Kopf» handeln. Ein fast lebensgroßer Kopf eines Wildschweins fand sich im Versturz vor Pfeiler 3.

Die Pfeiler 1 und 2 werden von einer Steinplattenbank, die auch dem Verlauf der Apsidenmauer – also einer halbkreisförmigen Mauer der Außenwand – folgt, eingerahmt. Von beiden Pfeilern führen Zungenmauern nach Südosten. Die äußeren Pfeiler 3 und 4 verschwanden hierbei in der Hinterfüllung dieser Seitenmauern. In die westliche Zungenmauer ist orthostatenartig – also in der Art eines behauenen, rechtwinkligen Steins – der 2,1 m hohe Pfeiler 5 eingebaut. War das Aussehen dieser Anlage auch noch unklar, so wurde schnell deutlich, daß es sich um ein monumentales Bauwerk handelte, das von einem Bauglied, dem Bauelement der T-Kopf-Pfeiler, dominiert wurde.

Abb. 41 In den Kampagnen 1996 und 1997 wurde die Anlage A zu großen Teilen ausgegraben. In der Bildmitte sind die Zentralpfeiler aus Abb. 40, deren Köpfe 1995 vom Bauern freigelegt worden waren, in voller Höhe zu erkennen.

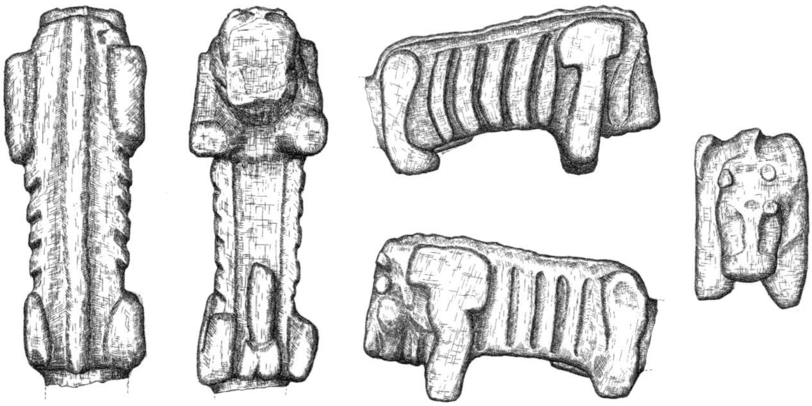

Abb. 42 Ein löwenartiges Tier mit auffällig erkennbaren Rippen (Länge 68 cm) fand sich im Versturz auf einer Mauerkrone in Anlage A.

Die T-Pfeiler bargen noch eine Überraschung. Die beiden besonders großen Pfeiler 1 und 2 und auch Pfeiler 5 waren mit Reliefs versehen. Es erschienen aber nicht die bandförmigen Arme auf den seitlichen Pfeilerflächen, die vorne in gegenübergestellten Händen endeten, wie sie aus Nevalı Çori mehrfach bekannt sind. Es erschienen Reliefs mit der Darstellung von Tieren, und diese Tiere stehen ohne Zweifel in bezug zum Pfeiler, in welcher Art auch immer. *Und ganz sicher erkannten wir, daß diese Pfeiler keine primär architektonische Funktion – etwa als Stütze – erfüllten; sie bilden vielmehr selbst das wesentliche Element der gesamten Anlage. Anders ausgedrückt: Die Pfeiler waren keine Konstruktionselemente des Bauwerks, sondern bildeten das Herz der Anlage; das Bauwerk selbst gab nur den Rahmen für dieses Zentrum ab.*

Menhire am Euphrat – ein Bilderrätsel und ein Deutungsversuch Eine Deutung der Pfeilerform als anthropomorph, menschengestaltig, war schon in Nevalı Çori erfolgt. Die Linienführung der im Profil betrachteten Pfeilerköpfe wiederholt - in sehr stilisierter Weise - auch das Profil eines menschlichen Kopfes. Besonders deutlich wurde dies bei jenen Exemplaren aus Nevalı Çori, deren Gesichtspartie im Hinblick auf das Hinterhaupt deutlich länger gestaltet ist. Arme und Hände, die man entdeckte, bestätigten diese Sicht der Dinge sozusagen nur als letzte Beweise. Diese Deutung der T-Pfeiler als stilisierte Menschengestalten erlaubt den Ausgräbern, von «vorne und hinten», von «Bauch und Rücken», von «rechter und linker Seite» zu sprechen. Am Göbekli Tepe sind zwar *Arme* und *Hände* bisher nur bei wenigen Pfeilern entdeckt worden (die wir noch kennenlernen werden), und Gesicht und Hinterkopf der T-Pfeiler des Göbekli Tepe sind meist gleich proportioniert. *Dennoch sind wir sicher, daß auch die Pfeiler des Göbekli Tepe als steinerne menschengestaltige Wesen zu verstehen sind.*

Im Museum von Gaziantep, der westlichen Nachbarstadt von Urfa, wird ein Fund aufbewahrt, der die Überlegung aufkommen läßt, ob die T-förmigen Pfeilerköpfe (zumindest teilweise) nicht sogar doppelgesichtige Wesen verkörpern. Denn die Skulptur, deren Herkunft zwar unbekannt ist, die aber höchstwahrscheinlich aus der Zeit des präkeramischen Neolithikums stammt, besitzt ganz in der Art des römischen Gottes Janus zwei in die je entgegengesetzte Richtung blickende Gesichter. Eine doppelgesichtige Skulptur haben wir auch auf dem Göbekli Tepe gefunden, doch besitzt diese nicht den T-förmig nach vorne und hinten ausladenden Kopf, der bei dem Exemplar aus Gaziantep zu der Vermutung Anlaß gab, daß auch die T-Pfeiler als doppelgesichtig zu verstehen sein könnten. Denn weder auf der Vorder- noch auf der Hinterseite der Pfeilerköpfe finden sich auch nur Andeutungen eines Gesichts. Die Flächen sind entweder völlig glatt, oder sie werden, wie wir noch sehen werden, von Tierreliefs eingenommen.

Am quaderförmigen Körper des Gaziantep-Fundstückes befindet sich ein Paar angewinkelter Arme, die bei der Figur trotz des doppelten Gesichts ohne Mühe ein Vorne und Hinten unterscheiden läßt. Somit ändert sich auch für die Pfeiler grundsätzlich nichts. Weiterhin darf von vorne und hinten gesprochen werden; lediglich die Frage, ob auch die T-Köpfe als doppelgesichtig zu verstehen sind oder nicht, muß vorläufig unbeantwortet bleiben.

Wen verkörpern diese steinernen Wesen? Die Frage hatten wir schon in Nevalı Çori gestellt, ohne eine schlüssige Antwort geben zu können. Sind es Götter, Dämonen, Ahnen? Bei der Suche nach Vergleichen für die anthropomorphen Pfeiler der Steinzeit stößt man schnell auf die europäischen Menhire und ihr nahöstliches Pendant, die Mazzeben des semitischen Kulturkreises. Ohne daß eine wie auch immer geartete inhaltliche Übereinstimmung der steinzeitlichen Pfeiler mit den genannten jüngeren Phänomenen erweisbar wäre, soll angemerkt sein, daß Menhire und Mazzeben am ehesten als Behausungen eines Numens – einer verehrten Gottheit oder eines Totengeistes – gedeutet werden können. Man wird nicht völlig fehlgehen, diese Deutung auch für die frühneolithischen Pfeiler aus Nevalı Çori und vom Göbekli Tepe in Betracht zu ziehen. Eine Festlegung auf eine der Varianten – Ahnen (Geister) oder Götter – ist allerdings vorläufig nicht möglich. Zu erwähnen ist in diesem Zusammenhang noch, daß Menhire und Mazzeben in der Regel nur aus aufgerichteten, sonst aber unbearbeiteten Steinen bestehen. Die von uns entdeckten T-Pfeiler sind hingegen flächig zugerichtet; dennoch scheinen alle drei Gruppen einer Familie zu entstammen.

Pfeiler 1 wurde bis zu einer Steinplattenbank freigelegt, die den Pfeilerfuß umrahmt. Auf der Vorderseite befinden sich insgesamt fünf Schlangen. Die vier oberen Schlangen winden sich nach unten, die fünfte, in der unteren Pfeilerhälfte angebrachte Schlange kriecht nach oben. Sie bewegen sich auf und zwischen zwei geraden und parallel zueinander herablaufenden Bändern, die schon für die aus Nevalı Çori bekannten Pfeiler charakteristisch waren und die ich als stolaartiges Kleidungsstück beschrieben habe. Nicht alle Pfeiler des Göbekli Tepe tragen diese «Stola», und bei den bekannten Beispielen mit Stola findet sich durchgängig ein Unterschied zu den entsprechenden Pfeilern aus Nevalı Çori. Am Göbekli Tepe beginnen die Bänder direkt unterhalb des Pfeilerkinns und sind nicht durch ein V-förmiges Band verbunden. Obwohl am Göbekli Tepe bei *in situ* stehenden Pfeilern noch kein Exemplar mit derartigen Bändern in ganzer Länge ergraben wurde, steht zu erwarten, daß diese nicht die gesamte Bauchseite bedecken und im unteren Pfeilerdrittel enden. Dies legen jedenfalls die bekannten Beispiele aus Nevalı Çori und eine Spolie vom Göbekli Tepe nahe.

Auf der linken Seite von Pfeiler 1 befindet sich unmittelbar unterhalb des T-Kopfs eine merkwürdige, netzartige Struktur; ein Motiv, das wir zunächst

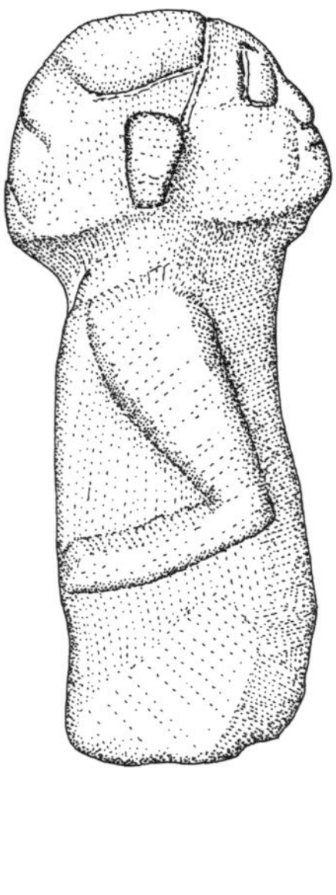

Abb. 43 Skulptur im Museum Gaziantep (Höhe 59 cm).

nur zögernd als ineinander verschlungene Schlangen deuten. Am oberen Rand des «Netzes» haben wir jedenfalls acht, am unteren neun herzförmige Reliefs entdeckt, die am Göbekli Tepe für Schlangenköpfe charakteristisch sind. Die Schlangenbündel des 2003 ergrabenen Pfeilers 33, den wir später noch kennenlernen werden, ließen nun die einst geübte Zurückhaltung weitgehend schwinden. Jetzt sind weitere Belege für komplexe Schlangengruppen bekannt, und so bestehen kaum noch Zweifel, daß auch das Netz von Pfeiler 1 als Schlangennetz oder Schlangengeflecht zu deuten ist. (Die rechte Seite von Pfeiler 1 zeigt bisher kein Relief, ist allerdings auch noch nicht vollständig freigelegt, so daß sie vielleicht noch zu entdeckende Bilder tragen könnte.)

Unterhalb des «Schlangengeflechts» erscheint ein vergleichsweise kleiner Vierfüßer, vielleicht ein Widder. So weit darf man sich bei der Deutung ohne Zögern vorwagen. Die quälende Frage, was dieses Motiv und was die Kombination mit dem Schlangennetz bedeutet, können wir noch nicht beantworten, doch möchte ich an dieser Stelle eine kühne Spekulation wagen:

Die Mythen des Alten Orients bieten gewissermaßen ein Sprungbrett, das gerne genutzt wird, um die Kluft zwischen den Jahrtausenden zu überwinden. Einen ebenso verführerischen Ausgangspunkt für Interpretationsversuche bilden Rituale, deren nicht selten merkwürdige Einzelheiten schon zu Zeiten ihrer Durchführung oft kaum mehr verstanden wurden, was in vielen Fällen mit der großen Zeitspanne zusammenhängt, die seit den Anfängen einer Ritualpraxis vergangen ist – woraus man schließen kann, wie weit die Traditionsstränge in die Vergangenheit reichen müssen. Das Schlangennetz und der Widder von Pfeiler 1 mögen vielleicht einen Ritus illustrieren, der uns in hethitischen Quellen des 2. Jahrtausends überliefert wird, ohne daß wir davon ausgehen müssen, daß den Hethitern der Ursprung des Ritualablaufs noch bekannt war. Es geht um das sogenannte Sündenbock-Motiv: Üble Kräfte werden im Ritual auf einen Ziegenbock «gehäuft», und das Tier wird am Ende der Prozedur in die Wüste gejagt und dort seinem Schicksal überlassen. Die üblen Kräfte sind damit aus der menschlichen Gemeinschaft verbannt. Ursprung und Funktion des bis heute lebendigen «Sündenbocks» werden in dieser Vorgehensweise deutlich.

Da die gesellschaftliche Institution des Sündenbocks von den Hethitern bis heute immerhin bereits knapp vier Jahrtausende überdauerte, erscheint auch die Überlegung, ob man ihre Lebensspanne vielleicht verdreifachen könne, nicht von vornherein völlig absurd. In einem wagemutigen Deutungsversuch könnte man in dem für jeden Menschen bedrohlichen

Abb. 44 Auf der Vorderseite von Pfeiler 1 befinden sich mehrere Schlangenreliefs auf und zwischen der Stola. Bemerkenswert ist eine in dieser Bewegungsrichtung nur auf Pfeiler 1 nachweisbare nach oben kriechende Schlange. Der Pfeiler erreicht eine Höhe von 3,15 m.

Schlangennetz *das Übel* und im Widder den herbeigezogenen *Sündenbock* erkennen. Trifft diese Interpretation zu – was wir freilich nicht beweisen können –, so wäre auf Pfeiler 1 ein Ritual abgebildet. Die fünf Schlangen auf der Pfeilervorderseite könnten in dieser Bildergeschichte an beliebiger Stelle zusätzlich als Verkörperung weiteren Übels plaziert worden sein. Das anthropomorphe Wesen selbst, das uns in Gestalt von Pfeiler 1 gegenübertritt, könnte demnach als die Person verstanden werden, die das Ritual durchführt.

Diese Deutung ist ohne Zweifel sehr spekulativ, und da ich kein Esoteriker bin, werde ich auch keine weiteren derartigen Deutungsversuche anbieten. Das skizzierte Beispiel soll in erster Linie veranschaulichen, wie breit das Spektrum möglicher Interpretation der Bilder des Göbekli Tepe ist. Offenbar wird natürlich auch das Unverbindliche solcher Deutungen – vielleicht trifft man das Richtige, vielleicht aber liegt man vollkommen daneben. Will man sich demgegenüber auf seriösem Weg ein vertieftes Verständ-

Abb. 45 Pfeiler 1 mit einem Netz aus Schlangen und einem darunter befindlichen Vierfüßer, wahrscheinlich einem Widder.

nis der reichen ikonographischen Hinterlassenschaft der Menschen am Göbekli Tepe erarbeiten, so muß man auf derartige Spekulationen im Angesicht einzelner Bilder verzichten. Es gilt zunächst einmal, weiter zu sammeln und zu betrachten und Beziehungen herzustellen, die uns – wie im Laufe dieser Darstellung noch deutlich werden soll – über die einzigartigen archäologischen Fakten hinausgelangen lassen zu einer Vorstellung von der komplexen Lebens- und Geisteswelt unserer Vorfahren im 10. Jahrtausend v. Chr.

Stier, Fuchs und Kranich Auch Pfeiler 2, der ebenfalls schon 1995 in der Ackerfläche entdeckt worden war und sich als im oberen Bereich stark beschädigt erwiesen hatte, konnte 1997 bis zur Steinplattenbank freigelegt werden. Entgegen unserer anfänglichen Erwartung wiederholt er die auf dem ersten Pfeiler gebotene Darstellung mit Schlangen und Bändern nicht. Seine vordere Schmalseite ist völlig unverziert, die rückwärtige – bei Pfeiler 1 völlig freie – Schmalseite trägt diesmal aber einen Stierkopf, ein Bukranium in Form eines Hochreliefs, das unmittelbar unter dem T-Kopf – setzen wir die Menschengestaltigkeit der Pfeiler weiter als gegeben voraus und nehmen sein Oberteil demzufolge als Kopf – ansetzt. Allerdings sind die Hörner des dargestellten Tiers sichelförmig nach unten gebogen, so daß es sich vielleicht auch um einen Widderkopf handeln könnte.

Bukrania (Stierköpfe) jedenfalls erscheinen im Neolithikum recht häufig als Bildmotive, und zwar in verschiedenen Zusammenhängen. In Çatal Höyük hat man sie in der Form echter, übermodellierter Rinderschädel gefunden. In Hallan Çemi, einer frühneolithischen Siedlung im osttürkischen Tigrisgebiet, fand sich ein isolierter Rinderschädel, der nach Aussage der Ausgräber an der Wand eines der dort ausgegrabenen Rundgebäude befestigt war. In der spätneolithischen Halaf-Kultur hingegen bilden Bukrania ein beliebtes Motiv der Gefäßmalerei. Ob die Bukrania als «männliches» Symbol zu «lesen» sind, erscheint indes trotz der *opinio communis* zu dieser Thematik bezweifelbar. Zumindest am Göbekli Tepe läßt sich nämlich bisher das in einem solchen Falle zu erwartende Pendant, ein Symbol für das Weibliche, nicht ausmachen.

Die dem Apsidenraum – jenem schon erwähnten halbrunden Raum, der an den Hauptraum anschließt – abgewandte Breitseite des Pfeilers war wieder leer. Dem Raum zugewandt, zeigt aber der Pfeiler nicht weniger als drei übereinander angeordnete Flachreliefs von Tieren, die gemeinsam nach rechts, also wieder nach Südosten, zum Eingang hin, blicken. Das untere Tier ist zuverlässig als großer Vogel auszumachen, aber ein Raubvogel ist es

Abb. 46 Auf der rechten Schaftseite von Pfeiler 2 befinden sich von oben nach unten die Tiergruppe Stier, Fuchs und Kranich. Das Bukranium auf der Pfeilerrückseite ist auf dieser Aufnahme nicht sichtbar. Der Pfeiler ragt 3,15 m hoch über die umliegenden Bankplatten.

mit Sicherheit nicht. Vielleicht sehen wir eher ein storchenartiges Tier oder eine Trappe, mit großer Wahrscheinlichkeit aber ist es ein Kranich.

Das mittlere Tier erscheint hundeartig; die Darstellung des männlichen Geschlechts ist andeutungsweise zu erkennen. Es wird als Fuchs bezeichnet, auch wenn eine wirkliche Entscheidung zwischen Schakal, Wolf, Fuchs oder auch einfach nur «Hund» schwerfiele. Das oberste Tier stellt ein Rind, wahrscheinlich einen Stier, dar. Ikonographisch sticht besonders die Wiedergabe des Kopfes in Bukranium-Form hervor, also mit beidseitig des Kopfes ausgestellten Hörnern und Ohren, während der übrige Körper im Profil gearbeitet ist.

Diese Darstellungsform ist ungewöhnlich. Vergleichbares läßt sich auf Felsbildern der arabischen Halbinsel finden; allerdings ist die Datierungsfrage dieser Bilder noch nicht gelöst, so daß nicht sicher ist, ob ein wie auch immer gearteter Zusammenhang zwischen diesen Felsbildern und den Reliefs des Göbekli Tepe besteht.

Was bedeuten nun diese «Tiergesellschaften», seien es die vom Göbekli Tepe oder die der Felsbilder? Auf phantasievolle Deutungen soll, wie erläutert, verzichtet werden, doch gänzlich unkommentiert will man die Tiergruppen natürlich nicht lassen. Bukranium, Stier und Fuchs oder die Schlangen von Pfeiler 1 mag man noch leicht als gefahrabweisende *Wächtersymbole* verstehen. Die Bildkombination von «Stier, Fuchs und Kranich» läßt jedenfalls aufmerken. Verbirgt sich dahinter eine Fabel aus der Gesellschaft ihrer Schöpfer? Haben wir eine Totemtier-Symbolik vor uns? Beides ist möglich, beide Assoziationen werden hervorgerufen, aber wir müssen uns auch hier eingestehen, daß wir die zugrundeliegende Bildersprache nicht kennen. Man könnte im konkreten Fall vielleicht sogar einen gewissen heraldischen – wappenartigen – Charakter der Reliefs zu erkennen glauben. Diese Vorstellung wird durch das rinderartige Tier, den Boviden mit dem in Bukraniumart dargestellten Kopf, und das Bukranium selbst in uns wachgerufen.

Betrachten wir Pfeiler 2 noch etwas intensiver, so fällt uns auf, daß beim Vogel die langen Beine anatomisch merkwürdig geknickt sind, so wie das zwar bei einem menschlichen Knie, nicht aber bei einem Vogel möglich ist. Dieses Detail könnte man als Hinweis darauf deuten, daß die Darstellung dieses Vogels nicht so sehr auf Naturbeobachtung beruht. Ganz sicher aber kannten die Menschen die sie umgebende Natur sehr genau, hing doch davon zu guten Teilen ihr Überleben ab; so hätten sie folglich ein solches Detail der Natur auch korrekt bildlich wiedergeben können. Haben sie also eher ein tradiertes Symbol dargestellt? Doch diese Deutung erscheint wenig überzeugend. Vielleicht ist ja der Kranich gar kein Kranich, sondern ein verkleideter Mensch. Da inzwischen noch mehr Kranichreliefs mit «menschlichen Knien» entdeckt wurden, werden wir auf diesen Aspekt noch einmal zurückkommen; wir sollten grundsätzlich auch im Zusammenhang mit dem Thema Schamanismus dieses Phänomen nicht aus den Augen verlieren.

Auch ist das Vogelrelief deutlich seichter angelegt als der Bovide; ein bossenartiges, breites Band am linken Bildrand kann am ehesten als Rest einer ursprünglich höherliegenden Bildfläche verstanden werden, deren Relief abgemeißelt und durch den Vogel ersetzt wurde – eine Vorgehensweise, die an die *damnatio memoriae* späterer Epochen erinnert. Diese Vorgehensweise, bei der man beispielsweise die Inschriften gestürzter römischer Kaiser abmeißelte und durch neue ersetzte, um das Andenken an den ehemaligen Herrscher auszulöschen, mag auch noch für das hundeartige Wesen, den Caniden, gelten: Am Rücken ist eine schräg nach oben verlaufende Linie zu erkennen, die vielleicht als Relikt einer früheren Darstellung zu verstehen ist. Zudem vermag man vor dem Kranich noch Spuren eines weiteren Vogels erkennen, der offenbar der vermuteten Umarbeitung des Pfeilerreliefs zum Opfer gefallen ist.

Ein weiteres Indiz läßt vermuten, daß einst mehr als nur eine einmalige Umarbeitung der Reliefs von Pfeiler 2 erfolgt ist: Das Bukranium auf der Pfeilerrückseite wird von stolaartigen Bändern eingerahmt, die wir auch bereits bei den Nevalı-Çori-Pfeilern kennengelernt haben. Die Stola markiert eindeutig die Pfeilervorderseite; das aber zeigt zuverlässig, daß Pfeiler 2 nicht nur wiederverwendet, sondern auch um 180° gedreht wurde.

Auf Pfeiler 3 und 4 haben wir bisher noch keine Reliefs gefunden. Pfeiler 5 zeigt auf der dem Raum zugewandten Bauchseite das Relief einer nach unten kriechenden Schlange. Die in der Zählung folgenden Pfeiler 6 bis 16 gehören zu den Anlagen B und C. Zu Anlage A gehört allerdings noch der in der Nordwestecke später entdeckte Pfeiler 17; von ihm ist bisher aber nur der unverzierte und stark beschädigte Kopf freigelegt.

Das Alter der Anlage und erste Überlegungen über ihre Funktion als Ort eines Totenkultes Den Baukomplex konnten wir, zumindest in einem groben Raster, recht bald mit archäologischen Methoden datieren. Wie schon in der Testfläche von 1995 bot das Fundspektrum Artefakte, nicht zuletzt entsprechende Pfeilspitzen, die eine Zuweisung zum frühen PPN B und PPN A erlaubten. Der Übergang zwischen diesen beiden Perioden – der älteren vorkeramisch-jungsteinzeitlichen zur jüngeren vorkeramisch-jungsteinzeitlichen Phase – erfolgte in der Zeit um 8800 v. Chr. In diesem Zeitraum, so glauben wir also, ist Anlage A entstanden. Mehrere radiokarbon-

Abb. 47 Eine einzelne Schlange findet sich auf Pfeiler 5, der in die westliche Umfassungsmauer der Anlage A eingebaut ist. Er ragt knapp 2 m hoch über die links neben dem Pfeiler sichtbare Bankplatte.

datierte botanische Proben bestätigen mit Ergebnissen um 8900 v. Chr. in wünschenswerter Genauigkeit diese archäologische Datierung.

Neben den Geräten aus *Feuer*stein sind im Fundinventar sogenannte *Fels*gesteinartefakte besonders reich vertreten. Es handelt sich dabei um Steinbeile für die Holzbearbeitung, um Stößel und Mörser zum Zerkleinern von Nahrungsmitteln, um Steingefäße und Reibschalen. Neben diesen Gruppen, von denen sich auch an anderen steinzeitlichen Plätzen engverwandte Vergleichsobjekte finden, entdeckten wir am Göbekli Tepe jedoch zahlreiche Gegenstände, die bisher eben nur von dort bekannt sind: So haben wir bereits unter den Objekten, die wir auf dem Plateau gefunden haben, die «Türlochsteine» und die großen Steinringe erwähnt, deren Funktion noch ungeklärt ist. Aber auch kleine steinerne, knopfartige Gegenstände oder verschiedene Perlen- und Anhängerformen, die dort zutage traten, haben wir an anderen Orten bislang noch nicht finden können.

Bei allem, was wir entdeckt hatten, fiel uns bald auf, daß zwei Elemente völlig fehlten, die sonst in frühneolithischen Siedlungen häufig auftreten: Darstellungen weiblicher Objekte und Figurinen aus Ton. Vielleicht weist aber gerade dieser doppelte Mangel den Weg zu jener erkenntnisleitenden Frage, die ein Schlüssel zum Verständnis der Anlage sein könnte: Spielt bei

Abb. 48 El-Khiam-, Helwan-, Nemrik- und Byblos-Spitzen vom Göbekli Tepe. Sie gelten als Leitformen und ermöglichen die Datierung der vorgefundenen Schicht an das Ende der älteren vorkeramischen Jungsteinzeit (PPN A).

figürlichen Funden nicht die Wahl des verwendeten Rohmaterials eine wichtige Rolle? Und wenn nun weibliche Darstellungen und Tonfigurinen - die ja oft Frauen zeigen - gänzlich fehlen, fehlt dann nicht ein zentraler gesellschaftlicher Aspekt am Göbekli Tepe völlig, der an anderen Orten, den Siedlungen, üblicherweise nachzuweisen ist? Verbindet man die Tonfigurinen und weibliche Objekte im weitesten Sinn mit Fruchtbarkeit und konsequenterweise letztlich mit «Leben», so rückt ihr Ausbleiben am Göbekli Tepe möglicherweise das elementare Pendant, den «Tod», und den Umgang der Zeitgenossen mit dieser anthropologischen Größe ins Zentrum, das wir für ein Verständnis dieses Platzes erfassen müssen. Noch haben wir keine Gräber gefunden, die man - will man diese Deutung untermauern - natürlich sollte vorweisen können. Aber noch sind wir auch kaum in jene Schichten vorgedrungen, in denen wir in der vorkeramischen Jungsteinzeit (PPN) die Unterfußbodenbestattungen - oder Befunde wie jenes bereits erwähnte Schädelgebäude in Çayönü - erwarten würden.

Die Frage nach der Funktion der Kreisanlagen des Göbekli Tepe jedenfalls ist von grundlegender Bedeutung; bislang sammeln wir noch Indizien, abschließend beantworten können wir sie noch nicht. Was wir aber bis jetzt gefunden haben und was ich Ihnen in den folgenden Kapiteln weiter zeigen möchte, deutet, soviel sei hier vorweggenommen, in starkem Maße darauf hin, im Göbekli Tepe in der Tat ein Monument des Totenkultes zu sehen.

3. Anlage B – ein mesopotamisches Stonehenge ersteht: das Fuchspfeilergebäude

Es war uns bald klar geworden, daß eingehendere Aussagen zur Grundrißstruktur der Anlage A nur zu treffen waren, wenn wir weitere Grabungsflächen erschließen würden. Ungewiß war vor allem, ob wir es überhaupt mit einem wirklichen Gebäude im engeren Sinne oder vielleicht eher mit einer galerieartigen Reihung von Pfeilern in der Art der Menhirreihen im bretonischen Carnac zu tun hatten. Aus diesem Grund wurden 1997 die Grabungen in Anlage A auf Höhe der Bankplatten gestoppt und in der folgenden Kampagne die nördlichen Nachbarareale geöffnet. Wie erwartet, setzte sich der in Anlage A gehobene Befund bald mit vier neuen, in aufrechter und wohl noch in originaler Position befindlichen megalithischen Pfeilern fort. Diese fanden sich allerdings in einer Anordnung, die keine der inzwischen entwickelten Hypothesen bestätigte.

Eine jüngere Bebauung war wieder nur an der Westkante des Grabungsschnittes nachzuweisen. Der neue Pfeiler 6 ragte in diese jüngere Bauschicht hinein. Im östlichen Teil des Areals erschienen die Pfeiler 7, 8 und 9. Wie schon im Areal des Schlangenpfeilergebäudes fehlt die jüngere Bauschicht hier völlig. Die Pfeiler sind wieder von kleinstückigem Füllschutt umgeben, der offenbar schon in neolithischer Zeit bewußt zur Verfüllung des die Pfeiler umgebenden freien Raumes eingebracht worden war. So gruben wir zunächst überall nur bis zur Oberkante der ersten Mauerzüge, die mit den Pfeilern in Verbindung stehen.

Selbst in der Kampagne 1998 waren wir noch nicht sicher, ob es überhaupt eine Anlage B gebe oder ob die angetroffene Baustruktur nicht mit dem Schlangenpfeilergebäude zusammengehörte. Erst nach der Kampagne des nächsten Jahres konnten wir diese Frage abschließend beantworten. War durch den bisher ergrabenen Befund immer noch eine einfache lineare Reihung der großen T-Kopf-Pfeiler denkbar, so konnten wir dies jetzt zuverlässig ausschließen: Es erschienen neue Pfeiler, die keine Zweifel mehr zuließen. Es handelte sich bei den neuen Befunden um eine eigene, vielseitige (polygonale), annähernd kreisförmige Anlage, die in ihrer Konzeption durchaus an das megalithische Stonehenge in England zu erinnern vermag. Die sehr unterschiedlichen Kopfhöhen der Pfeiler und deren recht unregelmäßige Positionierung ließ denn auch bald die Frage aufkommen, ob wir uns die Kreisanlage wirklich als ein überdachtes Gebäude vorstellen sollten oder ob es sich dabei möglicherweise wie in Stonehenge um eine (zumindest ursprünglich) offene, hypäthrale – also ohne Überdachung unter freiem Himmel liegende – Anlage handelt. Diese Frage haben wir in der Tat bis heute noch nicht abschließend beantworten können.

Bemerkenswert ist die Orientierung des im Westprofil des Grabungsschnittes stehenden Pfeilers 15. Allein er folgt nicht der radialen Ordnung der übrigen Pfeiler des Polygons. Er ist wie die zentralen Pfeiler 9 und 10 in Nord-Süd-Richtung aufgestellt. Erstmals konnten wir an ihm auch eine etwa armdicke Durchlochung des Pfeilerkopfes entdecken, wie wir sie dann noch mehrfach finden sollten. Von dem nördlich benachbarten Pfeiler 16 ist bisher nur der aus dem Profil ragende T-Kopf zu sehen, der jedoch eindeutig nun wieder die radiale Orientierung aufnimmt. Vor diesem Pfeiler fanden wir eine Skulptur, die mit einiger Sicherheit einen großen Phallus darstellt.

Pfeiler 15 der *Anlage B* half uns jedenfalls, auch die Anordnung der *Anlage A*, die im Westen und Norden bis heute noch nicht vollständig ausgegraben ist, besser zu verstehen. Merkwürdig in Anlage A erschien uns die Stellung von Pfeiler 5, den seine Schöpfer quer vor der von Pfeiler 1 bis 4 beschriebenen Linie errichtet hatten. Die ihrerseits von der radialen Ordnung abweichende Stellung von Pfeiler 15 in Anlage B ließ uns zu dem Schluß kommen, daß wir es bei den Pfeilern 1 bis 5 mit einer sinngemäßen Aufstellung zu tun haben und eine entsprechende Rekonstruktion sehr wahrscheinlich ist. Pfeiler 1 und 2 bilden das zentrale Pfeilerpaar, um das eine Umfassung aus Pfeilern und Mauern gelegt war. Diese Umfassung war nicht kreisförmig, sondern eher quadratisch, folgt aber vom Prinzip her dem System der Anlage B. Die Orientierungen der Pfeiler 3 und 4 folgen nicht der radialen Ordnung wie Pfeiler 5, sondern – so legt es jedenfalls Pfeiler 15 aus dem Kreis B nahe – einer parallelen Ordnung.

Die Anlage A ähnelt somit dem Terrazzogebäude von Nevalı Çori. Auch hier sind äußere Pfeiler um zwei zentrale Pfeiler gruppiert, auch hier ist der Grundriß annähernd quadratisch. Im Westen befindet sich eine Treppe, die zum Eingang führt.

Auch Anlage A hatte also offenbar einst einen richtigen und als solchen auch erkennbaren Eingang, allerdings im Südosten. Erhalten geblieben ist davon die Basis einer Steinplatte, die im Südosten vor den zentralen Pfeilern 1 und 2 senkrecht aufgerichtet verbaut wurde. Die obere Kante dieser Platte zeigt eine Bruchfläche; von diesem Bruch nicht betroffen ist der mittlere Teil dieser Platte. Hier zeugen deutliche Bearbeitungsspuren davon, daß die Platte einst in der Mitte eine Öffnung besaß. Die Tatsache, daß diese Steinplatte beidseitig rechtwinklig von Mauerzügen flankiert wird, spricht sehr dafür, daß wir hier eine Türkonstruktion entdeckt haben. Zwar entspricht der an der Basis erhaltene Türstein nicht den schon erwähnten Türlochsteinen, wie man sie häufiger, wenn auch nicht an ihrem ursprünglichen Aufstellungsort und auch nicht in originaler Position, findet; auch fehlt der kragenartige Rahmen. So scheint es sich hier um eine einfachere Variante der Türlochsteine ohne Kragen zu handeln.

Abb. 49 Ein Blick (von Osten) auf die Ausgrabungen von 1998 läßt die zahlreichen neuen Pfeiler erkennen, die die Anlage B bilden.

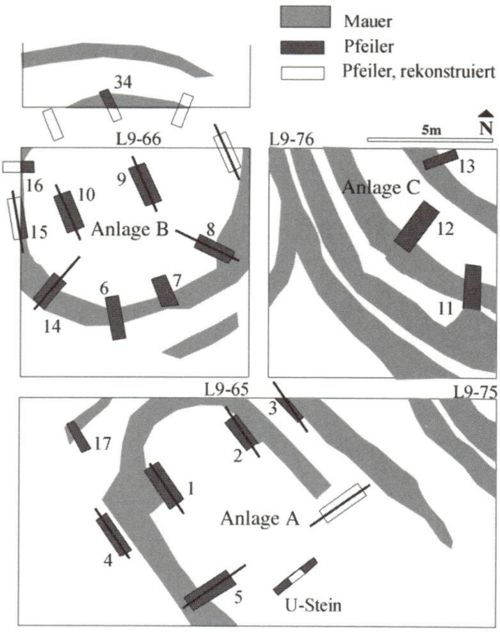

Abb. 50 Die Pfeiler der 1998 entdeckten Anlage B ermöglichten, die Anordnung der Pfeiler 1–5 als Kernbereich der Anlage A zu verstehen.

Die heiligen Pfeiler Ägyptens Die Möglichkeit, daß die Pfeileranlagen nicht überdacht waren, habe ich bereits verschiedentlich erwähnt. Von einem «Pfeiler» spricht man nun aber in der Architektur eigentlich nur dann, wenn man eine Konstruktionsform mit *tragender* Funktion bezeichnen will. Fehlt jedoch ein zu tragendes Dachgebälk – zumindest auf der rein technischen Ebene –, dann ist die Verwendung dieses Begriffs folglich nicht unproblematisch. Doch werden die Termini der an Gebäuden späterer, meist historischer Perioden entwickelten Sprache der Bauforschung jenen prähistorisch-archäologischen und besonders den steinzeitlichen Denkmälern nicht immer gerecht. Der Begriff «Pfeiler» kann auch bei offen unter freiem Himmel liegenden (hypäthralen) Anlagen mit guten Gründen beibehalten werden. Denn die Begriffe Pfeiler und Säule werden in der archäologischen Terminologie auch bei freistehenden Kultmalen verwendet. Das *Lexikon der Ägyptologie* nennt beispielsweise die *Tehen-*, *Djed-* und *Iun-*Pfeiler Altägyptens. Es handelt sich dabei um Pfeiler, die *gleichfalls* allesamt nicht als Stützen dienten, sondern völlig freistehend und ohne Einbindung in einen Baukörper errichtet wurden.

Bei den *Tehen*-Pfeilern handelt es sich um Objekte, die landläufig unter ihrem altgriechischen Spitznamen als Obelisken – was letztlich «Bratspießchen» bedeutet – bekannt geworden sind. In der Regel wurden sie paarweise vor Tempeln aufgestellt. Die Anordnung der zumeist in die Pfeiler eingemeißelten Inschriften folgte festen Regeln. Da die Zeichen der ägyptischen Hieroglyphenschrift immer zum Textanfang blicken, dieser aber beliebig rechts oder links positioniert sein kann, läßt sich bei den zahlreichen entwendeten und an anderer Stelle – beispielsweise in Istanbul, Rom oder Paris – wieder aufgerichteten Obelisken immer die ursprüngliche Orientierung bestimmen: Die Schriftrichtung der Vorder- und Rückseite blickte stets zum Weg, der zum Tempeleingang führte, die der Seitenflächen zum Tempel selbst.

Diese Orientierung der Schauseiten der *Tehen*-Pfeiler findet sich ganz offensichtlich auch schon bei den neolithischen T-Kopf-Pfeilern. Die auf den Pfeilern des Kreises angebrachten Tiere blicken nach innen. Die Tiere der Zwillingspfeiler sind immer auf der dem jeweiligen Pendant zugewandten Seite angebracht und blicken zum (bisher zugegebenermaßen noch hypothetischen) Eingang.

Es gibt noch weitere Gemeinsamkeiten. Das Ziehen und Aufrichten heiliger Pfeiler war im Alten Ägypten ein wichtiger Teil rituellen Geschehens, und bei den steinzeitlichen T-Kopf-Pfeilern scheint das nicht anders gewesen zu sein. Der östliche Pfeiler 9 erreicht maximal 3,4 m, der westliche Pfeiler 10 maximal 3,6 m Höhe über dem Boden. Pfeiler 9 besitzt ein Volumen von 2,3 m^3 und ein Gewicht von 7,1 t, Pfeiler 10 ein Volumen von 2,4 m^3 und ein Gewicht von 7,2 t. Diese Angaben gelten natürlich nur für den oberirdischen Teil der Pfeiler; wir können den jeweils in seiner Größe noch unbekannten Pfeilerfuß bei diesen Werten nicht berücksichtigen. Auch wenn wir von rund 10 t Gesamtgewicht ausgehen, handelt es sich damit – nimmt man die ägyptischen Pfeiler als Maßstab – um Leichtgewichte. Für den unvollendeten Pfeiler im Steinbruch auf dem Nordplateau wurden aber immerhin etwa 50 t Gewicht errechnet. Auch diese Zahl verblaßt natürlich angesichts der mehr als 1100 t, die für den unvollendeten Obelisken von Assuan angegeben werden. Dieser Gewichtswert steht aber auch in Ägypten einsam an der Spitze; die einst wirklich aufgerichteten großen Obelisken wiegen zwischen 200 und 500 t.

Besonders das in den Kreisanlagen am Göbekli Tepe immer vorhandene freistehende Pfeilerpaar gibt uns aber Anlaß, mit aller gebotenen Vorsicht einer solchen Parallelisierung die Frage zu formulieren, ob sich zwischen beiden Denkmalsgattungen – hier Ägypten, dort der Göbekli Tepe – vielleicht eine verbindende Entwicklungslinie finden läßt. Der Ursprung der Obelisken jedenfalls scheint, soweit sich dies aus einem Blick in die vorhandenen Quellen erschließen läßt, noch weitgehend ungeklärt. Es darf aber nicht übersehen werden, daß die Obelisken nur eine – wenn auch besonders auffällige – Gruppe in einer Reihe von Denkmälern mit freistehenden Pfeilerpaaren bilden. Die Frage nach etwaigen gemeinsamen Ursprüngen zu verfolgen scheint daher lohnend; soll ihre Beantwortung fundiert sein, wäre freilich eine umfassendere Untersuchung nötig, als sie von mir geleistet oder gar hier vorgetragen werden könnte.

Die Zentralpfeiler der Anlage B Die Pfeiler 9 und 10 bilden in Anlage B die zentralen Zwillingspfeiler. Sie werden kreisförmig oder, um genau zu sein, polygonal (auf vielen Seiten) von mehreren radial angeordneten und durch Mauerzüge verbundenen Pfeilern umrahmt. Die Stirnseiten der beiden zentralen Pfeiler sind in Nord-Süd-Richtung orientiert. Auf den einander zugewandten «Innenseiten» der Pfeilerschäfte befinden sich die Reliefs je eines lebensgroßen, nach Süden springenden Fuchses. Beide Tiere sind stilistisch sehr ähnlich; es handelt sich bei ihnen erkennbar um männliche Tiere. Weitere Reliefs wurden – entgegen unseren ursprünglichen Erwartungen – auf beiden Pfeilern nicht angebracht; zwischen beiden Pfeilern wurde bei unserer Ausgrabung der Fußboden erreicht, ohne daß dabei weitere Flachbilder zutage getreten wären. Wie nicht anders zu erwarten war, handelt es sich bei dem Boden um einen Terrazzoboden, der an beide Pfeiler heranstreicht.

Vor Pfeiler 9 ist eine Steinschale in den Terrazzoboden eingelassen. Eine kleine Rinne führt von außen schräg zu diesem Gefäß hin. Die Befundlage gab uns Anlaß, die Schale wie auch einige gleichartige Objekte, die wir an der Oberfläche gefunden haben, vorläufig als «Opferschalen» zu charakterisieren. Diese Benennung ist natürlich eine vorläufige; wir können die ursprüngliche Funktion dieser Schalen noch nicht sicher bestimmen. Entgegen den Erwartungen fanden wir auf der westlichen Seite vor Pfeiler 10 keine zweite Schale, denn unter den Oberflächenfunden hatten die seitlichen Rinnen rechte und linke Versionen der Schalen unterscheiden lassen, so daß unsere schließlich enttäuschte Vorerwartung nicht unbegründet war.

Bemerkenswert sind auf der westlichen Seite drei Ritzzeichnungen unterhalb des Fuchses von Pfeiler 10. Sie gehören sehr wahrscheinlich nicht zum ursprünglichen Dekor des Pfeilers. Diese Ritzzeichnungen lassen ein Wildschwein und drei Hunde erkennen; daß es sich wirklich um Hunde handelt, schließen wir daraus, daß diese Tiere im Bild einen in einer Weise zum Kopf gebogenen Schwanz tragen, wie er nun einmal typisch für diese Art ist. Das Ganze erinnert an eine Jagdszene.

Der Kreis aus Mauern und Pfeilern ist bei Anlage B zu etwa zwei Dritteln ergraben. Im Westen, Süden und Osten ist der Kreis vollständig freigelegt, es fehlt lediglich das im noch ungeöffneten nördlich benachbarten Areal mit großer Wahrscheinlichkeit zu erwartende Nordsegment mit mutmaßlich mehreren weiteren Pfeilersetzungen. Der Durchmesser des Polygons beträgt von West nach Ost 9 m, von Süd nach Nord sind 10 bis 15 m zu erwarten.

Neben den Füchsen auf den Zentralpfeilern finden sich nur noch auf zwei anderen Pfeilern der Anlage B Reliefs. Pfeiler 14 trägt auf der rechten Schaftseite ein bisher nicht sicher zu deutendes Motiv, da dieses zu großen Teilen von der Ringmauer überdeckt wird. Wahrscheinlich handelt es sich auch hier um einen Fuchs. Die anderen Pfeiler des Polygonringes tragen bisher mit Ausnahme von Pfeiler 6, der noch vorgestellt werden soll, keine Reliefs. Vielleicht ändert sich diese Beobachtung noch, wenn wir die Grabung fortsetzen, denn die Anlage ist auch im Südteil noch nicht vollständig ausgegraben.

Was uns aber auch schon in diesem Stadium der Grabung auffällt und was wir sicher sagen können, ist, daß kein Pfeiler der Anlage B eine Stola besitzt. Lediglich bei Pfeiler 16 ist die Pfeilervorderseite noch nicht so weit freigelegt, daß entschieden werden kann, ob eine Stola vorkommt oder nicht.

Abb. 51 Pfeiler 9 in Anlage B trägt das Relief eines lebensgroßen Fuchses. In den Terrazzoboden ist unmittelbar vor dem Fuchs eine sogenannte Opferschale eingelassen.

Abb. 52 Auch der Pfeiler 9 gegenüberliegende Pfeiler 10 trägt ein Fuchsrelief. Beide Tiere springen auf den Besucher der Anlage zu.

Abb. 53 Pfeiler 14 in Anlage B zeigt ein nicht sicher deutbares und teilweise von der Ringmauer überdecktes Relief. Vielleicht handelt es sich wieder um einen Fuchs.

Reptil oder Leopard – Gruppenbild mit «gebärender Göttin»? Eine Überraschung erwartete uns, als wir die hintere Kopffläche von Pfeiler 6 freilegten. Dort entdeckten wir ein Tierrelief, das während der Kampagne 1998 zunächst noch hinter einer Steinpackung verborgen geblieben war. Das dort zu sehende Flachrelief wiederholt im wesentlichen das Motiv zweier schon 1995 entdeckter Hochreliefs, die als Oberflächenfunde geborgen wurden. Auf Pfeiler 6 ist allerdings der runde, völlig unstrukturierte Kopf der Darstellung bemerkenswert, der sich auffällig von den oval bis dreieckigen, mit Mäulern und Zähnen ausgestatteten Köpfen der Hochreliefs unterscheidet. Auch daß sich das Relief auf dem Hinterkopf des Pfeilers findet, ist - jedenfalls nach unserem bisherigen Kenntnisstand - sehr ungewöhnlich. Nur beim benachbarten Pfeiler 14 findet sich ein Relief in entsprechender Position; es ist jedoch fast vollständig von der Ringmauer verdeckt, so daß wir bislang lediglich die Schwanzspitze eines im übrigen noch verborgenen Tieres sehen. Es könnte sich dabei um eine nach unten

Abb. 54 Bei einem Tier, das zunächst an ein vierfüßiges Reptil erinnert, handelt es sich möglicherweise um die Darstellung eines Leoparden. Das Relief befindet sich auf der Rückseite des T-Kopfes von Pfeiler 6. Auf der Schaftfläche darunter ist noch das Schwanzende einer Schlange zu erkennen.

kriechende Schlange handeln; eine solche glauben wir auch in einem ganz ähnlich verdeckten Relief vor uns zu haben, das sich unterhalb des Reptils von Pfeiler 6 zeigt.

Vergleichbare Darstellungen wie diese auf dem Göbekli Tepe liegen in Tell Abr in Nordsyrien vor. Von dort stammt eine Steinplatte mit merkwürdigen Ritzzeichnungen. Drei gleichartig dargestellte Tiere sind sozusagen Hand-in-Hand aneinandergereiht. Sie wenden dem Betrachter offenbar den Rücken zu und verbergen dadurch in gewisser Weise ihre Identität, werden aber aufgrund der Fellzeichnung vom Ausgräber als Panther gedeutet. Die dargestellten Tiere ähneln den «vierfüßigen Reptilien» vom Göbekli Tepe stark, so daß man sich vielleicht auch bei den dort entdeckten Reliefs von der Vorstellung verabschieden muß, es handele sich um Reptilien. Möglicherweise zeigen sie ja gleichfalls Panther oder Leoparden. Eine Festlegung auf eine der beiden Deutungen erscheint heute in jedem Falle noch verfrüht.

Die Entscheidung einer zoologischen Zuordnung sollten wir bis zum Bekanntwerden neuer Beobachtungen aufschieben – und das nicht zuletzt deshalb, weil uns eine weitere Analogie in noch größere Verwirrung stürzt: Der sogenannten gebärenden Göttin aus Çatal Höyük fehlt gewissermaßen «nur der Schwanz», und dann könnte sie ohne Mühe in einem Familienbild gleicher Motive zusammen mit den «Reptilien» vom Göbekli Tepe und den «Panthern» von Tell Abr auftreten.

Die Göbekli-Tepe-Reliefs und die Ritzungen aus Tell Abr kannte Yosef Garfinkel, den wir bereits im Zusammenhang mit den übermodellierten Schädeln in Jericho kennengelernt haben, noch nicht, als er sein Buch *Dancing at the Dawn of Agriculture* schrieb. Sein Werk ist Tanzszenen in den frühen bäuerlichen Gesellschaften Vorderasiens gewidmet; der Autor versucht, diesen Sachverhalt auch im Blick auf die ältesten bäuerlichen Kulturen zu deuten. Auch Garfinkel äußert Zweifel daran, daß es sich bei der Figur aus Çatal Höyük wirklich um die Darstellung einer «*gebärenden* Göttin» handelt. Sein Interpretationsvorschlag geht erwartungsgemäß eher in Richtung des Darstellungsinteresses, das er in diesem Buch verfolgt: So läßt er die «Göttin» nicht gebären, sondern tanzen – in diesem Sinne versucht er zumindest, anhand der zahlreichen in seinem Werk vorgestellten Analogien die ausgestreckte Haltung der Gliedmaßen der Gestalt zu deuten.

Das Motiv eines Tanzes käme auch als akzeptable Erklärung für die Bewegungen der «Panther» aus Tell Abr und ihrer ungewöhnlichen Hand-in-Hand-Pose in Betracht. Die «Reptilien» des Göbekli Tepe scheinen dagegen weiterhin wenig tanzfreudig zu sein, sondern muten eher sprungbereit und geduckt an. Was auch immer auf dem Bild in Çatal Höyük zu sehen sein mag – den Gedanken, eine «gebärende Göttin» vor sich zu haben, sollte man wohl wirklich zugunsten einer Tierdarstellung, möglicherweise eines Panthers oder eines Leoparden, aufgeben, ohne in dieser Frage hier aber eine Entscheidung anbieten zu wollen. In diesem Zusammenhang scheint es jedoch sehr wichtig, noch einmal darauf hinzuweisen, daß an keinem der in Çatal Höyük entdecken Wandreliefs Geschlechtsmerkmale nachzuweisen sind; die Brüste, die auf manchen Rekonstruktionszeichnungen von paarig auftretenden Figuren zu finden sind, sind – wie bereits erwähnt – völlig hypothetisch. Zwar fehlt in Çatal Höyük der bei allen Vergleichsmotiven vom Göbekli Tepe oder vom Tell Abr vorhandene Schwanz, doch finden sich bei den sonstigen Merkmalen starke Übereinstimmungen: Allenthalben sind die hinteren Extremitäten weiter ausladend als die vorderen und knicken wie diese rechtwinklig zum Kopf hin um. Auch die Göbekli-Figur besitzt eine kleine Vertiefung, die man als einen Nabel deuten könnte, würde nicht aus den weiteren Details der Darstellung klar hervorgehen, daß es sich um eine Rückenansicht handelt.

Folgt man dieser Argumentationslinie, so finden sich in der Parietalkunst - also bei den Kunstwerken, die an den Wänden von Çatal Höyük zu sehen sind - Menschendarstellungen nur in der Wand*malerei*, und diese fallen meist als Miniaturen aus. Monumentale Darstellungen bleiben vor allem wilden Tieren vorbehalten - also auch der tendenziell wohl doch eher als Tier zu deutenden «Göttin» sowie Stieren und Raubtieren.

Trifft diese Interpretation zu, so gibt es auch keine Gebärende, und dann fällt die bisher weitgehend akzeptierte Deutung der Çatal-Höyük-Ikonographie in sich zusammen. Ich kann hier keine alle Faktoren berücksichtigende Neuinterpretation leisten; aber vorausgesetzt, die ehemals «gebärende Göttin» entpuppte sich als Tierdarstellung, wofür einiges spricht, so bleibt zur Deutung des Ritualbereichs auch von Çatal Höyük vor allem der Totenkult.

Türme des Schweigens Der Totenkult - im weitesten Sinn unter Miteinbeziehung aller denkbaren Veranstaltungen im Umfeld von Leichenbegängnissen - scheint fast durchgängig die Triebkraft zu sein, die nicht nur im Neolithikum die auffälligsten archäologischen Spuren hinterließ. Der Turm von Jericho war nicht nur, wie bereits erwähnt, mit größter Wahrscheinlichkeit keine militärtechnische Anlage. Seine bislang noch recht ungefähre Deutung als rituelle Einrichtung kann vielleicht angesichts der Kreisanlagen des Göbekli Tepe präzisiert werden. Diese wurden nach einer Nutzungsphase von unbekannter Dauer komplett aufgefüllt. Aus der Ferne müssen sie im Betrachter einen grabhügelartigen Eindruck hervorgerufen haben - oder aber, doch das können wir noch nicht mit Sicherheit sagen, eine turmartige Anmutung. Denn nicht immer blieben die Kreismauern ohne äußere Fassade. Rekonstruieren wir eine nicht - oder nicht völlig - in den Boden eingetiefte Pfeileranlage, so gelangen wir von außen betrachtet zu einem Kegelstumpf, der - je nach rekonstruierbarer Höhe - sich der Gestalt des Turms von Jericho zunehmend nähert. Und wird das Ganze innen aufgefüllt, erhalten wir ebenso eine Plattform, wie sie beim Jericho-Bauwerk anzutreffen ist. Immer noch fehlen aber am Göbekli Tepe die Treppe und in Jericho die Pfeiler. Die hier angedeutete mögliche Ähnlichkeit und Vergleichbarkeit des Turms mit den Anlagen am Göbekli Tepe soll denn auch nicht überstrapaziert werden. Es handelt sich vorerst nur um eine Hypothese, die weiterer Belege noch bedarf.

Doch führen diese Gedanken zu einer Begräbnisform, die im Okzident nicht besonders geläufig ist, aber im vorliegenden Zusammenhang nicht unerwähnt bleiben soll: die sogenannten Türme des Schweigens. Diese Benennung kam im 19. Jahrhundert unter Europäern für iranisch-indische Bauwerke besonderer Art in Gebrauch. Im Iran nennt man diese Bauten *Dakhmah*, was etwa soviel wie «Grab» bedeutet. Allerdings meint dieses Wort eine besondere Art von Grab. In der zoroastrischen Religion gelten die vier Elemente Erde, Wasser, Luft und Feuer als heilig, sie dürfen nicht verunreinigt werden. Weder Feuer- noch Erdbestattungen sind deshalb möglich. Eine Lösung liegt in der «Sonnenbestattung», bei welcher der Leichnam auf Felsflächen unter freiem Himmel ausgesetzt wird. *Dakhmahs* wurden an wasser- und pflanzenlosen Stellen auf erhöhten Punkten errichtet, so daß aasfressende Vögel sie leicht bemerkten. Die Türme des Schweigens sind denn auch eher mit großen Bassins vergleichbar als mit Türmen. Vor allem aasfressende Vögel und natürlich Wind und Wetter übernehmen die Beseitigung der rasch verwesenden Teile eines Toten. Die verbleibenden Gebeine werden dann in Felsgruben oder steinernen Kisten, den sogenannten Astodanen, gesammelt.

Der Bau von *Dakhmahs* für viele Leichen, wie wir sie heute kennen, scheint sich allerdings erst spät eingebürgert zu haben. Ursprünglich wurde für jeden Leichnam an geeigneter Stelle eine eigene *Dakhmah* errichtet. Es war oft nicht viel mehr als eine kleine Ummauerung auf einer Felskuppe. Die Hoffnung, bei den *Dakhmahs* vielleicht uralte, steinzeitliche Wurzeln erkennen zu dürfen, wollen wir also ganz behutsam und mit gewiß nur vagen Hinweisen andeuten. Dennoch ist das Verständnis der *Dakhmahs* für die Interpretation der jungsteinzeitlichen Kreisanlagen hilfreich, denn die Anforderungen, die an eine *Dakhmah* gerichtet werden, treffen auch voll und ganz auf den Göbekli Tepe zu: an erhöhter, wasserloser Stelle gelegen, von Vögeln leicht zu bemerken. Dies allein taugt gewiß nicht als Beweis für eine Funktionsidentität, liefert aber ein weiteres Glied in einer Kette von Beobachtungen. Die Kreisanlagen des Göbekli Tepe gäben ideale *Dakhmahs* für zoroastrische Bestattungssitten ab. So soll auch nicht verschwiegen werden, daß unter den im Tierknochenmaterial des Göbekli Tepe nachgewiesenen Vögeln die Rabenvögel, die gerne Aas fressen, mehr als 50 Prozent ausmachen; und auch Geierknochen finden sich häufig. Vielleicht liebten diese Tiere ja nur den günstigen Platz mit dem Blick übers weite, umliegende Land – vielleicht aber fanden sie hier auch bereitgelegte «Speisung».

Da wir an dieser Stelle nun schon einmal abgeschweift sind, wollen wir gleich noch weiter ausholen und einige andere wichtige Bauwerke in unseren Rundblick einbeziehen, deren Gestalt im Hinblick auf die Anlagen des Göbekli Tepe zumindest interessante Assoziationsräume öffnet.

Stonehenge und andere große Steinkreise – Selbstdarstellung in neolithischen Gesellschaften Stonehenge ist seit langem weltberühmt. Die Anlage erweist sich nicht nur als ein besonders gut erhaltener Vertreter einer ganzen Reihe von Steinkreis-Monumenten, und Stonehenge ist nicht nur wegen seiner Größe und seines Erhaltungszustands einzigartig. Der berühmte Ägyptologe Sir Flinders Petrie hat einst in Stonehenge seine ersten «wissenschaftlichen Gehversuche» unternommen, als er dessen besondere astronomische Orientierung durch exakte Messungen untermauern wollte. Petrie gelang es freilich nicht, in Stonehenge eine über die Feststellung einer generellen Himmelsausrichtung hinausgehende besondere astronomische Bedeutung der Anlage herauszumessen. So wandte er sich nach diesem Mißerfolg mit der gleichen Fragestellung den Pyramiden von Giza zu und scheiterte auch hier. Denn auch die großen Pyramiden Ägyptens bargen bei näherem Hinsehen nicht die Geheimnisse, die viele in ihnen vermuteten. Allerdings blieb Petrie nur im Hinblick auf diese Fragestellung erfolglos; dem Alten Ägypten blieb er fortan treu, und den weiteren Verlauf seiner wissenschaftlichen Karriere kann man am besten in den Bibliotheken ägyptologischer Seminare verfolgen – oder Margret Drowers Biographie des großen Ägyptologen zur Hand nehmen. Auf Petrie aber geht immerhin die noch heute gebräuchliche Numerierung der Stonehenge-Steine zurück.

Was also macht die Besonderheit von Stonehenge aus – abgesehen von der bisweilen Heiterkeit erregenden Wertschätzung, derer sich der Ort auch noch bei heutigen Esoterikern erfreut? Aubrey Burl konstatiert in ihrem

Abb. 55 Neo-Druiden in Stonehenge.

Werk *Great Stone Circles*, daß Stonehenge – das unter allen insularen Bodendenkmälern so besonders britisch scheint – eigentlich weder ein Steinkreis noch wirklich britisch sei. Besonders augenfällig sind die sogenannten Trilithe. Der aus dem Griechischen entlehnte Begriff bedeutet «Dreistein» und bezeichnet zwei aufrecht stehende Steine, auf deren oberen Enden ein dritter waagerecht aufruht und sie so verbindet. Die fünf Trilithe im Zentrum von Stonehenge bilden aber keinen Kreis, sondern eine Hufeisenform. Lediglich die zweite, äußere Reihe ist (annähernd) kreisförmig gestaltet. Ohne auf Details eingehen zu wollen, kann mit Burl resümiert werden, daß Stonehenge auf der Insel fremd und das Werk kontinentaler Erbauer ist. (Ein zeitgenössischer Grabfund ganz in der Nähe der Anlage läßt die Herkunft seiner Schöpfer sogar im Alpenraum vermuten – vielleicht hat ja ein Urbayer Stonehenge errichtet?) Die Anlage unterscheidet sich jedenfalls ganz grundlegend von den zahlreichen anderen prähistorischen Steinkreisen der Britischen Inseln.

Doch soll dieser Exkurs nicht weiter ausgedehnt werden: In einem eingeschränkten Sinne gehören wie Stonehenge auch die Anlagen des Göbekli Tepe in die Familie der großen Steinkreise, auch wenn sie teils eher quadratisch oder oval sind. Sie gehören hierher nicht aufgrund familiärer Bande, sondern reihen sich ein in anderem Sinn: Wie das enigmatische Stonehenge wird der nicht minder rätselhafte Göbekli Tepe als Ort besonders alter Steinkreise wohl Weltruhm erlangen und noch oft mit Stonehenge verglichen werden.

Daß es bis dahin noch ein Weilchen dauern wird und man noch etwas Geduld aufbringen muß, ehe der Göbekli Tepe denselben Bekanntheitsgrad erreicht hat, liegt auf der Hand: Stonehenge mußte nicht erst ausgegraben werden, um schließlich als großartiges Monument – mit schemenhaften Umrissen gegen die Abendsonne photographiert – auf zahllosen Buchtiteln Platz zu finden. Die Steinkreise des Göbekli Tepe überdauerten die Jahrtausende tief vergraben und für Menschen weitgehend unsichtbar. Dadurch aber waren sie glücklicherweise auch vor Zerstörung weitgehend geschützt, und so scheinen die Steinkreise des Göbekli Tepe weit besser erhalten zu sein als der um einige Jahrtausende jüngere Stiefbruder aus dem fernen Britannien. Demnach steht zu hoffen, daß sich zukünftig auch Möglichkeiten eröffnen werden, das Monument Göbekli Tepe adäquat zu schützen. Das Grabungsbudget reicht jedenfalls nur für recht improvisierte Maßnahmen, auch wenn diese mit einem eigens für den Platz entwickelten temporären Schutzdachsystem schon recht aufwendig ausfallen.

Abb. 56 Zum Aufbau der Schutzdächer sind geschulte Arbeiter und oft ein Kran notwendig.

Doch gibt es Steinkreise mit größeren inhaltlichen Bezügen zum Göbekli Tepe, als sie Stonehenge oder andere Kreisanlagen des prähistorischen Europa zu bieten vermögen. Wir wenden uns deshalb dem Vorderasien benachbarten Afrika zu.

«Das Geheimnis von Simbabwe», so betitelte Roger Summers, ehemaliger Kurator des vormals noch in Südrhodesien gelegenen Nationalmuseums, seinen Beitrag in einem Band über *Versunkene Kulturen – Geheimnis und Rätsel früher Welten*. Simbabwe heißt heute jenes Land Afrikas, das unter den einstigen Kolonialherren Rhodesien genannt wurde. Aber das «Geheimnis» im Buchtitel bezieht sich nun gar nicht auf das Land als solches. Das Wort *Simbabwe* bedeutet in der heimischen Karanga-Sprache «Steinhäuser». Gemeint sind mehr oder minder monumentale Steinbauten, welche die frühen europäischen Afrikaforscher bei ihren Expeditionen in jenem Landstrich südlich des Sambesi-Stromes in Südostafrika in Staunen versetzten.

Besonders monumental war die *Great Zimbabwe* genannte Anlage südlich von Salisbury, auf die sich das Interesse der Weißen fokussierte. Im Schwarzafrika der Laub- und Lehmhütten waren diese steinernen Monumente durchaus etwas Bemerkenswertes, zumal die dort lebende Bevölkerung im Bewußtsein der Kolonialisten eindeutig nicht als Erbauer der *Simbabwes* in Frage kam und sie selbst auch nichts über deren Geschichte zu berichten wußte. So war es naheliegend, daß die frühen Forscher ein uraltes Entstehungsdatum und eine Beeinflussung der Erbauer aus fernen Regionen vermuteten. Der weise König Salomo und die Königin von Saba sind wohl die prominentesten Persönlichkeiten, deren angeblicher Einfluß zur Erklärung der *Simbabwes* bemüht wurde.

Natürlich entspann sich unter den Gelehrten ein erbitterter Streit um all dies, und so kam das «Geheimnis von *Simbabwe*» nicht nur zur Welt, sondern wuchs zu einem stattlichen Kind der Wissenschaft heran. Und das Kind gedieh so prächtig, daß es als Pate eines Landesnamens fungieren konnte. Es ist hier nicht der Platz, diese Geschichte vollständig aufzurollen, und das Ganze soll auch – wir folgen im wesentlichen dem erwähnten Buchbeitrag von Roger Summers – kurz und geheimnislos beendet werden: Wir wissen heute sicher, daß die Erbauer der «Steinernen Häuser» nicht im Dunkel geheimnisvoller afrikanischer Vergangenheit wirkten, sondern daß die *Simbabwes* mittelalterlichen und neuzeitlichen Datums sind. Wir wissen, daß es sich um eine rein lokale Entwicklung handelte, welche durch die Nutzung der reichen Goldvorkommen dieses Landstrichs einst ermöglicht worden war. Und wir wissen, daß diese Kultur der Erbauer kurz vor dem Eintreffen der ersten europäischen Afrikaforscher an internen Auseinandersetzungen zugrunde gegangen ist.

Nun, was hat das also gar nicht existente «Geheimnis von *Simbabwe*» im Rahmen des vorliegenden Buches zu suchen? Ein Blick auf den Grundriß des sogenannten Tempels aus *Great Zimbabwe* macht dies verständlich: Wir erkennen große, ovale, durchaus monumentale Kreisanlagen, umgeben von mächtigen Mauern, und wir finden einen konischen, etwa 10 m hohen steinernen Turm, der wie ein Bruder sardischer Nuraghen und ein Cousin des Turms von Jericho wirkt. Vierfüßige, geschwänzte Reptilien erklimmen steinerne Stelen, die von Vogelskulpturen bekrönt werden. Wie auf dem Schalenfragment aus Nevalı Çori tragen Steingefäße in umlaufenden Reliefs szenische Darstellungen.

Great Zimbabwe zeigt mit unmißverständlicher Deutlichkeit, daß auch ein sehr ähnliches Erscheinungsbild von Phänomenen nicht dazu verleiten sollte, gleich gemeinsame Wurzeln anzunehmen. Die Welt des Göbekli Tepe liegt im Vergleich zu den Steinhäusern von Simbabwe mehr als 10 000 Jahre weiter in der Vergangenheit und mehrere tausend Kilometer vom Sambesi-Land entfernt. Die einzige gemeinsame Basis – eine banale Feststellung – liegt darin, daß an beiden Plätzen der *Homo sapiens* wirkte. Und dem scheint selten etwas wirklich Neues einzufallen: Machtansprüche durch Monumentalität zu manifestieren ist so ziemlich das am weitesten verbreitete Phänomen, das in der Geschichte der Menschheit – und das Tierreich folgt durchaus ähnlichen Regeln – zu beobachten ist. Auch wenn das Repräsentationsrepertoire der Menschen in früh- oder vorgeschichtlicher Zeit weniger raffiniert und elaboriert war als jenes, über das die Neuzeit verfügt, so findet es doch – wie in einem Musterkatalog – in der Regel die gleichen Ausprägungen: groß, dick, monumental. In einem nächsten Schritt folgen dann Abgrenzen, Schützen und die Verschleierung der Banalität der Anlagen. *Great Zimbabwe* zeigt ohne Zweifel eine Ähnlichkeit mit den Bauten am Göbekli Tepe. Diese Ähnlichkeit gründet aber nur im Erscheinungsbild, nur in der phänomenologischen Übereinstimmung.

Auch die Ähnlichkeit der dargestellten Tierwelt sollte uns deshalb nicht überraschen. Da Vögel über die den Menschen des vortechnischen Zeitalters versagte Fähigkeit, den Luftraum zu beherrschen, verfügen, werden sie immer im nämlichen Sinne wahrgenommen; sie sind für den Menschen – wenn man es ein wenig verkürzt darstellen darf und damit sicher nicht allen Deutungen gerecht wird – stets zumindest *auch* potentielle Götterboten. Reptilien hingegen wirken auf den Menschen immer fremd und archaisch, letztlich gefährlich. Auf den Bildern der Simbabwe-Stelen sind denn auch – im Unterschied zu den reptilienartigen Reliefs des Göbekli Tepe – offensichtlich wirklich Krokodile dargestellt. Das Beispiel *Great Zimbabwe* folgt also einem einfachen Kanon der Darstellungsziele und -inhalte. Es ist müßig, weitere phänomenologisch übereinstimmende oder ähnliche Beispiele zu den Bauten und Bildern des Göbekli Tepe zu bemühen – man könnte an entsprechende Orte auf Malta oder den schottischen Orkney-Inseln denken –, wenn nicht wirklich ein genetisch enger Zusammenhang nachweisbar wird; dabei ist nicht auszuschließen, daß Malta eines Tages vielleicht wirklich unter diesem Gesichtspunkt noch unserer besonderen Aufmerksamkeit teilhaftig wird.

Eine Sache aber dürfte auf den Göbekli Tepe und seine Erbauer ebenso wie auf die Schöpfer der anderen erwähnten, äußerlich ähnlichen Bauwerke zutreffen: Groß, dick, monumental – auch am Göbekli Tepe wollte eine Person oder ein Personenkreis sich einer interessierten Öffentlichkeit präsentieren und ihr kundtun, wer man ist und was man zu leisten vermag.

4. Anlage C – im Kreis der Keiler

Unmittelbar östlich von Anlage A und B schließt sich eine dritte Anlage an, die ebenfalls kreisförmig ist. Die Anlage C wurde in der Vergangenheit stark zerstört. Der Zeitpunkt dieses Ereignisses ist noch nicht genau zu bestimmen, doch liegt er angesichts der mächtigen Deckschichten sicher Jahrhunderte, wahrscheinlich Jahrtausende zurück. Wir erkannten bald, daß Anlage C aus mindestens drei konzentrischen Mauerringen bestand, obgleich wir die Anlage erst bis zur Hälfte der zu erwartenden Tiefe ausgegraben haben. Wildschweine, genauer Keiler, beherrschen das Bildprogramm, so daß es der Journalist Michael Zick einmal als *Haus der Keiler* bezeichnet hat. Dies ist nicht ganz zutreffend, denn der Charakter eines ursprünglich überdachten Gebäudes ist gerade bei dieser sehr großen Anlage mit ihrem stattlichen, sich über mehr als 30 m erstreckenden Gesamtdurchmesser mehr als fraglich. Die Keiler aber erkennt man deutlich, und sie sind von besonderer Wichtigkeit. Von zehn bisher in Anlage C freigelegten Reliefs stellen sechs Keiler dar, und von insgesamt vier bekannten Keilerskulpturen stammen drei von hier.

Zum inneren Mauerring gehören bisher neun Pfeiler. Es waren ursprünglich wohl mehr, denn an verschiedenen Stellen scheinen einst vorhandene Pfeilersetzungen verschwunden zu sein. Wahrscheinlich hat ein hier tätiger Bauer in seinem Bestreben, den Acker von störenden Steinen zu befreien, ganze Arbeit geleistet. Die erhaltenen Pfeiler sind mehrheitlich nur bis auf Höhe des T-Kopfes ausgegraben. So sind bisher nur auf zwei Pfeilern Reliefs bekannt. Die Stirnseiten von Pfeiler 26 und 28 tragen je einen kleinen Keiler. Auf Pfeiler 28 befindet sich auf der rechten Schaftseite noch ein weiteres, gleichartig dargestelltes Tier. Auf der Schaftvorderseite sind unterhalb des Pfeilerkinns noch abstrakte Symbole erkennbar: Ein stehender Halbmond befindet sich über einem waagerecht liegenden Balken. Beide Zeichen sind von den seitlichen Bändern der Stola umrahmt, wie sie häufig auf den Pfeilern vorkommt. Nach unten ist bei einer Fortsetzung der Grabungen ohne Zweifel die Entdeckung weiterer Zeichen zu erwarten. Die anderen Pfeiler zeigen keine Auffälligkeiten, sieht man von den oft zu beobachtenden tiefen Rillen auf den Scheitelflächen ab, die in Anlage A und B nicht vorhanden sind.

Vom zweiten, mittleren Ring sind bisher vier Pfeiler bekannt. Auf der linken Schaftseite von Pfeiler 23 ist der fast lebensgroße Kopf eines Wildschweins sichtbar. Der Körper des Tieres wird vollständig von der Ringmauer verdeckt. Unmittelbar vor dem Pfeiler fand sich im Füllschutt der

Abb. 57 Die Arbeiten in Anlage C erforderten viel Geduld und Improvisationsgabe, denn erst nach etwa 3 m Füllschutt erschienen die Befunde.

Abb. 58 Pfeiler 11 und 12 in Anlage C sind in die mittlere der Ringmauern eingebaut. Der auffällig kleine Pfeiler 13 (sichtbar ist bisher nur die Oberkante des Pfeilerkopfs) gehört zum inneren, ersten Ring.

Kopf einer Tierskulptur, deren gefletschte Zähne auf den Pfeilerkopf gerichtet waren; doch ist diese scheinbar so sinnfällige Positionierung wahrscheinlich nur dem Zufall der Fundlage infolge vorangegangener Zerstörung geschuldet.

Weiter nach Westen schließen sich noch die Pfeiler 11, 12 und 25 an. Pfeiler 25 ist unbeschädigt, zeigt aber bisher keine Besonderheiten. Der T-Kopf von Pfeiler 11 ist wieder stark zerschlagen. Die bis auf 1,5 m Tiefe freigelegte Westseite wird fast vollständig von der mittleren Ringmauer überdeckt, so daß noch nicht zu erkennen ist, ob der Pfeiler Reliefzier trägt oder nicht. Ähnlich Pfeiler 15 in Anlage B ist eine armdicke Lochung sichtbar, die jedoch nicht den gesamten Pfeilerkörper durchdringt. Auf der Ostseite wurde nur der Kopf freigelegt, der reliefiert ist. Erkennbar sind die fünfzehigen Füße eines großen, kräftigen Tieres - eines Bären, Löwen oder Leoparden.

Enten im Netz? Auch Pfeiler 12 ist in die zweite Ringmauer eingebaut, doch sind hier glücklicherweise die wesentlichen Zonen von T-Kopf und Schaft freigeblieben und weithin sichtbar. Dieser Pfeiler hielt wieder eine Überraschung für uns bereit. Wie bei Pfeiler 11 trägt bereits der T-Kopf

Reliefschmuck – und dieser ist erstmals flächendeckend ausgeführt. Fünf entenartige Vögel bewegen sich vor einem netzartigen Linienmuster. Als habe den Künstler der *horror vacui* geplagt, hat er dieses Netzmuster über den gesamten T-Kopf gezogen und lediglich den Raum der Vögel ausgespart. Es könnte sich somit um das Motiv «Vogelfang im Netz» handeln. Doch suggerieren die einheitliche Blickrichtung der Vögel und deren unterschiedliche Beinstellungen – die den Eindruck erwecken, als habe der Bildhauer versucht, die Beinbewegung eines Vogels beim Sprung in Einzelbilder aufzulösen und nacheinander darzustellen – auch eine andere Deutung des Netzmusters. Es könnte sich um die Darstellung von Steinen oder Felsen, also von Landschaft, handeln – insgesamt demnach also von Vögeln, die in dieser Landschaft über Felsen hüpfen. Folgt man dieser Deutung, so mag freilich auch immer derselbe Vogel an verschiedenen Stationen, aber stets im Sprung, abgebildet sein.

Doch damit ist der Reliefdekor dieses Pfeilers noch nicht erschöpft. Im oberen Bereich des Pfeilerschafts erscheint ein mächtiger Keiler. Der gewaltige Kopf blickt mit gefletschten Zähnen und mächtigen Hauern drohend nach rechts. Im Unterschied zu den Vögeln im Netz bzw. den über Felsen hüpfenden Vögeln findet der Keiler aber keine Einbindung in weitere Motive, sieht man von einer etwa 20 cm tiefen, armdicken Lochung über der Schnauze des Tieres ab.

Unterhalb des Keilers erscheint denn auch in der von Pfeiler 2 bekannten «heraldischen» Anordnung der Kopf eines Fuchses. Sicher findet der Fuchskopf am Pfeiler die zu erwartende und durch die Fuchsreliefs der Pfeiler 2, 9 und 10 schon bekannte Fortsetzung, doch wurde die Freilegung des Pfeilers hier von einem Terrazzoboden gestoppt, der auf Höhe des Fuchsnackens an den Pfeiler heranstreicht. Dieser Boden korrespondiert mit der inneren Ringmauer und macht zusätzlich deutlich, daß die Mauerringe insgesamt verschiedene Bauphasen repräsentieren; die Ringe wurden offenbar nach und nach im Inneren der Kreise hochgezogen, wobei man durch diese Einbauten natürlich das Innere der Kreisanlagen sukzessive verkleinert hat.

Bemerkenswert erscheint ferner, daß wir unmittelbar vor dem Keilerrelief eine Skulptur mittlerer Größe fanden, die gleichfalls einen Keiler darstellt; auch bei ihm sind Kopf, Maul und Hauer betont. Das vollständig erhaltene Tier weist lediglich auf Höhe der Füße einen ganzflächigen Bruch auf. Wieder scheint es sich um einen Teil einer ehemals komplexeren Darstellung zu handeln. Ein großformatiges Skulpturfragment, das wir früher in der westlich benachbarten Anlage A geborgen hatten, konnten wir zunächst nur mit einem gewissen Vorbehalt als Keiler deuten; da wir nun aber

Abb. 59 Pfeiler 12 in Anlage C ist auf der rechten Seite flächendeckend mit Reliefs versehen. Auf dem Pfeilerkopf sind wahrscheinlich Vögel vor einem Netz- oder Gittermotiv dargestellt, darunter folgen ein Keiler und ein Fuchs. Der konnte bisher nur bis zum Hals freigelegt werden, da eine später hinzugefügte Bank das Relief zum größten Teil verdeckt.

Abb. 60 Unmittelbar neben dem Relief eines Keilers auf Pfeiler 12 fand sich auch die rundplastische Skulptur eines Wildschweins (Länge 48 cm).

eine in ihrem Aussehen eindeutige Keilerfigur vor uns hatten, konnten wir die Bestimmung auch des ersten Keilerfragments bekräftigen.

Auf der Maueroberkante der inneren Ringmauer von Anlage C fanden wir zwischen Pfeiler 24 und 36 eine große Kalksteinplatte, die ein fast vollständig erhaltenes Hochrelief trägt. Es zeigt ein kauerndes, hundeartiges, in der Darstellung etwa dackelgroßes Tier mit gefletschten Zähnen und breitem, gebogenem Schwanz. Der Kopf wiederholt in wesentlichen Zügen den Typ «zähnefletschendes Raubtier», für den dieses gut erhaltene Beispiel möglicherweise die generelle Rekonstruktionsgrundlage abgeben kann. Zusammen mit den Hochreliefs vom Typus «Reptilien» wird hier ein weiterer Bildtypus deutlich: ein kauerndes, offenbar sprungbereites, aggressives Raubtier.

Die dicke Platte, auf der das Tier sitzt, ist auf drei Seiten abgeschlagen und war ursprünglich größer. Der erkennbare Querschnitt läßt vermuten, daß es vielleicht ein Türlochstein war. Somit kann zumindest vorläufig gefolgert werden, daß die originale Platte nach ihrem ursprünglichen Aufstellungsort eine Umarbeitung und eine sekundäre Aufstellung dort erfuhr, wo wir sie gefunden haben. Die Aufstellung auf der Mauerkrone scheint jedenfalls absichtlich erfolgt zu sein. Sie wurde nach der entsprechenden Zurichtung der Platte vorgenommen, so daß das Raubtier auf der

Abb. 61 Auf Pfeiler 28 in Anlage C erscheinen weitere Keiler: einer auf der Pfeilerstirn, der zweite auf der rechten Schaftseite. Auf der Pfeilervorderseite befinden sich zwei Zeichen: ein stehender Halbmond und ein liegender Balken.

Mauerkrone der äußeren Umfassungsmauer der Anlage C zu stehen kam, und zwar mit Blick in den Innenraum.

Zum ersten Mal dürften wir damit auf eine Skulptur in originaler Aufstellung gestoßen sein. Letzte Zweifel, ob das Stück nicht doch zum Versturz gehört und die Platte nur zufällig in waagerechter Position, das Tier obenauf, auf der Mauerkrone landete, können zwar nicht völlig ausgeräumt werden, doch erscheint diese Möglichkeit weniger wahrscheinlich. Nehmen wir also an, die Platte sei bewußt genau an diesem Ort plaziert worden, so ergeben sich daraus weitreichende Folgerungen: Wir müssen dann davon ausgehen, daß die Mauer in diesem Bereich in ihrer vollen Höhe erhalten geblieben ist. Dann aber läßt sich nur schwerlich ein Dach über der Anlage rekonstruieren; diese konkrete Mauer, auf der die Skulptur aufgestellt war, schiede als Auflager für eine Dachkonstruktion jedenfalls aus. Letztlich also wird Anlage C als nach oben offener Heiligtumsbezirk (Temenos) erkennbar, dessen Mauern von Raubtieren bekrönt waren, denen wohl eine apotropäische – schadenabwehrende – Funktion zugedacht war.

Abb. 62 Pfeiler 26 in Anlage C trägt bisher nur ein Relief, natürlich das eines Keilers.

Ein Dromos zum Kreis der Keiler? Wer schon einmal in Griechenland war und Stätten der bronzezeitlichen mykenischen Kultur besucht hat, erinnert sich sicher an die imposanten Kuppelgräber mit ihrem langen, korridorartigen Zugang, dem *Dromos.* Das griechische Wort bedeutet einfach *Weg.* In der archäologischen Terminologie hat es sich zu einem Fachbegriff entwickelt, der nicht nur bei der Beschreibung mykenischer Anlagen Anwendung findet. Am Göbekli Tepe scheint die Anlage C einen solchen *Dromos* zu besitzen - so jedenfalls die nächstliegende Deutung eines noch nicht vollständig ausgegrabenen Befundes: Zwei fast rechtwinklig nach Süden abzweigende und annähernd parallel zueinander verlaufende Mauern sind aus auffällig großen und häufig allseitig zugerichteten Werksteinen errichtet. Sie gehören ganz offensichtlich nicht zu den Ringmauern der Anlage und auch zu keiner weiteren hier angrenzenden, im übrigen aber unbekannten Kreisanlage. Die Mauern flankieren offenbar einen Weg, der ganz wie der *Dromos* der mykenischen Kuppelgräber zu den Ringmauern der Anlage C hinführt.

Abb. 63 Bei den Arbeiten im Südbereich der Anlage C wurde auf einer Mauerkrone erstmals eine Skulptur entdeckt, die nicht im Versturz, sondern möglicherweise in ihrer ursprünglichen Aufstellungsposition vorgefunden wurde.

Abb. 64 Bei dem auf einer Steinplatte kauernden Tier (Abb. 63) handelt es sich um ein zähnefletschendes Raubtier (Länge 70 cm).

Wie ein Sperriegel schiebt sich eine große Steinplatte quer in diesen Gang. Die Platte ist nicht vollständig erhalten, läßt aber noch mit Sicherheit erkennen, daß sie einst eine zentrale Öffnung besaß, die durch eine noch in zwei Lagen erhaltene Steinsetzung verschlossen worden war. Ein auch im Grad seiner Fragmentierung sehr ähnliches Bauglied hatten wir bereits in Anlage A entdeckt. Der Türlochstein markierte dort den im Südosten lokalisierbaren Zugang zur Anlage.

Auf der südlichen, der Anlage C abgewandten und dem Besucher zugewandten Seite der Platte befindet sich unter der Türlochöffnung ein Relief. Es zeigt wiederum ein Wildschwein, genauer gesagt, einen Keiler. Das Motiv wäre angesichts der vielen Keiler in Anlage C eigentlich nicht weiter verwunderlich, doch zeigt dieses Tier eine Besonderheit – es liegt auf dem Rücken. Bauch und Beine sind nach oben gestreckt. Die zunächst einmal naheliegende Annahme, das Tier sei in diese mißliche Rückenlage nur deshalb geraten, weil es sich bei der Steinplatte um einen zum zweiten Mal verwendeten Pfeiler handelt, dessen Relief bei dieser Gelegenheit der Aufstellung eben mit dem Rücken nach unten zu liegen kam, kann mit einiger Zuversicht ausgeschlossen werden, denn die Steinplatte ist deutlich dünner, als es bei einem ehemaligen Pfeiler zu erwarten wäre. Es kann deshalb davon ausgegangen werden, daß es außer den Pfeilern noch eine zweite Gruppe von Baugliedern gab, die mit Reliefs verziert wurden, und zwar die Türlochsteine.

Die Annahme, daß der auf dem Rücken liegende Keiler in seiner ursprünglichen Position vorgefunden wurde, wird durch einen weiteren Sachverhalt gestützt: Der reliefierte Türlochstein wird von einem anderen, in seiner Art bisher unbekannten Bauteil begleitet. Zunächst wurde im Süden vor dem Türlochstein die vollplastische Skulptur eines Tieres freigelegt. Zu erkennen war ein kräftiges Raubtier mit weit aufgerissenem Rachen. Ob es sich um einen Löwen oder Bären handelt, ist nicht zu entscheiden. Zu dieser Bildsäule fanden wir im Laufe der Grabung nur 80 cm entfernt ein Gegenstück, dessen mutmaßlich skulptiertes Oberteil allerdings abgeschlagen und verloren ist. Bei der Fortsetzung der Grabungen wurde sichtbar, daß die zweite, östliche Säule zusammen mit dem westlichen Pendant zu einem einzigen, gewaltigen, monolithischen, U-förmigen Objekt gehörte, das bisher ohne Vergleich geblieben ist. Es markierte offensichtlich zusammen mit der Türlochplatte den Zugang zu Anlage C. Sieht man von der Enge der nur 80 cm breiten Öffnung ab, verfährt man ferner bei der Artbestimmung des erhaltenen Raubtieres großzügig und ergänzt die verlorene östliche Skulptur spiegelbildlich, so entsteht vor dem Auge des Betrachters

Abb. 65 Mykenischer *Dromos* am sogenannten Grabmal der Klytämnestra.

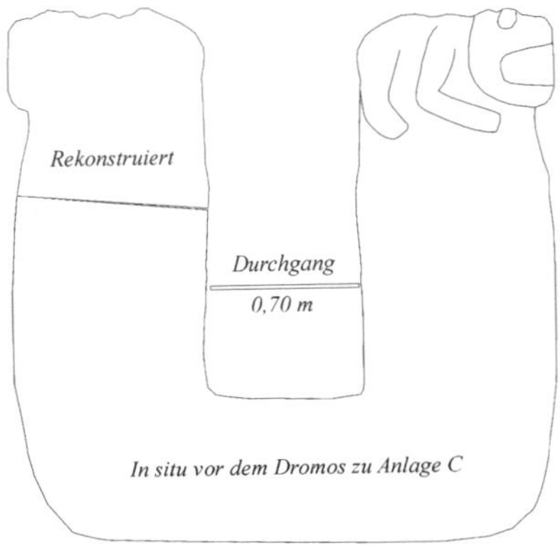

Abb. 66 Nur teilweise ausgegraben ist ein megalithischer, U-förmiger Türstein. Das Raubtier auf dem westlichen Zapfen besaß höchstwahrscheinlich ein entsprechendes Gegenstück auf der östlichen Seite, das allerdings verloren ist.

Abb 67 Auf dem Türlochstein, der unmittelbar hinter dem U-förmigen Türstein plaziert wurde, befindet sich das Relief eines auf dem Rücken liegenden Keilers (Pfeil).

fast ein «Löwentor»: Die Raubtiere bewachen diesen Eingang, und der auf dem Rücken liegende Keiler der Türlochplatte war wohl als visuelle Mahnung an den Betrachter gedacht, daß der von ihm beschrittene Weg in eine andere Sphäre führt – in die des Totenreichs.

Die reliefierte Türlochplatte und der U-förmige Monolith sind wie der *Dromos* und dessen vermutete Einbindung in die Ringmauern von Anlage C bisher noch nicht vollständig ausgegraben. Die verstürzten Maueroberkanten bilden hier ein Steinlabyrinth, das den Ausgräber auf Irrwege zu führen vermag. Daher muß man sich hier besonders vor übereilten Grabungsmaßnahmen hüten – täuscht man sich, so könnte man den Befund unwiderruflich zerstören. Da für das steinzeitliche «Löwentor» mit *Dromos* bisher keine Vergleichsobjekte bekannt sind, müssen wir uns gedulden und die Abklärung der benachbarten Areale abwarten, um sicherzustellen, daß keine für den Fortgang der Freilegung wichtigen Beobachtungen übersehen werden. Der Fund einer fast 1 m langen und 60 cm hohen Tierskulptur, die sich inmitten des Versturzes auf einer Steinplatte fand, weist jedenfalls darauf hin, daß hier mit weiteren Überraschungen gerechnet werden darf.

Phalloi und wilde Tiere – die Skulpturen des Göbekli Tepe Wir wollen den Bestand an Skulpturen und Hochreliefs rekapitulieren, die wir inzwischen kennengelernt haben. Schon aus den Oberflächenuntersuchungen der ersten Jahre waren mehrere Stücke bekannt geworden: die «Bildsäule» des Atelierbefundes, die einen Löwen oder Bären, in jedem Fall ein schweres und gefährliches Raubtier, zeigt, zwei sogenannte Reptilien in Hochrelief und der Kopf eines zähnefletschenden Raubtiers. In den späteren Kampagnen kamen immer wieder neue Oberflächenfunde hinzu, so zum Beispiel eine Skulptur mit auffällig V-förmig angeordneten Beinen, die wahrscheinlich einen Löwen darstellt. Aus Anlage A stammt ferner ein weiterer mutmaßlicher Löwe mit deutlich erkennbaren Rippen und ein Keilerkopf, aus Anlage C ein Keiler und ein Keilerkopf, ein weiterer zähnefletschender Raubtierkopf sowie das Hochrelief eines vollständig erhaltenen, wolfsartigen Tieres, und schließlich der U-förmige Stein mit Raubtierbekrönung.

Das Spektrum der Skulpturen des Göbekli Tepe kann trotz deren relativ schlechten Erhaltungszustands und der fast durchgängig zu beobachtenden Fragmentierung inzwischen eingermaßen klar umrissen werden: Es dominieren Tiere in aggressiver Haltung. Die Mehrzahl der Skulpturen läßt sich ohne Zögern in die Kategorie «gefährliche Erscheinung» einordnen; sie

Abb. 68 Von der südwestlichen Hügelkuppe stammt eine Tierskulptur mit auffällig V-förmig angeordneten Beinen (Höhe 70 cm).

Abb. 69 Eine offenbar kniende Person hält einen menschlichen Kopf in den Händen (Höhe 26 cm).

Abb. 70 Eine große Phallusdarstellung gehörte wahrscheinlich zu einer Skulptur in der Art der ithyphallischen Protome (Länge 24 cm).

wurden folglich wohl in unheilabwehrender – besser: abschreckender – und mithin «apotropäischer» Absicht aufgestellt. Wie der Höllenhund Kerberos der antiken Mythologie den Eingang zur Unterwelt hütete, so scheinen auch die zähnefletschenden Raubtiere des Göbekli Tepe etwas zu bewachen. Unterstützt werden sie bei ihrem Tun offenbar von den zahlreichen Schlangen, die auf den Pfeilern fast immer nach unten und damit dem Betrachter entgegenkriechen. Nur auf Pfeiler 2 ist eine Schlange nach oben gerichtet, doch kommen ihr nicht weniger als gleich vier Artgenossen entgegen.

Auch wenn man die apotropäische Deutung gerne zu akzeptieren bereit ist, wird klar, daß auch dann noch immer offenbleibt, was am Göbekli Tepe eigentlich bewacht werden mußte. Bei einigen Skulpturen ist zu erkennen, daß Personen oder Tiere menschliche Köpfe ergreifen. Dieses Motiv verwundert nicht weiter angesichts des in der vorkeramischen Jungsteinzeit (PPN) verbreiteten Schädelkults und der übermodellierten Schädel. Das Vorkommen am Göbekli Tepe ist als weiterer Hinweis darauf zu werten, daß an diesem Ort Dinge, die mit dem Tod zu tun hatten, im Vordergrund standen.

Die Größe mehrerer Darstellungen menschlicher Köpfe reicht von etwas mehr als lebensgroßen bis zu kleinen Formaten. Wie zumindest einige zu rekonstruieren sind, werden wir sehen, wenn wir später eine vollständig erhaltene Statue aus Urfa kennenlernen. Andere Bruchstücke mögen zu Skulpturen in der Art der vollständigen, ithyphallischen Protome – jenes bereits erwähnten Mannsbilds mit erigiertem Penis – gehört haben. In einem Fall handelt es sich um eine doppelgesichtige Darstellung, die – vergleichbar dem römischen Gott Janus – mit je einem Gesicht nach vorne bzw. nach hinten blickt. Von einem ähnlichen Fund im Museum von Gaziantep, dessen Herkunft zwar unbekannt ist, der aber ohne Zweifel ins Frühneolithikum gehört, wurde schon berichtet.

Eine interessante Beobachtung ergibt sich aus dem Vergleich mit den Nevalı-Çori-Skulpturen. Das Motiv «Vogel und menschlicher Kopf» ist dort zweimal vertreten, doch fehlen die aggressiven Raubtiere, zumindest unter den großplastischen Bildwerken. Einziger Vertreter dieser Spezies ist ein als Wolf oder Löwe deutbares Köpfchen aus Kalkstein, das ohne Zweifel die Motive der großen Raubtierköpfe des Göbekli Tepe wieder aufnimmt. Angesichts des in Nevalı Çori insgesamt vergleichsweise kleinen Bestandes an Großplastik sollte der Aussagewert dieser Beobachtung zwar nicht überschätzt werden, doch das Fehlen großer apotropäischer Bestien weist darauf hin, daß Nevalı Çori möglicherweise eine wesentlich andere Funktion zukam als dem Kultort auf dem Göbekli Tepe: Dieser war ein Ort für die Lebenden, jener hingegen für die Toten.

Trittsteine, Lochpaare und Näpfchen Im folgenden Kapitel soll auf einige auffällige, wenn auch nicht sicher zu deutende Installationen in den Kreisanlagen hingewiesen werden. So haben wir an der Innenseite der Ringmauern manchmal etwa 20–30 cm frei in den Raum ragende Steine gefunden. Sie sind fest in der Mauer verankert. Zunächst dachten wir, es seien *Trittsteine*, die einen leiterartigen Zugang zum Innenraum ermöglichen sollten. Dies hat sich im Verlauf der Grabungen jedoch nicht bestätigt, da die hervorkragenden Steine offenbar nur im oberen Mauerbereich vorkommen und nicht stufenartig gereiht sind. Die bald von den Grabungsarbeitern geäußerte Ansicht, darauf seien Kerzen aufgestellt worden, entspringt ohne Zweifel gesundem Menschenverstand. Kerzen waren es wohl nicht, aber Fettlampen in Schalen- oder Löffelform sind seit dem Jungpaläolithikum bekannt und auch im Fundgut des Göbekli Tepe vertreten.

Trifft diese Deutung zu, so hätten wir damit einen Hinweis auf die Notwendigkeit von Beleuchtungsquellen – mithin also entweder auf das Vorhandensein einer Dachkonstruktion oder aber auf eine nächtliche Nutzung der Anlagen. Nicht völlig auszuschließen ist jedoch, daß zumindest einige dieser Steine als tier- oder menschengestaltige Protomen ausgeformt waren. Zwar wurde noch kein «figürlicher Trittstein» *in situ* vorgefunden, doch besitzen mehrere Skulpturen tatsächlich zapfenartige Endstücke, mit deren Hilfe sie mühelos in der Art der Trittsteine in den Mauern verankert werden könnten. Die bisher gefundenen nicht skulpierten Steine hätten die Erbauer der Anlage mittels organischer Zutaten in der Art der erwähnten Protome modellieren können, ohne daß diese sich bis in unsere Zeit hätten erhalten können. Bis zu einer Klärung dieser Frage haben wir für diese Objekte aber den Arbeitsbegriff «Trittstein» beibehalten.

Eine weiteres Phänomen weist indes auf das einstige Vorhandensein von Installationen aus organischen und damit vergangenen Materialien hin: Die beiden Zentralpfeiler der Anlage A ließen als erste an den Kanten der Pfeilerschäfte *kleine paarige Lochungen* beobachten, die – durch die Kante des Pfeilers hindurchgeführt – kleine, ösenartige Öffnungen schaffen. Oft finden wir diese Öffnungen heute durch Sinter zugesetzt, oder die Kante ist weggebrochen, so daß nur noch Spuren der Lochpaare in Form des aufgebrochenen Verbindungskanals vorhanden sind. Zahlreiche vollständig erhaltene Exemplare lassen jedoch keinen Zweifel an der ursprünglichen Gestalt der beschädigten oder übersinterten Beispiele. Am Pfeiler 1 des Göbekli Tepe befinden sich solche Lochpaare in nahezu regelhafter Anordnung auf der dem Raum zugewandten Schmalseite, bei Pfeiler 2 am Ende der

Hörner des Bukraniums. Inzwischen konnten wir an zahlreichen weiteren Pfeilern derartige Lochpaare beobachten.

Solche Lochpaare finden sich an verschiedenen Orten und in verschiedenen Zeitperioden. Im Felsschutzdach Uan Harig im Tadrat Acacus in der libyschen Sahara können an den steil aufragenden Felskanten Gruppen von Lochpaaren in Höhen von 30–40 m über dem Bodenniveau beobachtet werden. Überlegungen, ob darin Befestigungsmöglichkeiten für Kletterhilfen zu erkennen seien, sind angesichts gleicher Lochpaare in benachbarten Felsschutzdächern hinfällig, denn dort befinden sich die Löcher nur 1,5–2 m über dem Boden. Ähnliche Lochpaare finden sich auch in den maltesischen Tempeln. Dort werden sie gerne als «Seillöcher» für Türkonstruktionen interpretiert – eine Einschätzung, die wir nicht teilen müssen, da völlig unklar bleibt, wie solche Türen zu rekonstruieren wären. Zwar sind die «Seillöcher» der maltesischen Tempel in der Regel wirklich sehr groß dimensioniert und würden grundsätzlich auch zur Führung von Seilen taugen. Die Lochpaare des Göbekli Tepe aber sind im Vergleich zu ihnen geradezu miniaturhaft; dort zumindest scheinen die Löcher also eine andere Funktion gehabt zu haben.

Bereits im Paläolithikum – also der Altsteinzeit – sind Lochpaare oder ähnliche Felsdurchlochungen zu beobachten, und zwar besonders in den Felsschutzdächern Südwestfrankreichs, die dort als *Abri* bezeichnet werden. Im Abri Labatut in der Dordogne wurde eine Felsnase von beiden Seiten her sanduhrförmig durchlocht, im Abri Cellier findet sich ein Lochpaar auf einer Felsfläche. Beide Plätze datieren ins ältere Jungpaläolithikum, ins sogenannte Aurignacien (ca. 35 000–22 000 v. Chr.). Im ins Magdalénien zu datierenden (ca. 18 000–12 00 v. Chr.) Cap Blanc ist ein Lochpaar in einem nasenförmigen, vom Menschen geschaffenen Vorsprung bemerkenswert,

Abb. 71 Lochpaare an der Unterkante des Hinterkopfes von Pfeiler 9.

Abb. 72 Näpfchenförmige Vertiefungen auf Pfeiler 10, die von unserem Grabungsmitarbeiter Müslüm gereinigt werden.

der sich unmittelbar über der Rückenlinie eines Pferdereliefs befindet. Auch aus Angles-sur-l'Anglin sind zahlreiche Beispiele bekannt geworden. Wir glauben uns daher sicher auf dem richtigen Weg, wenn wir eine Deutung dieser Lochpaare als Befestigungsmöglichkeiten von Fellen als Windschutz ablehnen und demgegenüber einen nichtprofanen Zweck in Verbindung mit den Tierdarstellungen favorisieren.

Alle Lochpaare am Göbekli Tepe sind sehr klein gehalten, so daß eine funktionale Deutung, die eine schwere Belastung der Ösen mit sich bringen würde, zweifellos ausscheidet. Mühelos ermöglichen sie jedoch die Anbringung von dünnen Schnüren. So scheint am ehesten nachvollziehbar, daß an den Pfeilern mittels der Lochpaare etwas Leichtes und an den Pfeilern Herabhängendes befestigt wurde, etwa in der Art von Wimpeln oder Fähnchen, oder – der Phantasie sind hier kaum Grenzen gesetzt – von Opfergaben oder Trophäen.

Folgt man dieser Deutung und bezieht die möglicherweise zu Figuren «verkleideten» sogenannten Trittsteine mit ein, mutiert das kalkgraue steinerne Ensemble der Kreisanlagen mit einem Mal in ein potentiell sehr belebtes, vielleicht sogar farbintensives Szenario, das dann eher an die Ausstellungsräume eines ethnologischen Museums erinnert haben dürfte als an kahle Steinkreise in der Art von Stonehenge. Eine ähnlich vielfältige Ausstattung darf sicher auch für die mit Lochpaaren versehenen Felswände der Sahara oder die altsteinzeitlichen Abris in Frankreich angenommen werden.

Als drittes Phänomen seien noch die schalenartigen Vertiefungen erwähnt, die sich oft auf den Scheitelflächen der Pfeiler finden und regelmäßig die besondere Aufmerksamkeit der Besucher des Göbekli Tepe erregen. Wieder ist keine Deutung mit letzter Sicherheit möglich. Gewiß ist nur, daß es sich um von Menschen geschaffene, artifizielle Strukturen handelt und nicht um natürlich bedingte Phänomene wie Verwitterungserscheinungen. Da diese *Näpfchen* oft auf den Scheitelflächen der Pfeiler vorkommen, kann vermutet werden, daß sie nicht zur ursprünglichen Ausstattung der Pfeiler gehörten, sondern erst nach der Verfüllung der Anlagen auf der noch sichtbaren Oberfläche der Pfeiler angebracht wurden. Ohne das Phänomen und die Frage nach dem *Warum* hier weiter diskutieren zu wollen, kann man immerhin konstatieren, daß die Anbringung der Näpfchen ohne Zweifel die besondere Bedeutung der Pfeiler unterstreicht.

5. Anlage D – im Steinzeitzoo

Die vierte Anlage ist am besten erhalten. Sie besitzt einen deutlich ovalen Grundriß und ist mit einem maximalen Innendurchmesser von fast 20 m die größte von allen. Auch wurde sie am reichsten mit Reliefs ausgestattet. Ein Gang durch das Pfeilerrund erweckt nachgerade den Eindruck, in einem versteinerten zoologischen Garten spazierenzugehen. Doch es sind nicht nur die zahlreichen Tierarten, die Aufmerksamkeit erregen, es sind vielmehr die szenischen Gruppierungen. Die Schwierigkeit, diese bisher einzigartigen Bilder richtig zu verstehen, soll das Beispiel der «Kraniche am See» verdeutlichen: Wellenlinien, die wir zunächst für ein Gewässer, einen Fluß oder See hielten, haben uns dank ihrer Verbindung mit zwei Kranichreliefs veranlaßt, diese ein wenig poetisch angehauchte Benennung zu wählen, die später auch als Titelzeile eines Artikels über den Göbekli Tepe Verwendung fand. Im weiteren Verlauf der Ausgrabung wurde uns jedoch klar, daß die vermeintlichen Wellen des Sees ganz eindeutig Schlangen sind. Da wir keine Hoffnung haben, jemals zusätzliche Interpretationshilfen zu erhalten, wird die Geschichte, welche durch dieses Bild einst illustriert worden ist, wohl für immer verloren bleiben. Fest steht aber, daß der neolithische Besucher der Anlage sie vormals hat verstehen können. Wir aber können uns bereits bei der *Beschreibung* eines solchen Bildes irren, wie später noch deutlich werden soll.

Noch ist die Anlage nicht vollständig ausgegraben. Der östliche Zwillingspfeiler des Kranichmonuments, Pfeiler 18, ist heute etwa bis zur Hälfte des Pfeilerschaftes – also auf einer Länge von rund drei Metern – freigelegt. Wenn die Ausgrabung dieser bereits in der Jungsteinzeit verfüllten Anlage abgeschlossen sein wird, wird der Pfeiler sicher fünf Meter über das Fußbodenniveau aufragen. Der Auffüllung der Anlage verdanken wir den sehr guten Erhaltungszustand der Pfeiler, die wir an ihrem originalen Aufstellungsort gefunden haben.

Der zentrale Pfeiler 18 gehört zur Variante des Typs Nevalı Çori: Er trägt eine Stola und Arme auf den Breitseiten, die zu erwartenden Hände haben wir noch nicht erreicht. In der Beuge des rechten Arms erscheint ein Fuchs. Beide Unterarme wurden vom Bildhauer merkwürdigerweise einmal in ihrer Position verschoben. Es ist deutlich zu erkennen, daß sie in einer älteren Version höher am Pfeilerschaft verliefen, dann abgepickt und unterhalb ihrer ursprünglichen Lage neu ausgearbeitet wurden.

Auf der Brustseite, knapp unter dem Pfeilerkinn, erscheinen zwischen den Bändern der Stola abstrakte, piktogrammartige Zeichen. Oben er-

Abb. 73 Der Ostbereich der Anlage D während der Grabungsarbeiten im Jahr 2002.

Abb. 74 Die mächtigen steinzeitlichen Füllschichten erfordern bei der Ausgrabung verschiedene technische Hilfskonstruktionen.

Abb. 75 Die Tiefe der Grabungsschächte verhindert die schnelle Ausgrabung der Kreisanlagen. Oft gibt es statische Probleme. Bei Pfeiler 18 muß vorläufig ein Erdsockel das drohende Umstürzen verhindern.

scheint ein H-förmiges Symbol, darunter ein Kreis und ein liegender Halbmond. Das H-Symbol löst sich bei näherem Hinsehen in zwei antithetisch positionierte Elemente auf, die vielleicht zwei Personen oder zwei aufgerichtete Tiere bedeuten könnten. Eine gesicherte Deutung kann aber noch nicht gegeben werden.

Bei Kreis und Halbmond drängt sich natürlich die Interpretation «Sonne und Mond» auf. Seitdem die bronzezeitliche Himmelsscheibe von Nebra aufgetaucht ist, haben solche Deutungen besonders Konjunktur; denkbar ist vieles, doch wollen wir weiterhin vorsichtig sein: Immerhin haben wir Kreissymbole mehrfach am Göbekli Tepe auf den Felsflächen der umliegenden Plateaus gefunden: Auf dem Südostplateau befindet sich ein fast 1 m großes «nabelförmiges» Felszeichen – eine plastisch hervortretende Kreisscheibe mit einer zentralen, nabelartigen Vertiefung. Auf dem nördlichen Plateau kam zudem ein etwa 20 cm großes ringförmiges Zeichen zum Vorschein, das neben drei im Dreieck gruppierten Knubben angebracht ist. Zwei halbmondförmige Zeichen kennen wir ferner von einem Schaftglätter aus Tell Qaramel. Es handelt sich bei den Schaftglättern um

Abb. 76 Schematischer Gesamtplan der Grabungsflächen.

Abb. 77 Die Anlage D scheint vollständig erhalten zu sein, doch sind der Nordwestsektor, im Bild unten rechts, und die letzte Füllschicht über dem Fußboden noch nicht ausgegraben.

Geräte aus Stein mit einer breiten und tiefen Rille, die zur Herstellung von Pfeilschäften benutzt wurden. Die Zeichen treten bemerkenswerterweise wieder in Kombination mit einem Kreissymbol auf, was zumindest die Zuordnung der Bildchiffre zu dem Kanon «Sonne und Mond» ernsthaft erwägen läßt.

Pfeiler 31 bildet den westlichen Zwilling von Pfeiler 18. Er ist etwa gleich hoch und wird nach völliger Freilegung ebenfalls weit über 4 m über dem Bodenniveau aufragen. Er ist auffallend schlank und zeigt gleichfalls eine Stola und Arme. Die zu erwartenden Hände sind wie bei Pfeiler 18 noch nicht freigelegt. Weitere Reliefs fehlen bisher mit Ausnahme eines Bukraniums - also einer Stierschädeldarstellung - auf der Brustseite. Dieser Schädel besitzt eine bisher am Göbekli Tepe bislang nicht entdeckte trapezförmige Eintiefung auf der Stirn, die möglicherweise zur Befestigung eines nicht erhaltenen Gegenstandes diente.

Beide Zentralpfeiler der Anlage D gehören zum Typ Nevalı Çori. Beide tragen auf der «Brust» Symbole: der östliche Pfeiler die Folge H-Zeichen, Kreis und Halbmond und der westliche das Bukranium. Es liegt auf der Hand, daß die Symbole der prominent plazierten Zwillingspfeiler eine wichtige Botschaft für den steinzeitlichen Betrachter enthielten. Doch wie

Abb. 78 Die südlichen Pfeiler der Anlage D von Osten gesehen.

Abb. 79 Blick auf die Anlage D von Südwesten.

sollen wir sie deuten? Steht das Bukranium für eine männliche Person, während H-Zeichen, Kreis und Halbmond eine Frau repräsentieren? In dem Falle trüge das weibliche Pfeilerwesen einen Fuchs unter dem rechten Arm, während der männliche Pfeiler (bisher) ohne weiteres Attribut erscheint. Da die geschlechtsspezifische Ausdeutung der Symbole so fraglich ist wie andere Interpretationsversuche, werden wir uns auch in diesem Falle mit Geduld wappnen müssen; vielleicht werden uns Parallelfunde eines Tages in die Lage versetzen, die eine oder andere Lösung zu favorisieren - vielleicht werden wir aber auch nie über die Beschreibung des Entdeckten hinausgelangen. Noch aber ist es sicher zu früh für abschließende Deutungen.

Schlange, Stier und Fuchs – die Pfeiler der östlichen Kreismauer In Anlage D tragen die Pfeiler des Steinkreises fast durchgängig Reliefzier. Wir begeben uns deshalb auf einen Rundgang und betreten die Anlage durch den mutmaßlichen Eingang im Süden. In Wirklichkeit ist dieser Eingang bis heute noch nicht ausgegraben, sondern wird von einem grabungstechnisch bedingten Erdsteg überdeckt, so daß wir in der Realität die Anlage nach wie vor nicht durch ihren Eingang betreten, sondern sie über Steg und Mauern kletternd und mittels einer Leiter erreichen.

Abb. 80 Auf der Brustseite von Pfeiler 18 befinden sich ein H-förmiges Symbol sowie ein Kreis und ein Halbmond.

Im Inneren der Anlage wenden wir uns entgegen dem Uhrzeigersinn nach rechts und treffen zunächst auf Pfeiler 19. An diesem wurde ganz offensichtlich schon in längst vergangener Zeit ein alter Schaden repariert oder in großem Maße improvisiert: Pfeiler 19 stellt sich heute nur noch als das Bruchstück eines T-Kopfes mit Schaftansatz dar, den man auf eine waagerechte Platte aufgesetzt hat, die ihrerseits auf einem gemauerten, podestartigen Sockel ruht. Auf der Stirnseite des erhaltenen Pfeilerkopfes findet sich eine Schlange, weitere Darstellungen fehlen.

Gehen wir weiter nach Osten, so folgt Pfeiler 20. Auch er zeigt eine alte Beschädigung – allerdings deutlich tiefer am Schaft als Pfeiler 19 – und reicht fast bis zur innen an die Ringmauer angelehnten und umlaufenden Bank. Pfeiler 20 überrascht uns mit einem ungewöhnlichen Relief: Der T-Kopf ist ohne Dekor, doch auf der Brustseite des Schafts haben wir eine nach unten kriechende Schlange entdeckt, die einem Stier begegnet. Beide Tiere muten in dem engen Raum, den die Stolaflügel in der Mitte freilassen,

Abb. 81 Der westliche Zentralpfeiler der Anlage D, Pfeiler 31, trägt ein Bukranium auf der Brustseite.

gleichsam eingezwängt an, so daß der Stier hochkant plaziert ist und der von oben kommenden Schlange Kopf an Kopf gegenübersteht. Die Begegnung macht keinen sehr friedlichen Eindruck. Die deutlich eingeknickten Beine des Stiers könnten in Verbindung mit der Anordnung der Tiere – Schlange oben und Stier unten – bedeuten, daß der Stier im Kampf mit der Schlange unterlegen ist.

Unter dem Stier steht ein Fuchs. Durch die Beschädigung des Pfeilerschafts ist nur noch dessen Kopf erhalten, doch waren ursprünglich wohl auch Körper und Beine des Tieres abgebildet. Pfeiler 20 zeigt auf der Innenseite folglich die Kombination Schlange, Stier und Fuchs, wobei der Stier in einer durchaus mißlichen Situation wiedergegeben ist.

Die rechte Pfeilerseite ist ohne Relief. Auch die linke Pfeilerseite blieb lange leer, erst im unteren Schaftbereich konnten wir zwei weitere Füchse entdecken. Sie sind unmittelbar übereinander angebracht. Das untere Tier ist offensichtlich ausgepickt und nur noch als Umrißlinie erkennbar.

Abb. 82 Die Aufnahme zeigt den Grabungsstand vor der Entfernung eines Profilsteges (Pfeil) im Südbereich der Anlage D. Von Pfeiler 19 ist nur die Stirnseite sichtbar, die das Relief einer Schlange trägt.

Der Rundgang führt weiter zu Pfeiler 21. Auf der linken Schaftseite erscheint ein fast lebensgroßer Gazellenkopf. Der gewiß vorhandene Tierkörper wird hier völlig von der Ringmauer überdeckt. Sichtbar sind derzeit nur die im Galopp nach vorne gestreckten und angewinkelten Vorderbeine. Die in der Gestalt einer Lyra (Leier) geformten Hörner zeigen, daß es sich wohl um ein Exemplar der Dorkasgazelle handelt - eine der drei in Obermesopotamien vorkommenden Arten.

Nach unten folgt ein weiteres, aber hornloses Tier, bei dem es sich um den asiatischen Wildesel, den Onager, handeln dürfte. Wieder sind nur der Kopf und die angewinkelten Vorderbeine sichtbar. Unter Gazelle und Onager ist noch ein drittes, abermals von der Kreismauer weitgehend verdecktes und in seiner Art nicht sicher erkennbares Tier vorhanden. Sichtbar ist nur die Spitze der Schnauzenpartie. Es könnte sich um einen Löwen oder Leoparden handeln.

Abb. 83 Schlange, Stier und Fuchs – die Reliefs auf der Innenseite von Pfeiler 20 sind größtenteils von der Ringmauer überdeckt. Von dem Fuchs (unten) sind nur Kopf und Vorderpfoten erhalten. Vom Fuchs sind infolge einer alten Beschädigung nur der Kopf und die Vorderpfoten erhalten.

Gazellen bilden am Göbekli Tepe nach der Häufigkeit ihres Vorkommens das wichtigste Jagdwild, und dies trifft auch auf viele andere Orte des Frühneolithikums zu. Daher überrascht es nicht, daß Gazellendarstellungen in der Kunst des vorkeramischen Neolithikums schon seit geraumer Zeit bekannt sind. Interessant erscheint in diesem Zusammenhang auch ein Blick auf das bereits einmal erwähnte jordanische Dhuweila: Es handelt sich bei diesem Ort um einen sogenannten Wüsten-Drachen. Dieser Name bezieht sich auf die Umrißform bestimmter Anlagen in der Wüste, die an Kinderdrachen als Windspielzeuge erinnern. Die «Wüsten-Drachen» trifft man besonders häufig in Jordanien an, doch kommen sie in ganz Arabien vor; sie dienten als Tierfanganlagen, die man vor allem zur Gazellenjagd nutzte. In Dhuweila gelang der Nachweis, daß einige der bis in die Neuzeit benutzten Anlagen schon in der Steinzeit errichtet worden sind. So verwundert es kaum, daß in Dhuweila Gazellen bereits auf steinzeitlichen Ritz-

Abb. 84 Eine Gazelle und ein Wildesel sind auf der linken Schaftseite von Pfeiler 21 erkennbar.

zeichnungen zu finden sind. Doch sollte das nicht dazu verleiten, die Darstellung von Tieren generell nur vor dem Hintergrund des Jagdthemas verstehen zu wollen. So erscheinen Gazellen – so wenig wie andere Jagdtiere – nicht im Skulpturen- und Bildmaterial von Nevalı Çori, obwohl sie dort ebenfalls die Jagdfauna dominierten.

Auch Wildesel sind im Neolithikum ikonographisch bereits bekannt. Aus dem irakischen Umm Dabaghiyah stammen eine Wandmalerei, die offenbar fliehende Wildesel zeigt, sowie Darstellungen dieser Tierart auf Gefäßkeramik. In Umm Dabaghiyah fällt es wieder leicht, die Häufung der Eselsdarstellungen zu deuten, da die Auswertung der in dieser Siedlung gefundenen Tierknochen gezeigt hat, daß deren Bewohner offenbar vorrangig Wildesel jagten. Dennoch sollte man sich bei der Deutung der Bilder vom Göbekli Tepe nicht voreilig auf den gleichen Interpretationsweg machen. Zwar werden wir auf Pfeiler 30 nochmals dem Wildesel begegnen, dann aber in Gesellschaft von Schlangen – vielleicht hat ja die Vergesellschaftung

Abb. 85 Auf Pfeiler 22 ist ein Fuchskopf erkennbar. Weitere Darstellungen werden wahrscheinlich von der Ringmauer verdeckt

einer Spezies mit einer anderen eine ganz besondere inhaltliche Aufladung, so daß man mit einer allzu platten Gleichung bei einem Deutungsversuch auf einen völligen Irrweg geriete.

Während die rechte Seite von Pfeiler 21 leer ist, werden auf der Vorderseite, wenn auch nur bei günstigem Licht, Bilder erkennbar – dann aber gleich zwei weitere, und zwar äußerst ungewöhnliche Tiere. Sicher ist zunächst nur, daß bei beiden mehr als vier Beine vorhanden sind. Es scheint sich um Insekten und um Spinnen zu handeln. Wir können nicht sicher entscheiden, ob es sich hierbei um nur flüchtig eingepickte Darstellungen handelt oder um gründlich ausgepickte frühere Reliefs. Da beide Bilder nur mit Mühe auszumachen und selbst nur sehr undeutlich zu erkennen sind, beschlossen wir anfangs, sie bis zur Auffindung weiterer, klärender Beispiele einfach zu ignorieren. Das erwies sich als vernünftig, denn es sollte nicht mehr lange dauern, bis wir auf solche Exemplare stießen. Diese traten im westlichen Pfeilerkreis zutage, den wir gleich besuchen werden.

Auf der linken Breitseite des folgenden Pfeilers 22 konnten wir, in entsprechender Plazierung wie die Gazelle bei Pfeiler 21, einen Fuchskopf entdecken. Die Kreismauer überdeckt auch hier wie bei Pfeiler 21 den Körper des Tieres. Auf der Brustseite des Pfeilers kriecht eine einzelne Schlange zwischen den Bändern der Stola nach unten. Auf der rechten Pfeilerseite wird wieder ein Tier von der Kreismauer so weit überdeckt, daß seine Art nicht bestimmbar ist. Der sichtbare Teil erinnert an einen Hasen.

Der nächste Pfeiler auf unserem Rundgang ist Nummer 30. Er trägt bereits auf der Stirnseite Reliefs. Fast auf Höhe des Scheitels erscheint ein abstraktes Zeichen. Es erinnert an den lateinischen Buchstaben H, der um 90° gedreht ist. Darunter folgt eine Schlange, die sich aber von den zahlreichen anderen Schlangen unterscheidet und in diesem Fall auch als einfach gezacktes Blitzmotiv verstanden werden könnte. Auf der Bauchseite folgen weitere Bilder: Ein offenbar hornloser Vierfüßer, wahrscheinlich ein Wildesel, steht wie der Stier auf Pfeiler 20 hochkant auf einer Gruppe von vier nach unten kriechenden Schlangen. Eine der Schlangen besitzt an beiden Körperenden einen Kopf und kann in ihrer Bewegungsrichtung nicht eindeutig bestimmt werden.

Damit ist der freigelegte Teil der östlichen Anlagenhälfte abgeschritten, so daß wir aus grabungstechnischen Gründen zum Eingang zurückkehren müssen, denn die Fortsetzung des Kreises hin zur Westhälfte liegt noch unter meterdicken Schuttschichten verborgen. Hier würde auch die mitgeführte Leiter nicht ausreichen. Fünf Pfeiler können wir betrachten; ein sechster steckt mit hoher Wahrscheinlichkeit noch im grabungsbedingt belassenen Schuttsteg, der uns zum Rückzug zum Eingang zwingt.

Vor dem Gang durch die Westhälfte möchte ich die Spezies noch einmal aufzählen, die wir bislang beobachten konnten: mehrere Schlangen, einen Stier und vier Füchse, eine Gazelle und wahrscheinlich einen Löwen, zwei Onager sowie Insekten und Spinnen sowie ein noch weitgehend von der Ringmauer verborgenes Tier – vielleicht ein Hase. Dazu das gedreht H-förmige Piktogramm. Die Westhälfte sollte noch einige Überraschungen bereithalten.

Die Pfeiler der westlichen Umfassung In der westlichen Kreishälfte sind alle sechs Pfeiler bekannt, doch sind die drei des nordwestlichen Kreissegments bisher nur bis auf Höhe des Schaftansatzes ausgegraben. Der erste Pfeiler links vom mutmaßlichen Eingang, Pfeiler 32, zeigte sich erstaunlicherweise bisher völlig ohne Reliefs. Diese Enttäuschung wird von den folgenden Pfeilern 33 und 38 mehr als aufgewogen. Besonders Pfeiler 33

Abb. 86 Ein um 90° gedrehtes H-Zeichen, Schlangen und ein Vierfüßer, wahrscheinlich ein Onager (Wildesel), finden sich auf der Innenseite des alt zerbrochenen Pfeilers 30.

Abb. 87 Auf der rechten Schaftseite von Pfeiler 38 sind ein Fuchs, ein Keiler und drei Vögel abgebildet. Die Aufnahme entstand kurz nach der Ausgrabung des Pfeilers, der im unteren Bereich noch Reste der Bodenfeuchte beobachten läßt.

kommt eine Sonderstellung zu. Aus diesem Grund wollen wir ihn zunächst auslassen, denn seine Begutachtung wird ein wenig Zeit beanspruchen, und zunächst die folgenden Pfeiler des westlichen Rundes untersuchen.

Die rechte Seite von Pfeiler 38 wird glücklicherweise nicht von der Ringmauer überdeckt. Hier erscheinen sechs Tiere, die erwartungsgemäß alle nach rechts blicken - zur Mitte der Anlage hin. Auf dem Pfeilerkopf findet sich ein Stier. Das Relief ist allerdings sehr schlecht erhalten; sicher erkennbar sind nur die Beine und charakteristische Partien des Kopfes, der in der gleichen Haltung gearbeitet ist wie beim Stier auf Pfeiler 2. Auf der Schaftfläche unter dem Pfeilerkopf erscheint ein im Vergleich zum Stier besser erkennbarer, aber nur schlecht erhaltener Fuchs. Darunter folgt ein Keiler; dieser ist sehr gut erhalten und könnte sozusagen ein Zwillingsbruder des auf Pfeiler 12 zu sehenden Exemplars sein. Unter dem Keiler folgen schließlich in waagerechter Reihung drei Vögel. Beim linken Vogel handelt es sich um ein kurzbeiniges, entenartiges Tier. Vor ihm erblicken wir zwei andersartige, langbeinige Vögel mit langem und spitzem Schnabel: vielleicht Störche, vielleicht aber auch vom Steinmetz nur schlecht ins Bild gesetzte Kraniche.

Der Pfeiler besitzt weiteren Dekor. Auf der Innenseite des Schafts befindet sich unterhalb des Pfeilerkopfes ein Bukranium, dessen Hörner rechts und links teilweise auf der Stola zu liegen kommen. Es handelt sich somit um den dritten Beleg des Motivs «Bukranium und Stola», das wir schon bei Pfeiler 31 und 2 entdeckt hatten. Die linke Pfeilerseite ist ebenfalls dekoriert, doch von der Ringmauer weitgehend überdeckt, so daß nur ein kleiner Spalt sichtbar wird. Erkennbar ist der Kopf eines großen Vogels, dessen langer Schnabel auffällig gerundet endet. Es handelt sich folglich weder um eine Ente noch um einen Kranich oder um einen Storch, sondern wahrscheinlich um eine im Bildrepertoire neue Vogelart, die an einen Ibis erinnert.

Die folgenden Pfeiler 41 und 42 blieben bisher ohne Reliefs, doch sind sie – abgesehen von der Scheitelfläche des Pfeilerkopfes – gleichfalls noch nicht ausgegraben. Pfeiler 43 ragt aus dem Profilsteg des Grabungsschnittes und wird zu großen Teilen von diesem verdeckt. Schon auf der rechten Kopf- und auf der Stirnseite befinden sich große Motivgruppen, die angesichts der bereits erwähnten Mißdeutung der «Kraniche am See» vorläufig nicht weiter kommentiert werden sollen. Lediglich zwei Darstellungen können schon mit Sicherheit bestimmt werden: Es handelt sich um das H-Zeichen in der liegenden und in der um 90° gedrehten Variante.

Mit zahlreichen weiteren Vögeln werden wir bei Pfeiler 33, dem bisherigen «Star» dieser Fundgruppe, konfrontiert, dem wir uns jetzt zuwenden. Glücklicherweise wird er nur auf der Rückseite von der Ringmauer verdeckt, so daß beide Breitseiten betrachtet werden können. Sie sind, wie auch die Vorderseite des Pfeilers, flächig von Reliefs überzogen. Wieder blicken die Tiere der rechten Pfeilerseite zur Mitte der Anlage, also nach rechts, und die der linken Seite entsprechend nach links.

Betrachten wir zunächst die rechte Seite. Auf dem T-Kopf erscheinen drei entenartige Vögel, die den Vögeln «im Netz» auf Pfeiler 12 aus Anlage C ähneln. Möglicherweise sind es Trappen. *Otis tarda*, die Großtrappe, ist ein großer und schwerer Laufvogel. Dieser Steppenbewohner lebt gesellig in kleinen Trupps. Beim Flug wird der Hals wie bei Kranichen oder Störchen lang ausgestreckt. Unter den Tierknochen vom Göbekli Tepe haben wir ihn häufig nachweisen können. Ein viertes, gleichartiges Tier, das sich unterhalb der Dreiergruppe befindet, wurde durch Abpicken gewissermaßen von der Steinoberfläche «ausradiert», doch sind seine Umrisse noch deutlich erkennbar.

Abb. 88 Die rechte Seite von Pfeiler 33 wird fast flächendeckend von entenartigen Vögeln, Kranichen, um 90° gedrehten H-Zeichen und Schlangen eingenommen. Zugleich offenbart dieses Bild ein Problem, vor dem wir öfter stehen: Die Mauern neben den Pfeilern – oder gar solche, welche die Pfeiler teilweise umschließen – verhindern, sie aus einem so spitzen Winkel anzustrahlen, daß die Reliefs auf einem Photo scharf hervortreten; dieser Nachteil wird optisch besonders deutlich, wenn die Reliefs eher flach ausgearbeitet sind.

Lassen wir unsere Blicke nun vom Kopf zur Schaftfläche abwärts wandern, so erkennen wir zunächst zwei große Vögel mit langem, geradem Hals und langen Beinen. Sie stellen mit großer Gewißheit Kraniche dar. Der Kranich ist auf Darstellungen vergleichsweise leicht zu erkennen, auch wenn er nur flüchtig gezeichnet ist. Störche besitzen einen im Vergleich deutlich kürzeren Hals, und im Fall eines Reihers wäre ein S-förmig zurückgesetzter Hals und auch ein längerer und schlankerer Schnabel zu erwarten. Beim oberen Vogel auf Pfeiler 33 sind breit aufgefächerte, kurze Schwanzfedern dargestellt, welche die Deutung als Kranich unterstützen. Obwohl diese Schwanzfedern beim unteren Tier fehlen, dürfte es sich hier kaum um eine andere Vogelart, etwa einen Storch, handeln – zu gleichartig sind die Tiere im übrigen dargestellt. Da in der altsteinzeitlichen Bildkunst offenbar keine großen Vögel und somit auch keine Kraniche zu finden sind, dürfte es sich bei den Kranichen des Göbekli Tepe wohl um die früheste bekannte Darstellung dieser Tierart handeln.

Abb. 89 Die linke Seite von Pfeiler 33 zeigt einen lebensgroßen Fuchs und vor ihm Schlangen.

Sind Kopf, Hals und Körper fast naturalistisch gezeichnet, so verwirren die Beine der Tiere. Bei allen Vögeln sitzt das Kniegelenk weit oben im Bereich des Körpers und tritt äußerlich nicht in Erscheinung. In der Ansicht eines Vogelbeins dominiert das Sprunggelenk mit seiner im Hinblick auf das Knie entgegengesetzten Beugemöglichkeit. Die beiden Kraniche besitzen aber eindeutig Knie, wie sie für *Menschenbeine* typisch sind. Auch sind die Beine auffällig dick - viel zu dick für Vogelbeine. Wurden hier also Personen abgebildet, die als Kraniche verkleidet waren? Doch die Beine laufen in dreizehigen Füßen aus, wie es sich für Kraniche gehört (ein vierter, nach hinten stehender Zeh wurde im Bild weggelassen). Dennoch ist die Annahme, daß es sich hier um eine Maskerade handelt, nicht leicht von der Hand zu weisen. Denn die als Kraniche verkleideten Menschen tanzen, sie tanzen den Tanz der Kraniche, und dies wohl in der Vorstellung, im Tanz selbst zum Kranich zu werden. Die Darstellung mag somit die Verwandlung der Tänzer zum Kranich zeigen - und nicht einfach nur maskierte Personen.

Auch bei den Vögeln von Pfeiler 2 und 38 konnten wir die in der Art eines Menschenknies geknickten Beine entdecken. Auch in diesem Zusammenhang keimt der Gedanke auf, daß wir Menschen vor uns haben, die sich in Kraniche verwandeln. Dieser Punkt führt jedoch immer tiefer in Ausdeutungsversuche, die wir vorerst unterlassen wollen. Kehren wir also wieder zu Pfeiler 33 zurück.

Die beiden Kranichwesen sind von einer Vielzahl weiterer Darstellungen umgeben. Doch hat der steinzeitliche Steinmetz in seinen Bemühungen, die Bilder «auszuradieren», so gute Arbeit geleistet, daß es in der oberen und besonders in der linken oberen Bildhälfte schwerfällt, die Motive verläßlich zu bestimmen. Wahrscheinlich befand sich hinter den beiden deutlich erkennbaren Vögeln ein dritter Artgenosse. Mehr oder minder deutlich erkennbar sind mehrere um 90 Grad gedrehte H-förmige Piktogramme mit einer Höhe von jeweils 14 cm. Was die Bearbeiter des Steins veranlaßt haben mag, Bilder der Vorgänger zu tilgen, wissen wir nicht. Wir können aber mit Gewißheit festhalten, daß das gedrehte H-Zeichen vor den Kranichhälsen mindestens viermal vorkommt.

Die Bedeutung des um 90° gedrehten H-Zeichens ist aber vorläufig nicht zu enträtseln – ebensowenig wie bestimmt werden kann, ob es sich durch die Drehung in seinem Bedeutungsinhalt von dem «richtig» orientierten H-Zeichen, das wir auf Pfeiler 18 entdeckt haben, unterscheidet. Es mag lediglich eine Spielart des gleichen Symbols vorliegen. Diese Annahme wird eventuell gestützt von der Beobachtung, daß beide Zeichenvarianten fast immer in Kombination mit Schlangen bzw. Schlangengruppen erscheinen.

Zwischen die gedrehten H-Zeichen sind zwei mit 12 cm Länge sehr kleine, miniaturhaft dargestellte, nach rechts blickende Tiere in die Zeichengruppe eingebettet, die erst beim Durchreiben des Reliefs erkannt wurden. Es handelt sich sicher um Vierfüßer – schließt man ausgehend von der erkennbaren Kopfform, den Körperproportionen und dem langen, kräftigen Schwanz, so sind es wahrscheinlich Füchse. Diese Tierbilder sind auf Grund ihrer Größe und des Kontextes möglicherweise anders zu «lesen» als die lebensgroßen Darstellungen, die allein oder in Gesellschaft anderer, ebenfalls großformatiger Bilder auftreten.

Ohne störende Auspickungen ist unterhalb dieser Zeichengruppe vor dem unteren Kranich ein Feld von Wellenlinien gut zu erkennen, das auf uns erst den Eindruck machte, es handle sich um die Darstellung von Wasser. «Kraniche am See», so wurde die Motivgruppe zunächst poetisch betitelt, denn ein Profilblock versperrte damals noch den Blick auf die Vorderseite des Pfeilers. Als dieser entfernt war, wandelte sich das Idyll allerdings unversehens ins Dramatische: Dargestellt ist durchaus kein friedliches Verweilen der Vögel an einem Gewässer. Die Wellenlinien enden nicht an der Kante des Pfeilerschafts, sie biegen auf die Brustseite des Pfeilers um und verbreitern sich dort in herz- oder blattförmiger Gestalt. Nun war dieses Motiv leicht zu deuten, denn am Göbekli Tepe werden in dieser Weise Schlangen dargestellt, die uns bereits zur Genüge bekannt geworden sind. Es handelt sich unzweideutig um Schlangenköpfe, und die vermeintlichen Wellen verwandeln sich damit unversehens in Schlangenkörper, die «Kraniche am See» in «Kraniche mit Schlangenbündel».

Ein ähnlicher Irrtum blieb uns bei der Deutung der Reliefs der rechten Pfeilerseite erspart, denn diese wurde erst nach Abbau des Profilblocks und der neuerlich folgenden Verwandlung der Wellen in Schlangen vollständig sichtbar. Auch hier existiert ein Feld von «Wellenlinien», das auf die Brustseite des Pfeilers umbiegt und in Schlangenköpfen endet. Anstelle der Kraniche erscheint allerdings ein großer Fuchs, der steil aufgerichtet hinter den Schlangen steht.

Der Fuchs läßt eine Besonderheit erkennen: Bisher waren alle Vertreter dieser Tiergattung am Göbekli Tepe deutlich als männliche Tiere zu erkennen. Nicht so dieser Fuchs. An jener Stelle, an der sich der Penis befinden sollte, entspringt das Schlangenbündel, das sich von hier aus breit auffächert. Angesichts der Mißerfolge, die wir mit einer voreiligen Deutung der Bilder des Göbekli Tepe bisher erlebt haben, soll hier nur die Vermutung erwähnt sein, daß das Bild den Eindruck erweckt, als seien die Schlangen die «Leibesfrucht» dieses Fuchses. Diese Deutung könnte vielleicht auch für das am Pfeiler gegenüber zu erkennende Bild als Interpretationshilfe dienen – bei den Kranichen mit Schlangenbündel wären dann die Schlangen als Brut der Kraniche aufzufassen. Doch für derartige Interpretationen ist es zu früh. Fassen wir uns in Geduld und Beschreibung, und warten wir, was die Vorderseite des Pfeilers bietet.

Auf der Bauchseite von Pfeiler 33 umrahmen die von beiden Breitseiten kommenden Schlangen mit ihren Köpfen eine vertikale Bildfolge, die geradezu atemberaubend ist. Man glaubt fast, sich altägyptischen Hieroglyphen gegenüberzusehen, und ertappt sich unwillkürlich dabei, über die Möglichkeiten erster Lesungsversuche nachzudenken: Tiere und abstrakte Motive sind aus dem Stein gemeißelt und – in vertikaler Anordnung – aneinandergereiht.

Wir betrachten die Innenseite des Pfeilers 33 von oben nach unten: Wie bei den meisten Pfeilern ist die Vorderseite des T-Kopfes leer. Auf der Schaftfläche sehen wir jene randständigen Bänder, die ich unter der Hilfsbezeichnung «Stola» schon mehrfach beschrieben habe. Stets erscheint das mittlere Feld eingesenkt, so daß zu den Kanten hin erhabene, senkrecht verlaufende Bänder entstehen. Wenn diese Stola auf den Pfeilern vorkommt, so fehlen meist andere Reliefs. Oder sie sind zwischen den Bändern angebracht. Nur bei Pfeiler 1 kriechen von fünf Schlangen zwei auf den Bändern, drei dazwischen. Bei Pfeiler 33 sind Bänder und Zwischenraum dagegen flächig von Reliefs überzogen.

Direkt unter dem weit nach vorne ragenden «Pfeilerkinn» sind die Motive allerdings sehr schlecht erhalten. Erkennbar sind lediglich mehrere Reihen von bogenförmigen Zeichen, die ursprünglich wahrscheinlich weit kompliziertere Motive bildeten, heute aber in ihrer Art nicht mehr zu erkennen sind. Unklar ist, warum die Zeichen hier so schlecht erhalten sind. War der Pfeiler in diesem Bereich lange Witterungseinflüssen ausgesetzt? War der Kalkstein von schlechterer Qualität, oder wurden die Zeichen absichtlich ausgepickt? Hier und an vielen anderen Pfeilern müssen zukünftig noch spezielle Untersuchungen unternommen werden, die Klarheit schaffen können, warum bestimmte Oberflächenpartien der Pfeiler nur noch sehr undeutliche Spuren von Flachreliefs zeigen, während oft unmittelbar benachbarte Bereiche einen guten Erhaltungszustand der Bilder aufweisen. Noch deutlich erkennbar bleibt allerdings, daß die Stola schon unter dem «Kinn» beginnt und bis zu dessen Vorderkante reicht. Diese randständigen Bänder sind hier durch ein rechtwinklig verlaufendes, gleich breites Band verbunden.

Unterhalb der schlecht erhaltenen, bogenförmigen Zeichen werden die Motive deutlicher. Auf den Bändern der Stola folgen spiegelbildlich aufsteigende Winkelreihen. In der Mittelzone sind ein H-förmiges Zeichen, drei große, nach unten gerichtete Schlangen und wieder ein H-Zeichen zu erkennen. Eine vierte, wesentlich kleinere Schlange drängt sich zwischen die rechte der großen Schlangen und die begrenzende Stola; möglicherweise gibt es noch eine fünfte, von der dann aus Platzgründen nur noch der Schwanz dargestellt werden konnte.

Unterhalb des zweiten H-Zeichens folgt ein nun sehr klar erkennbares und auffälliges Motiv. Es handelt sich um ein sechsbeiniges, insektenartiges Tier mit dickem Hinterleib und dreieckigem Kopf mit Fühlern, wie man sie von Insekten kennt. Unterhalb des Insekts folgen wieder drei große Schlangen. Jetzt scheint sich auf der linken Seite eine vierte, kleine Schlange zusätzlich ins Bild zu drängen. Unter den Schlangenköpfen folgt ein mit 10 cm Länge sehr kleiner, nach links blickender Vierfüßer, wahrscheinlich ein Schaf. Seine Größe entspricht jener der auf der rechten Pfeilerseite beobachteten Füchse. Auch das «Schaf» ist, wie oben erläutert, in eine Gruppe weiterer Zeichen integriert. Es folgt schließlich wieder ein vielbeiniges Tier, das ähnlich gearbeitet ist wie das zuvor erwähnte. Doch diesmal besitzt es acht Beine und kann deshalb zuverlässig als Spinne bestimmt werden.

Die aufsteigenden Winkelreihen auf den Bändern der Stola reichen nur bis zur Unterkante des zweiten H-Zeichens. Darunter erscheinen vertikal gereiht auf beiden Seiten jene Schlangenköpfe, die dem Scheinidyll der «Kraniche am See» ein Ende bereitet haben. Die horizontal angeordneten Bündel von Schlangenkörpern auf der rechten und linken Pfeilerseite gehören zu diesen Köpfen. Da sich die Reliefs des Pfeilers noch unter die Bankplatten hinabziehen, die wie erwartet den Pfeiler umschließen und die vorläufige Grenze der Grabungsarbeiten markieren, kann diese Aufzählung nur als Zwischenergebnis gelten. Auf allen Seiten ist mit einer von der Bank bislang noch verdeckten Fortsetzung der Bilder zu rechnen. Schon jetzt ist erkennbar, daß zumindest die linke Schlangenkopfreihe unten, auf der Höhe der Bankplatte, von einem um 90° gedrehten H-Zeichen begrenzt wird.

An Füchse und Wildschweine, an Schlangen und Stiere waren wir als Ausgräber des Göbekli Tepe damals schon lange gewöhnt. Die Motive *Insekt* und *Spinne* - die Spinnen bilden in der Zoologie eine eigene Familie, sind also von den Insekten zu unterscheiden - waren etwas Neues und Unerwartetes. Schnell wurde angesichts der großen Ähnlichkeit beider Motive die Frage laut, ob denn wirklich zwei verschiedene Tierarten gemeint seien. Die Länge der Darstellungen beträgt jeweils 20 cm. Die Vermutung, daß es sich bei dem nicht näher zu bestimmenden Insekt nur um eine, was die Anzahl der Beine betrifft, fehlerhafte, im Bedeutungsinhalt aber unwesentliche Variation der Spinnendarstellung handelt, kann nicht ausgeschlossen werden. Die Vielzahl anderer Deutungsmöglichkeiten der sechsbeinigen Variante soll deshalb hier nicht weiter erörtert werden. Falls die Sechsbeinigkeit wirklich ein Insekt, nicht aber eine Spinne meint, so zielt dessen Darstellung wahrscheinlich ebenso auf die potentielle Giftigkeit des Tieres wie dies bei den (in der Natur stets achtbeinigen) Spinnen der Fall war. Im folgenden wird das Motiv beider Varianten der Einfachheit halber stets als Spinne bezeichnet.

Auf Pfeiler 21 war zweimal das Spinnenmotiv zu sehen, wenn wir uns an den Rundgang in der Osthälfte der Anlage erinnern. Sie finden sich wieder auf der Pfeilervorderseite, allerdings unmittelbar untereinander. Entweder handelt es sich bei ihnen um ausgepickte Reliefs oder um flüchtig eingeritzte Zeichen. Jedenfalls sind beide Zeichen nur schwer erkennbar, und erst nach Entdeckung der Tiere auf Pfeiler 33 war eine sichere Deutung dieser Motive möglich.

Außerhalb des Göbekli Tepe lassen sich zu Spinnendarstellungen (und gegebenenfalls zu Insektenbildern) kaum Vergleiche anführen. Spinnen erscheinen zwar in Mesopotamien vereinzelt auf Siegelbildern des 4. und 3. Jahrtausends v. Chr. Im ägäischen Raum werden sie im späten 3. Jahrtausend v. Chr. vereinzelt abgebildet, doch bleiben diese Beispiele für uns ohne Relevanz. Nur das Fragment eines ritzverzierten Steingefäßfragments aus der älteren vorkeramischen Phase (PPN A) des Körtik Tepe weist spinnenartige Tiere auf. Dargestellt sind aber offenbar Skorpione, allerdings wieder nur sechsbeinig. Die Tiere wechseln sich in einer horizontalen, friesartigen Reihung mit Schlangen ab.

Das Gefäß vom Körtik Tepe gehört zu einer Gruppe ritzverzierter Steingefäße, die jedoch vorrangig geometrische Motive tragen. Sie sind vom Körtik Tepe, aus Hallan Çemi, Çayönü, Nevalı Çori und vom Göbekli Tepe bekannt. Tierdarstellungen scheinen darauf selten zu sein; in Hallan Çemi wurde auf solchen Gefäßen noch ein Hund und auf dem Göbekli Tepe noch eine Schlange gefunden. Allerdings sind meist nur Fragmente der Gefäße erhalten. Unter den geometrischen Mustern mögen sich immer wieder figürliche Bilder verbergen, die aber auf den erhaltenen Bruchstücken nicht erkennbar sind.

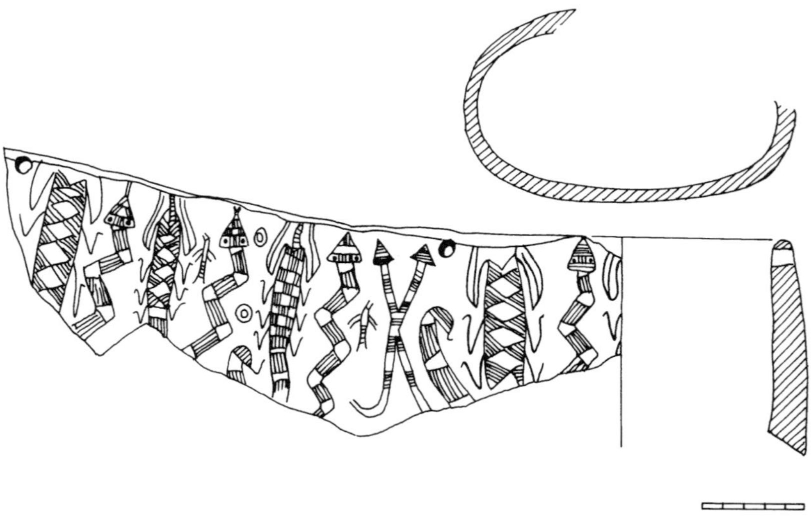

Abb. 90 Vom Körtik Tepe stammen zahlreiche ritzverzierte Steingefäße. Ein Bruchstück zeigt Schlangen und Skorpione.

Abb. 91 (links) Auf der Vorderseite von Pfeiler 33 erscheint eine vertikale Folge von Zeichen und Tieren, darunter Spinnen und Schlangen.
Abb. 92 (rechts) Die Detailaufnahme der Vorderseite von Pfeiler 33 zeigt zwei gleichartige insekten- bzw. spinnenartige Tiere. Das obere Exemplar besitzt sechs, das untere acht Beine.

Möglicherweise aber läßt sich zum Spinnenmotiv des Göbekli Tepe doch noch eine weitere frühneolithische vergleichbare Darstellung finden: Aus Tell Qaramel stammt ein figürlich verzierter Schaftglätter, der zwischen Wellenliniengruppen ein sehr merkwürdiges Wesen mit langen, nach unten hängenden Hasenohren zeigt. Es ist aber zunächst weder als Tier noch als Mensch überzeugend zu deuten. Da es jedoch offenbar achtbeinig dargestellt ist, läßt es sich möglicherweise am ehesten mit dem Spinnenmotiv des Göbekli Tepe in Verbindung bringen, auch wenn die beiden hinteren Beinpaare nicht wie die beiden vorderen Paare zum Kopf hin geknickt sind. Folgt man dieser Deutung, so entsprechen die Wellenliniengrupppen zu beiden Seiten des Tieres zweifelsohne den Schlangenbündeln, die die Spinnen auf Pfeiler 33 des Göbekli Tepe flankieren.

IV. Zwischen Bedeutung und Deutung – Annäherungen an Bilder und Welt der Steinzeit

Betrachten, beschreiben, begreifen – das sind die gedanklichen Schritte, die wir normalerweise jedes Mal vollziehen, wenn wir uns mit einer bildlichen Darstellung auseinandersetzen. Und wenn wir ein Gemälde oder eine Skulptur vor uns haben, die aus unserem kulturellen Umfeld stammt, so vollzieht sich dieser Ablauf in der Regel ohne größere Schwierigkeiten. Stellen Sie sich beispielsweise eine Kreuzigungsgruppe in einer Kirche vor: Sie betrachten die einzelnen Elemente, betrachten den Crucifixus, eine klagende Frauengestalt auf dessen einer und einen verzagten Mann auf dessen anderer Seite; in Gedanken vollziehen Sie die Beschreibung des Gesehenen und begreifen, daß Sie Jesus, Maria und Johannes auf dem Berg Golgatha vor sich haben und die Sterbeszene des Heilands am Kreuz. Der Vollzug dieses Erkenntnisprozesses wird Ihnen dadurch möglich, daß Sie – wie abstrakt und künstlerisch individuell gestaltet die Bildwerke auch immer sein mögen – sich in einem Ihnen vertrauten ikonographischen Umfeld bewegen und den kulturellen Kontext kennen. Er ist Ihnen aus der Überlieferung eines Vorgangs, der Jahrtausende zurückliegt, vertraut. Letztlich funktioniert dieser Ablauf auch noch in der Annäherung an Kunstwerke der klassischen Antike – etwa an die Laokoongruppe. Schwieriger wird es dann schon bei den ägyptischen Kunstwerken und jenen aus den vorderorientalischen Hochkulturen. Aber solange wir uns in einem Umfeld bewegen, das uns nicht nur durch reiche archäologische Funde, sondern auch durch überlieferte Schriftquellen entgegenkommt, finden wir uns in seine Deutungsmöglichkeiten relativ leicht ein, auch wenn wir vielleicht dafür die Hilfe von Spezialisten benötigen, die uns die Zeichen, Symbole und Bilder erklären.

Angesichts der Bilderwelt, mit der wir es am Göbekli Tepe und den zeitlich und geographisch benachbarten Orten zu tun haben, fehlen uns aber diese hermeneutischen Hilfsmittel. Die Bilder sind uns zunächst einmal fremd, und unsere traditionellen Werkzeuge, sie zu erschließen, greifen nicht – jedenfalls längst nicht so selbstverständlich, wie wir es gewohnt sind. So müssen wir uns darauf einstellen, sehr viel länger auf der Ebene des Betrachtens und Beschreibens zu verweilen – wobei letzteres bereits gar nicht mehr so einfach ist, beispielsweise allein schon deshalb, weil die Zeit die Objekte verändert und beschädigt hat –, ehe wir versuchen können, auf die Ebene des

Verstehens zu gelangen. Wenn wir diesen Versuch unternehmen, so ist er mit vielen Unsicherheiten versehen. Viele Wege mögen in die Irre führen, und stets muß man versuchen, möglichst viel Material mit einzubeziehen - auch von benachbarten Fundstätten -, um nach und nach wiederkehrende Elemente der Bildbotschaften, aber auch den situativen Kontext der naturräumlichen und architektonischen Gegebenheiten eines Platzes zu entdekken und in den Verständnisrahmen einzufügen. Vorläufig jedenfalls müssen wir uns darauf einstellen, daß einsträngige, klare und einfache Antworten - anders als in unserer vertrauten Bilderwelt - kaum zu erwarten sind.

1. Tier und Tierdarstellung im Alten Orient

So wollen wir nun versuchen, uns der möglichen Bedeutung einiger der dargestellten Motive zu nähern. Unter den entdeckten Tierbildern sind die Kraniche sicher ganz besonders bemerkenswert. Bereits auf Pfeiler 2, der den östlichen Zentralpfeiler der Anlage A bildet, hatten wir einen großen langbeinigen Vogel entdeckt und als Kranich identifiziert. Er gehört zu einer vertikalen Bildfolge, die - von oben nach unten aufgezählt - die Motive Stier, Fuchs und Kranich zeigt. Die heraldische Anordnung der Tiere - also ihre Positionierung wie auf einem Wappenschild - ließ uns schon bei der Entdeckung vermuten, daß es sich hierbei kaum um eine Liste beliebter Jagdtiere handeln würde. Doch der Kranich von Pfeiler 2 blieb zunächst inmitten zahlreicher Füchse, Wildschweine und Schlangen der einzige Vertreter seiner Art. Erst in der Kampagne 2002 wurden dann auf der östlichen Breitseite von Pfeiler 33 zwei weitere Exemplare freigelegt - diesmal freilich in der Gesellschaft von Schlangen. Was also können wir über die potentielle Bedeutung des Kranich-Motivs in Erfahrung bringen?

Der Kranich ist ein Wasservogel. Er baut sein Nest auf sumpfigem Boden an versteckter Stelle und versteht es, äußerst wachsam zu sein, und zwar in Verbindung mit seinen Fähigkeiten, zunächst die Existenz des Geleges und dann die der Jungvögel zu verbergen und schließlich Feinde vom Nest abzulenken. Berühmt ist der Tanz der Kraniche, der nicht nur als Balzverhalten gezeigt, sondern ganzjährig aufgeführt wird und demnach offenbar reine Lebensfreude zum Ausdruck bringt. Kraniche sind sehr intelligent und gewöhnen sich leicht an die Nähe des Menschen. In *Brehms Tierleben* wird von Kranichen berichtet, die zahm auf Bauernhöfen zusammen mit anderem Federvieh lebten und sich gar als deren Hüter gebärdeten.

In Vorderasien allerdings ist der Kranich kein Dauergast. Er brütet nördlich in den Sumpfgebieten Eurasiens und fliegt im Herbst als Zugvogel in die warmen Regionen Afrikas. Die wasserreiche Landschaft um Euphrat und Tigris ist nur eine willkommene Wegstation auf dem Zug der Kraniche. Zwei Arten machen hier auf ihrer Durchreise Rast – der Graue Kranich und der Jungfernkranich. Letzteren charakterisiert ein loses Büschel weißer Federn hinter dem Auge, die über den Hinterkopf hinausragen, sowie verlängerte Federn vorne an der Brust. Auch ist der Schnabel kürzer als beim Grauen Kranich. Die aus Europa kommenden Zugvögel passieren das Land nach Süden im Oktober/November und auf dem Rückflug im März/April. Nur kleine Trupps verkürzen ihre Winterreise und überwintern im Südirak in den Marschen am persisch-arabischen Golf.

In der griechisch-römischen Antike schenkte man den keilförmigen Schwarmformationen der Kraniche besondere Aufmerksamkeit. Es war bekannt, daß der Vogel den Mittelmeerraum überfliegt, dort aber nicht brütet. Er galt als heiliges Tier der Demeter, der antiken Fruchtbarkeitsgöttin, da sein Erscheinen im Frühjahr den Beginn der Wachstumsperiode und nicht zuletzt dem Bauern die Zeit der Aussaat anzeigte. In der griechischen Mythologie treten Kraniche vor allem als Feinde des Zwergenvolks der Pygmäen auf. Bekannt vor allem durch die sogenannte François-Vase aus der ersten Hälfte des 6. Jahrhunderts v. Chr. ist die *Geranomachia,* der Kranichkampf der Pygmäen, ein beliebtes Motiv der bildenden Kunst. Die Geschichte überlieferte bereits Homer. Seiner Erzählung zufolge griffen Kraniche regelmäßig die Felder der Pygmäen an und brachten so Tod und Verderben. Die Pygmäen ihrerseits wehrten sich, indem sie die Nester der Kraniche zerstörten. Diese Geschichte ist zwar äußerst merkwürdig, zeigt aber keine Bezüge zu unseren Motivfunden am Göbekli Tepe.

Interessanter wird es, wenn wir den Blick auf die Kraniche im Alten Ägypten lenken, wo sie häufig auf bildlichen Darstellungen zu finden sind. Die frühesten Belege datieren in die frühdynastische Zeit, also in die Zeit um 3000 v. Chr. Die zwei oben erwähnten Arten können wir auch zuverlässig in der Ikonographie unterscheiden. Die Beliebtheit des Kranichmotivs bei den Alten Ägyptern läßt sich indes rein profan erklären: Kranichfleisch galt ihnen als Delikatesse. Die Tiere wurden in Netzen gefangen, wie wir es etwa auf Bildern im Grab des Mechu aus der 6. Dynastie sehen, und sie wurden, wie weitere Darstellungen unmißverständlich erkennen lassen, offenbar in Gefangenschaft gehalten und gemästet. Beispielsweise im Grab des Ptahhotep erscheinen lebende Exemplare – dargestellt in einer Reihe mit Mastochsen und Gänsen – und werden dem Grabherrn vorgeführt. Auch durch die Auswertung von Knochenfunden können Kraniche in Ägypten regelmäßig nachgewiesen werden.

Möglicherweise waren Kraniche schon im Neolithikum ein beliebtes Wildbret. Dafür spricht zum einen, daß wir sie auch in dieser Epoche im Tierknochenmaterial identifizieren können. Zum andern erscheinen sie in Bouqras, einer bedeutenden, am syrischen Euphrat gelegenen Siedlung der späten jüngeren vorkeramisch-neolithischen Periode (PPN B), auf einer der weiß gekalkten Wände als Wandmalerei in rotem Ocker. Die ca. 18 großen Vögel, die – wohl als stehender Schwarm – auf diesem Bild dargestellt werden, können wir aufgrund der Proportionen und der üppig gebauschten Schwanzfedern mit sehr großer Wahrscheinlichkeit als Kraniche beschreiben, auch wenn eine so zuverlässige Deutung wie bei den Kranichbildern aus dem Alten Ägypten nicht möglich ist. Die Ausrichtung der Tiere und der Aufbau des Werkes rufen im Betrachter die Vorstellung wach, daß am ehesten ein Jäger dieses Bild gemalt haben könnte. So ist der Kranich als Motiv am Göbekli Tepe in der Jungsteinzeit zumindest kein Einzelfall, wie das Bild von Bouqras im späten PPN B belegt.

Darstellungen von Kranichen treten auch in späteren Perioden nur vereinzelt auf. In den Wandmalereien von Çatal Höyük sind zwei einander gegenüberstehende Tiere zu finden, und bei den Vogeldarstellungen der Gefäßmalerei der Halaf- und Samarra-Kultur mögen gleichfalls vereinzelt Kraniche gemeint gewesen sein. In den Hochkulturen des Vorderen Orients spielt der Kranich (*urniqu*) aber weiter keine nennenswerte Rolle.

Fassen wir unseren kleinen Überblick über den Kranich in Alten Orient zusammen, so stellen wir fest, daß man sich dort zwar sicher nicht für ihn als verrufenen Feind der Pygmäen interessierte, ihn aber möglicherweise als Jagdbeute und Bereicherung der Speisekarte schätzte. Ungeachtet der Frage, ob die Menschen diesem Tier auf der Pirsch nachstellten oder nicht, hatten sie mit Sicherheit die Gelegenheit, den einzigartigen Tanz der Kraniche zu beobachten, zu studieren und – wie wir es heute auch noch tun – zu bewundern. Es mag die Faszination so groß geworden sein, daß die Menschen der Jägerkultur versuchten, diesen Tanz der Kraniche nachzuahmen, ja sich ihnen dadurch anzuverwandeln. Dafür spricht auch der interessante Fund von Kranichflügeln aus Çatal Höyük, die offenbar Bestandteil eines entsprechenden Kostüms waren. In diesem Zusammenhang sei auch noch einmal an die merkwürdigen «Menschenbeine» jener im Bild erhaltenen Kranichwesen erinnert, die wir auf dem Göbekli Tepe entdeckt haben.

Die ausschließliche Deutung der bildlichen Wiedergabe des Kranichs als Jagdwild greift also wohl zu kurz. Auch die Verbindung zu den anderen beiden auf der erwähnten Stele am Göbekli Tepe dargestellten Tierarten (Stier und Fuchs) sollte nicht zu dem voreiligen Schluß führen, darin eine bloße

«Jagdgemeinschaft» zu sehen. Dagegen spricht auch, daß zwar der Kranich als Beutetier verspeist werden konnte; aber das gilt für den häufig dargestellten Fuchs ganz sicher auch in der Jungsteinzeit nicht. Denken wir auch an das Schlangenmotiv: Schlangen mag man zur Not auch noch essen können – aber würde man sie deshalb als Jagdmotive auf einen Steinpfeiler bannen? Dürften nicht unter anderem bestimmte Wesenszüge dieser beiden Tiere für ihre Aufnahme in den Bildkanon sprechen, die man gerade in Jägergesellschaften gekannt haben wird: hier der räuberische Fuchs, dessen Verschlagenheit ihn bis auf den heutigen Tag in die Lage versetzt, alle Schutzeinrichtungen des Menschen zu überwinden, wenn es um seine Beute geht; dort die Schlangen, von denen eine große Zahl ein Gift in sich trägt, das eine unabweisliche Bedrohung für jeden Menschen darstellt, der ihre Pfade kreuzt – und dies um so mehr, als damals kaum eine zuverlässige medizinische Versorgung im Falle eines Schlangenbisses geleistet werden konnte? Scheinen es nicht sehr viel eher diese überzeitlichen Konstanten der beiden Tierarten gewesen zu sein, die zu einer bildlichen Darstellung Anlaß gegeben haben mögen? Und war dies nicht beim Kranich der einzigartige Tanz, den er seit Menschengedenken aufführte? So spricht doch vieles dafür, daß Schlangen, Füchse und Kraniche ihre Entdeckung als Modelle der Steinzeitbildhauer nicht vorrangig dem Blick des Jägers auf seine Beute verdanken. Und sollte dies nicht auch für andere im Bild dargestellte Tiere gelten?

Die Schlangen Vor dem Hintergrund dieser Überlegungen sollen nun einmal die Schriftquellen der frühen Hochkulturen des Orients zu jenen Tieren befragt werden, die wir am Göbekli Tepe auf den Pfeilern entdeckt haben. Enthalten sie Hinweise auf mögliche Deutungen des Ensembles? Gewiß, diese Vorgehensweise impliziert natürlich die sehr optimistische Grundannahme, daß es Traditionsstränge aus der Jungsteinzeit bis in die Welt des Alten Orients im 3. Jahrtausend gibt. Doch es wäre ja denkbar, daß Kulturen auch überzeitliche Elemente im Verständnis ihrer naturräumlichen Umgebung erkennen lassen, die eine solch behutsam tastende Suche nach geeigneten Interpretationsansätzen rechtfertigen.

Am häufigsten erscheint auf den Pfeilern am Göbekli Tepe das Schlangenmotiv. Wir sehen Schlangen allein, aber auch in Gruppen mit bzw. als Antipode zu anderen Tieren wie etwa dem Stier oder dem Wildesel. Aus Nevalı Çori stammt der sogenannte Schlangenträger, eine überlebensgroße Skulptur eines Kahlkopfes, dessen Gesicht bedauerlicherweise frühen Bilderstürmern zum Opfer fiel, indem sie die komplette Frontpartie abschlugen. Gut erhalten ist indessen eine Schlange, die auf dem Hinterhaupt des Dargestellten dem potentiellen Betrachter entgegenkriecht. Ihr großer, herzförmiger Kopf läßt sie mit einiger Sicherheit in die Gruppe der Ottern einordnen – ein hochgiftiger Schlangentypus. An dieser Spezies herrscht bis heute kein Mangel in Mesopotamien: Die Levanteotter, deren Biß ohne sofortige Gegenmaßnahmen tödlich wirkt, sonnt sich immer noch auf den Kalkfelsen, die den Göbekli Tepe umgeben.

Wenn sich nun also wie im Falle des Kahlkopfs aus Nevalı Çori eine Giftschlange mit einem Menschen zusammentut und auf den Betrachter zuschlängelt, so darf sie als potenter Beschützer des Schlangenträgers verstanden werden. Öffnen wir zum besseren Verständnis dieses Deutungsversuchs den Assoziationsraum ein wenig weiter und denken beispielsweise an die Uräusschlange in der Ikonographie der Pharaonen, die sich vorzugsweise vom Kopf ihres Herrn gegen andere wendet. Mir scheint, daß das Bild aus Nevalı Çori kaum eine andere Bedeutung gehabt haben dürfte.

All das reicht aber gewiß noch nicht aus, um die Funktion der Schlangen am Göbekli Tepe zu verstehen. Wir gelangen mit diesen Informationen nicht wirklich über Grundkonstanten in der Wahrnehmung von Schlangen durch den Menschen oder – wenn man so will – über die allgemeine Bedeutung der Schlangen in der Psyche des Menschen hinaus: Diese erdgeschichtlich uralte Spezies war und ist unserer unvergleichlich jüngeren Rasse – *cum grano salis* – stets fern, fremd und bedrohlich erschienen und geblieben.

Der Fuchs Wenden wir uns dem nächsthäufigen Motiv zu – dem Fuchs. Daß es sich bei den abgebildeten Tieren wirklich um Füchse und nicht um Wölfe oder Schakale handelt, ergibt sich aus Körperhaltung und Proportionen. Nicht zuletzt der charakteristische Schwanz macht den Fuchs zum unbestrittenen Favoriten der Artenbestimmung. Im Unterschied zu Schakal oder Wolf ist der Fuchs in der Archäofauna des Göbekli Tepe – also der im Bestand der ausgegrabenen Tierknochen nachgewiesenen Tiergesellschaft – überaus häufig. Der Fuchs als Bildmotiv erscheint jedoch – ganz im Unterschied zur Schlange – durchaus auffällig und bemerkenswert. Im Alten Orient nämlich ist der Fuchs ikonographisch völlig unbedeutend. Zwar erscheint er schon unter den frühen archaischen Zeichen aus Uruk zu Beginn des 3. Jahrtausends, die am Beginn der sumerischen Schrift stehen. Doch wie bei den meisten archaischen Zeichen, die Tiere abbilden, wird auch in diesem Falle nur der Kopf dargestellt. Eine besondere Bedeutung des Fuchses läßt sich daraus jedenfalls nicht ableiten.

Auch hat keine Gottheit den Fuchs als *fest* zugeordneten Begleiter. Eine Hauptrolle kommt ihm nur in der altorientalischen Fabel zu, und zwar in keiner uns überraschenden Rolle: Der babylonische Fuchs ist gewissermaßen das Urbild unseres Meisters Reineke. So geht er beispielsweise ein Bündnis mit dem Wolf ein, das sich gegen den Diener des Schäfers, den Hund, richtet. Deshalb wird er beim Richter verklagt, weiß sich aber schlau zu verteidigen und so der Anklage zu entwinden.

Derartige Fabeln sind wohl sumerischen Ursprungs, jedoch vor allem durch mittel- und neuassyrische Texte überliefert. Auch eine bildliche Umsetzung hat in altorientalischer Zeit stattgefunden. So finden wir in den Königsgräbern von Ur ein Mosaik aus Muschelplättchen, das zwischen den Vorderbeinen des sogenannten Blaubart-Stieres angebracht war. Es handelt sich möglicherweise um die Illustration einer Fabel: Auf vier übereinandergestellten Bildfeldern finden wir im oberen Feld einen Heros, der zwei menschengesichtige Wisente umfaßt. Im nächsten Feld hält der nach links schreitende Löwe einen Bierkrug und eine Schale, davor trägt in gleicher Richtung der Fuchs ein Gestell, auf dem sich Speisen, ein Schinken sowie ein Rinds- und ein Schweinskopf befinden. Darunter sitzt der leierspielende Esel, der sich als einziger der Gruppe nach rechts wendet, vor ihm tanzt der Bär, dazwischen sitzt noch ein flötespielendes Hündchen. Im untersten Bildfeld tanzt ein Skorpionmensch mit Kastagnetten, ihm folgt eine Gazelle mit Trinkbechern, rechts davon steht noch ein Bierkrug. Die zu dieser Bildfolge gehörende Fabel kennen wir leider nicht, doch erinnert das, was wir sehen, ein wenig an uns vertraute Geschichten wie den «Ball der Tiere». Und vielleicht fungierte der den Schinken tragende Fuchs weniger als gabenbringender Diener denn vielmehr in seiner typischen, von Meister Reineke bekannten Rolle, wenn er ganz im Sinne von «*Fuchs, du hast die Gans gestohlen ...*» das Essen klaut. Es sei aber nicht verschwiegen, daß alles, was mit dieser Bildinterpretation zusammenhängt – einschließlich der Gestalt des Fuchses –, wirklich ganz spekulativ ist.

Auf unserer weiteren Suche begegnen wir dem Fuchs im Mythos von Enki und Ninhursanga, der Mutter aller Götter. Hier zeichnet sich Enki als phallisch-schöpferischer Gott aus, der zeugend Licht, Leben, Wachstum und alle Güter der Kultur entstehen läßt. Enki vermählt sich mit Ninhursanga. Das Verhältnis beider zueinander ist aber nicht ungetrübt. Ninhursanga verschwindet, die ratlosen Götter suchen sie, und nach viel vergeblicher Mühe gelingt es schließlich dem Fuchs, sie gegen eine angemessene Belohnung wieder herbeizubringen. Doch auch diese Geschichte arbeitet wieder nur mit dem einen wohlbekannten Motiv des schlauen Fuchses.

Des weiteren finden wir einige Füchse auf Kudurrusteinen, den Grenzsteinen aus Babylonien. Auf einem ist der Fuchs möglicherweise als das Erkennungszeichen des Gottes Enlil dargestellt, die Katze vertritt Anu und der Ziegenfisch den Gott Ea. Enlil ist im 3. Jahrtausend immerhin der oberste Gott Sumers und der Stadtgott von Nippur. Auch der Fuchsstern, ein Stern im Großen Bären, gehört dem Enlil.

Was wir resümieren können, läßt sich dahingehend zusammenfassen, daß im Alten Orient auf jeden Fall die Schläue des Fuchses ebenso zum Gemeingut der Kultur zählte wie in unseren Geschichten von Meister Reineke. Aber sollte nun die Aufnahme so vieler Fuchsdarstellungen am Göbekli Tepe ausschließlich dieser Wesensdeutung des Fuchses durch die Zeitgenossen geschuldet sein? Baute man mit einfachsten Mitteln und unter größten Anstrengungen eine solche Anlage, um in mühevoller Steinmetzarbeit auf gewaltigen Steinpfeilern nur einem schlichten Tiercomic-Helden ein Denkmal zu setzen? Fehlen hier nicht doch, bei Lichte besehen, wichtige Facetten der Deutung, um sich einem tieferen Verständnis der Füchse vom Göbekli Tepe anzunähern?

Die zahlreichen Relief-Füchse des Göbekli Tepe vermehren nicht einfach nur die Zahl der bisher bekannten Fuchsdarstellungen aus diesem Kulturraum. Sie gehören vielmehr mit Sicherheit in eine andere (Geistes-)Welt, ragen in einen anderen weltanschaulichen Zusammenhang als die sumerischen und babylonischen Fuchsdarstellungen und -geschichten. Und davon sollten wir grundsätzlich wohl auch für die allermeisten anderen Tierarten ausgehen, denen wir auf den Steinpfeilern am Göbekli Tepe begegnen.

Wir kommen vermutlich einen Schritt weiter in unserem Bemühen um Verständnis der Darstellungen, wenn wir uns an eine Befundsituation erinnern wollen, die zwar ebenso rätselhaft ist wie die Bilder des Göbekli Tepe selbst, die uns aber wieder in die Welt des Göbekli Tepe zurückführt: Wenden wir uns deshalb noch einmal den modellierten «Brüsten» aus Çatal Höyük zu. Als «Brüste» waren die Hervorwölbungen an den Wänden zumindest von James Mellaart gedeutet worden, woran wir allerdings Zweifel angemeldet hatten. Interessant ist es nun zu erfahren, daß in diese Hervorwölbungen Tierknochen eingeschlossen waren, und zwar Unterkiefer von Keilern, Schädel von Geiern, Füchsen und Wieseln. Die Schöpfer dieser Anlage, die auch zeitlich dem Göbekli Tepe um einige Jahrtausende näher steht als die Mythen des Alten Orients, lassen uns durch ihre privilegierende Behandlung dieser Tierüberreste erkennen, daß zwischen ihnen und den Erbauern des Göbekli Tepe eine größere geistige Beziehung bestand als zwischen jenen und den Erzählern der Geschichten vom «altorientalischen Reineke Fuchs».

Wir wollen deshalb als Ergebnis festhalten, daß *allein* der Blick auf die Mythologie der altorientalischen Hochkultur nicht ausreicht, um eine belastbare und erklärende Beziehung zwischen diesen Geschichten und den Tierdarstellungen des Göbekli Tepe zu (re-)konstruieren. Die Quellenlage steinzeitlicher Fundplätze Vorderasiens liefert bessere Verknüpfungspunkte. Der Weg muß über die steinernen Zeugnisse der älteren in die jüngeren Epochen gegangen werden; dann mag sich vielleicht auch an geeigneter Stelle eine Anknüpfung an die Mythen- und Bilderwelt der späteren Zeit zeigen.

2. Das kulturelle Gedächtnis und die Traumpfade der Steinzeit

«*Mit dem kulturellen Gedächtnis eröffnet sich die Tiefe der Zeit.*» Aus der Feder von Jan Assmann stammt ein inzwischen umfangreiches Œuvre zum Thema «Gedächtnisgeschichte». An zentraler Stelle steht das kulturelle Gedächtnis, das Überlieferungen trotz vielfacher gesellschaftlicher Umbrüche nahezu unverändert über Jahrtausende hinweg zu bewahren vermag. Für religiöse Traditionen stellt das kulturelle Gedächtnis den Schlüssel zum Verständnis ihrer Dauerhaftigkeit dar. Das kommunikative Gedächtnis unterliegt dagegen biologischen Zwängen und verbindet in der Regel nicht mehr als drei Generationen – das Kind, die Eltern und die Großeltern.

Als Ägyptologe verfügt Assmann gegenüber Nicht-Altertumskundlern bei der Behandlung dieses Themas vielleicht über einen entscheidenden Startvorteil, denn er vermag die notwendige Quellensammlung auf einen Zeitraum von nicht weniger als 5000 Jahren auszudehnen. Die Kenntnis der altägyptischen und altorientalischen Kultur verhilft ihm zu einem Blick, der nicht durch eine Milchglasscheibe unbekannter oder zumindest nur vage bekannter Vergangenheit getrübt wird und deshalb klar aufs Ziel gerichtet werden kann.

Die Erfindung der Schrift als Speicher, sei es für das kollektive und das konnektive und übergreifend für das kulturelle Gedächtnis, so Assmann, markiere den Wendepunkt, der in Ägypten und Mesopotamien die Zeit einer nachweisbar kohärenten Tradition eröffnet. Was vorher möglich war, ist anhand der materiellen Kultur nur unzuverlässig und bruchstückhaft zu rekonstruieren. Die Weitergabe handwerklicher Traditionen ist früh erkennbar, die Faustkeile des Acheuléen (ca. 1 500 000–120 000 v. Chr.) oder die Handspitzen des Moustérien (120 000–35 000 v. Chr.) sind ohne kulturelles Gedächtnis – wie auch immer es funktionierte und wie intensiv es wirkte – nicht denkbar. Die Venusstatuetten des Gravettien (ca. 28 000–22 000 v. Chr.) seien als *partes pro toto* – stellvertretend – für eine lange Reihe

Abb. 93 Die lebensgroße Urfa-Statue gehört zu den am besten erhaltenen frühen Skulpturen der Menschheit. Sie wurde bei Bauarbeiten in der Altstadt entdeckt.

von Kulturäußerungen des Jungpaläolithikums angeführt, die offenbar ebenfalls über viele Generationen hinweg intakte Traditionsstränge anzeigen. Doch diese brechen wahrscheinlich auch immer wieder ab oder werden zumindest stark reduziert, denn solange die Fixierung in der Schrift fehlt, muß die lückenlose mündliche Tradierung gewährleistet sein. Wir können deshalb keinesfalls davon ausgehen, daß die einzelnen sichtbaren Traditionsstränge, die unterschiedlich kräftig und lang sind, sich zu einem einzigen dicken Strang verknüpfen lassen, der ununterbrochen durch die Jahrtausende führt. Das Gegenteil, Unterbrechung und Neubeginn, dürfte im Verlauf der Jahrzehntausende den Normalfall bilden.

Die Ansichten von Jan Assmann können – wenn wir den Bilderkanon aus der Zeit von vor 12 000 bis 10 000 Jahren so vollständig wie möglich kennen, was sicher noch einige Zeit in Anspruch nehmen wird – eine wichtige Orientierungshilfe für die Interpretation der Bilder und Zeichen des Göbekli Tepe sein. Im Lichte dieser Auffassungen kommen sie gut zur Geltung und beginnen zu leben. Im 10. und 9. Jahrtausend v. Chr. existierte zwischen Euphrat und Tigris offenbar ein weithin bekanntes Symbolsystem. Welche Inhalte notiert wurden, wissen wir freilich nicht, doch dienten diese Zeichen den Menschen jener fernen Zeit als ein Werkzeug, das auch als Speicher für das kulturelle Gedächtnis fungieren konnte.

Gewiß waren die Symbole hierbei nur ein Teil des Systems. Die *songlines*, die «Traumpfade» der australischen *Aborigines,* vermögen gut zu illustrieren – wenn man diesen anthropologischen Vergleich bemühen darf –, wie man sich möglicherweise auch in der Steinzeit Obermesopotamiens über den aktuellen geographischen Rahmen hinaus im weiten Land zu orientieren, zu bewegen und wie man zu kommunizieren vermochte. Mythische Geschichten sind für die *Aborigines* der Leitfaden für ihre nomadischen Wanderungen. Die Traumpfade sind in Liedern geronnene Landkarten, Beschreibungen mythischer Ereignisse an nacheinanderfolgenden Orten. Sie führen in alle Himmelsrichtungen und überziehen den gesamten australischen Kontinent mit einem Orientierungsnetz. Jeder Stamm erbt und vererbt ein solches Netz von *songlines*, doch hat keine Gruppe eine vollständige mythische Linie, sondern überblickt immer nur einen Teil dieser Reisewege. Dadurch sind die Traumpfade auch Kommunikationsnetz und Mittel für kulturellen Austausch über weite Entfernungen.

Ob es im Obermesopotamien des 10. Jahrtausends v. Chr. Traumpfade gab, die mit jenen der australischen Ureinwohner vergleichbar wären, wissen wir natürlich nicht, doch können wir voraussetzen, daß man auch damals um Wege wußte, noch weit entfernte Stätten zu erreichen. Daß die

Landschaft um Urfa ein Ziel solcher Fernreisen bildete und mit besonderen und schon in der Steinzeit heiligen Plätzen aufzuwarten hatte, davon können wir heute mit Sicherheit ausgehen.

Heilige Plätze der Steinzeit Im Keller des Museums von Urfa ruhte über viele Jahre ein Fundstück besonderer Art, das aufgrund seiner Einzigartigkeit zunächst nicht klassifiziert und in angemessener Weise wissenschaftlich gewürdigt werden konnte. Ich hatte das Glück, schon sehr früh diesen Fund kennenzulernen – lange bevor er der Allgemeinheit bekannt wurde. Es war im Jahr 1993, als Adnan Mısır, damals Direktor des Museums, Harald Hauptmann ins Depot führte, um ihm eine lebensgroße Kalksteinstatue eines Mannes zu zeigen, die aus Urfa selbst stammte, an der sich aber keinerlei Ähnlichkeit mit anderen Statuen, welcher Periode auch immer, feststellen ließ, und die deshalb unbeachtet in einer Ecke des Depots lag. Die sensationellen Skulpturfunde aus der Grabung in Nevalı Çori waren in den Jahren zuvor ins Museumsdepot gelangt und hatten offenbar die Bereitschaft gefördert, nun auch dieses bisher nicht beachtete Fundstück näher in Augenschein zu nehmen. Bald wurde ich hinzugerufen, um auch meine Meinung über diesen Fund zu äußern.

Heute ist die «Urfa-Statue» auf dem besten Weg, als älteste vollständig erhaltene lebensgroße Skulptur der Menschheit Weltruhm zu erlangen, denn sie gehört zweifelsfrei in die Zeit der Skulpturen aus Nevalı Çori und vom Göbekli Tepe. Leider sind die Fundumstände nicht völlig geklärt, klar ist lediglich, daß sie aus dem Bereich der Altstadt von Urfa stammt, wo man sie in den achtziger Jahren fand, als die Baugrube für eine große Tiefgarage ausgehoben wurde. Dieser Ort liegt unmittelbar nördlich der sogenannten heiligen Quellen. Offenbar befand sich an der eingangs dieses Buches erwähnten «Kallirhoe» bereits in der Steinzeit ein heiliger Platz – anders als in einem im weitesten Sinne sakralen Kontext kann man sich die Urfa-Statue schwerlich vorstellen. Das steinzeitliche Heiligtum an der Urfa-Quelle wird jedoch kaum je archäologisch erforscht werden können. Daran hindern zum einen die dichte Bebauung der Altstadt und – weitaus gewichtiger – die Anlagen und Bauten jenes islamischen Wallfahrtszentrums, das sich um die Geburtsgrotte Abrahams und die benachbarte heilige Quelle erstreckt. Die Achtung vor den religiösen Gefühlen der islamischen Bevölkerung verbietet es, den Gedanken weiterzuverfolgen, hier archäologische Ausgrabungen vornehmen zu wollen.

Doch es gibt auch noch eine ganze Reihe weiterer steinzeitlicher Heiligtümer besonderer Art, auch wenn unser Wissen über sie noch sehr begrenzt

Abb. 94 Der noch unerforschte Fundplatz Karahan liegt in den kargen und wenig besiedelten Tektek-Bergen östlich von Urfa. Die an der Oberfläche sichtbaren T-Kopf-Pfeiler lassen keinen Zweifel daran, daß es sich um einen frühneolithischen Ort handelt. Ein von Bauern teilweise freigelegter Pfeiler besitzt auf der Vorderseite ein Schlangenrelief.

ist. Das weite Land jenseits der großen, im Gefolge der zahlreichen Staudammprojekte intensiv archäologisch untersuchten Flußtäler blieb bis heute so gut wie unerforscht. Als Zufallsfunde kennen wir heute allerdings den Sefer Tepe nahe Viranşehir zwischen Urfa und Mardin sowie Kecili oder auch Karahan, die in der fast unbesiedelten Mondlandschaft der Tektek-Berge einsam gelegen sind. Liegt der Sefer Tepe unspektakulär in einem breiten Tal und ist er als frühneolithischer Platz mit T-Pfeilern – wenn auch mit nur 1,5 bis 2 m Länge nicht in der Größe wie jene vom Göbekli Tepe – erst zu erkennen, wenn man wirklich auf dem kleinen Hügel steht, so bietet Karahan schon aus der Distanz einen fast surrealistischen, an ein Gemälde Salvador Dalís erinnernden Anblick: Bizarr ragen T-Kopf-Pfeiler in großer Zahl aus der seit Jahrtausenden unberührten, weich geformten Hangfläche, die früher von weidenden Gazellen besucht wurde und heute Schafe und Ziegen nährt. Doch deren Hirten kümmern sich wenig um die von Menschenhand geformten Steine, und so wurde bis vor wenigen Jahren auch kein Wissenschaftler dieser Situation gewahr. Dennoch handelt es sich um einen großen, unzweifelhaft steinzeitlichen Platz, dessen vorzüglicher Erhaltungszustand und dessen Verheißung großer Architektur die Erforschung in jedem Falle lohnen würde. Wie viele Sefer Tepes und Karahans mögen noch unerkannt zwischen Euphrat und Tigris liegen, die im Laufe der kommenden Jahrzehnte unsere Kenntnisse der Steinzeit, ihrer Bilderwelt und ihres kulturellen Kontextes zu verbessern versprechen? Es ist letztlich wohl wirklich nur eine Frage der Geduld, ehe wir die Bilderrätsel am Göbekli Tepe durch eine Ausweitung, Verbesserung und Kontextualisierung der Forschungsarbeit werden lösen und das Verständnis der Lebenswirklichkeit unserer Vorfahren werden verbessern können.

Jäger, Bauern, Zeichen – Orte der Steinzeit am Fuße des Karacadağ

Urfa, Göbekli Tepe, Nevalı Çori, Çayönü, Sefer Tepe und Karahan, Körtik Tepe ... – die Orte gruppieren sich in mehr oder weniger weitem Kreis um einen Berg, den Helmuth von Moltke in seinen *Briefen über Zustände und Begebenheiten in der Türkei* kurz und treffend charakterisierte: «*Fast jedes Gebirge ist schön; der Karadscha-Dagh zwischen Frat und Tigris ist das einzige, welches ich bisher gesehen, das eine Ausnahme macht. Mit einer beständig sanften Böschung von nicht über 3 bis 5 Grad steigt man während zweier Tagemärsche und findet sich plötzlich zu seinem Erstaunen im Schnee; man glaubt auf der Ebene zu sein, und doch ist dies Gebirge gewiß 5000 Fuß hoch und seiner Stürme und seines rauhen Klimas wegen berühmt.*» Der Karacadağ erreicht stattliche 1919 m über dem Meer, eine Höhe, die man – wie schon von Helmuth von Moltke trefflich beschrieben – ohne Landkarte angesichts der undramatischen Szenerie nicht schätzen würde. Er bedeckt eine Fläche von etwa 150 Quadratkilometern, wobei kaum mit Sicherheit festzulegen ist, wo der Berg anfängt und wo die ihn umgebende Landschaft endet.

Neuere DNA-Analysen, die unabhängig und ohne Kenntnis der Arbeiten am Göbekli Tepe unternommen wurden – man fand also hier nicht einfach das, was man auch von vornherein hatte finden wollen –, lassen den Karacadağ heute als potentielle Heimat unserer Kulturgetreide erkennen. An den Hängen des Karacadağ stehend, beginnt man allerdings zu erahnen, daß frühester Ackerbau, besonders frühester Getreideanbau, möglicherweise ganz anders vonstatten ging, als wir uns das vielleicht vorstellen würden. Es waren wohl nicht bescheidene Gärtchen, die am Beginn der Ackerkultur angelegt wurden, sondern riesige, von Horizont zu Horizont reichende Flächen, die der Planung des Menschen unterworfen wurden. So mußte er vor allem verhindern, daß die Wildgetreidestände Opfer grasender Herdentiere wurden. Er mußte erreichen, daß Gazellen und Wildesel nicht in die Sammelgebiete seiner Wildgetreideernte gelangten. Zugleich unternahm er alles, das Wachstum der Pflanzen zu fördern und einen größtmöglichen Ertrag vorzubereiten.

Wie aber wehrte er die Tiere ab, die auf einmal nicht einfach Beutetiere, sondern im Hinblick auf ihre Neigung, das Wildgetreide zu verzehren, zu Futterkonkurrenten des Menschen wurden? Erinnern Sie sich noch an Dhuweila und die sogenannten Wüstendrachen? Es waren jene riesigen Tierfanganlagen in der arabischen Wüste, die offenbar vor allem der Gazellenjagd dienten. Die trichterförmigen Mauerzüge dort können zu regelrechten Batterien von Fanganlagen kombiniert werden. Eins fügt sich zum anderen, und sichtbar wird die Beherrschung der Landschaft durch den Menschen. Unsere Urahnen haben in dieser Region begonnen, sich die Erde untertan zu machen. Wir wissen nicht, wie viele der Wüstendrachen schon in der Steinzeit errichtet worden sind und wie viele erst in späteren Perioden in Betrieb gingen. Aber wir wissen, daß die Jäger des Göbekli Tepe und allgemein im weiten Umkreis des Karacadağ über mehr Möglichkeiten verfügten, Tiere zu bejagen und von den Getreideflächen fernzuhalten, als nur einzelnen Tieren mit Pfeil und Bogen aufzulauern. Und wir erahnen die Kommunikationsmöglichkeiten und Wege, auf denen dieses Wissen weitergegeben werden konnte.

Verweilen wir noch ein wenig bei den Überlegungen zur Jagdtechnik in steinzeitlichen Gesellschaften und wenden wir unser Augenmerk auf die diesbezüglich ganz interessante topographische Situation von Nevalı Çori – jenem Ort, den wir nun schon öfter betrachtet haben. Er liegt fast versteckt in einem kleinen Seitental des Euphrat und ist 2 bis 3 km vom Fluß zurückgesetzt. In etwa 10 km Entfernung liegt eine große Furt durch den Euphrat. Eine Gemeinschaft von Menschen, die so intensiv von ihrer naturräumlichen Umgebung abhängig ist, wie dies unsere Vorfahren in der Steinzeit waren, wählt einen solchen Siedlungsplatz nicht zufällig: Nevalı Çori wurde weit genug entfernt von der Furt angelegt, damit Tiere, die diese Stelle zum Übergang über den Euphrat nutzten, nicht durch die Anwesenheit der Menschen gestört wurden. Andererseits lag Nevalı Çori nahe genug, so daß seine Einwohner die Furt schnell erreichen konnten. Wir wissen heute von jenen Schlachtorgien kanadischer Indianer an Karibou-Herden, denen sie auf ihren jahreszeitlichen Wanderungen an den Flüssen auflauerten, wenn die Tiere hindurchziehen mußten, um an ihre neuen Standquartiere zu gelangen. Auch wenn wir natürlich keine Details über analoge Vorgänge aus einer Zeit vor mehr als 10 000 Jahren wissen können, so spricht doch vieles dafür, daß die Jagdstrategie der Jäger am Euphrat auf ähnliche Überlegungen gründete und in ähnlichen Methoden mündete wie jene der kanadischen Indianer: Gab es große Flüsse, so dürften es die natürlichen Furten gewesen sein, die als Tierfanganlagen fungierten. In den ariden Gebieten Arabiens hingegen scheute man die Mühe nicht, kilometerlange Mauern zu errichten, um einen ähnlichen Effekt zu erreichen.

Diese Beobachtung lenkt aber den Blick unwillkürlich auf ein gesellschaftliches Epiphänomen dieser Jagdform: Jagd war folglich keine Beschäftigung einzelner, sondern notwendigerweise ein wohlorganisiertes Unternehmen, das von der Gemeinschaft immer wieder auch immensen kollektiven Arbeitseinsatz forderte. So wußten die Jäger des 10. Jahrtausends sehr wohl, die Landschaft selbst in ihr Kalkül mit einzubeziehen. Und dies galt natürlich auch am Karacadağ, wo man die Herdentiere zumindest aus bestimmten Zonen fernhalten mußte, um den Ernteertrag zu sichern. Auch das konnte nur funktionieren, wenn verschiedene Gruppen kooperativ vorgingen.

Die Vorgänge um den Göbekli Tepe gründeten also auf kollektiven Zusammenhängen in der Region. Wie die Jagd, so forderte auch die Errichtung der Bauwerke und die Schaffung der Pfeiler Zusammenhalt und Organisation eines größeren Personenverbandes. Es waren ihre Bilder und Zeichen, die wir heute am Göbekli Tepe sehen und die – auch wenn wir ihre Bedeutung oft gar nicht erkennen oder sie manchmal nur erahnen – auf eine komplexe soziale und geistige Vernetzung ihrer Schöpfer und ihrer Betrachter schließen lassen. Wie weit diese Vernetzung in die Vergangenheit zurückreichte und wie lange der Fundus des kulturellen Gedächtnisses des 9. Jahrtausends in den nachfolgenden Epochen erhalten blieb, wissen wir nicht. Um 8000 v. Chr. versiegen die archäologischen Quellen am Göbekli Tepe, die von dieser spezifischen Ausprägung einer Symbolsprache Zeugnis geben.

Wir können aber resümieren, daß sich schon in ferner Vergangenheit, weitgehend im Gleichschritt mit der Entwicklung des *Homo sapiens*, ein kulturelles Gedächtnis entwickelte. Spätestens im Jungpaläolithikum (ca. 35 000 bis ca. 12 000 v. Chr.) können wir an den Lagerplätzen der Eiszeitjäger und in ihren Höhlenheiligtümern die Existenz differenzierter, im Ergebnis mnemotechnischer (Bild-)Systeme erkennen. Folgt man den Erkenntnissen der neueren Forschung, so nahm vor allem in jenen Höhlen, die für Initiationszwecke benutzt wurden, das seinen ersten Anfang, was Assmann im Hinblick auf den altägyptischen Knaben äußert, der nicht mehr durch die Folter der Initiation ging, sondern statt dessen lesen lernte: Dem altsteinzeitlichen Knaben blieb zwar wahrscheinlich noch so manche

Folter im Ritus nicht erspart, doch «las» er die Bilder an den Wänden der Höhle und erfuhr auf diese Weise einiges, womit man ihn in der Realität – zumindest im Gefolge der Initiation – verschonte.

Ist auch im Vergleich zu den Höhlenbildern die Botschaft der Bilder und Zeichen des Göbekli Tepe für uns unbestimmt, so erscheinen sie doch in einer – noch bis vor kurzem gänzlich unerwarteten – hochentwickelten Form. Mit Sicherheit waren sie ein mnemotechnisches Mittel, um Themen und Sachverhalte über lange Zeiträume hinweg zu tradieren, die für die Kultur ihrer Schöpfer von großer Bedeutung waren – andernfalls hätten sie nicht diese Mühe und Sorgfalt darauf gewandt, sie in der vorliegenden Art und Weise zu präsentieren und ihnen in Gestalt dieser monumentalen Kultanlage einen so beeindruckenden Rahmen zu verleihen.

Wie weit aber in Raum und Zeit waren die Menschen vernetzt, die paläolithische Höhlenbilder und neolithische Reliefs schufen und betrachteten? Sind es doch letztlich eher inselhafte Materialisierungen eines kulturellen Gedächtnisses, denen wir gegenüberstehen? Fragen wir also weiter, ob sich Spuren der Tradierung eines steinzeitlichen kulturellen Gedächtnisses nachweisen lassen, und suchen wir mit Hilfe der Archäologie nach einem Ariadnefaden, dem wir durch das Labyrinth der Jahrtausende folgen können.

Spinnen, Schlangen, Tausendfüßer und ein Blick über die Grenzen des Neolithikums Möglicherweise spinnen die Spinnen des Göbekli Tepe den Beginn eines solchen Fadens, denn dieses auffällige Tiermotiv läßt sich auf Stempelsiegelabdrücken auch eines Siedlungsplatzes des keramischen Neolithikums (6800–6000 v. Chr.) wiederentdecken. Es handelt sich dabei um den in Nordsyrien gelegenen Tell Sabi Abyad, der allerdings deutlich jünger ist als der Göbekli Tepe. Als wichtiges Motiv der Abdrücke finden sich Zickzacklinien in Kombination mit Dreiecken. Zwei, meist aber drei M-förmige Linien sind übereinandergelegt. Ein Dreieck füllt oben die von der M-Linie

Abb. 95 Abdruck eines Stempelsiegels aus Tell Sabi Abyad. Das Motiv wird als stilisierte Wiederholung des Spinnenmotivs vom Göbekli Tepe gedeutet; vgl. Abb. 92.

geöffnete Fläche, je ein Dreieck die beiden Flächen unten. Angesichts der Befundlage am Göbekli Tepe erscheint eine Deutung des Motivs als «sechsbeinige Spinne» nicht überzogen. Die dreifache M-Linie stellt die Beine dar. Stellt man das M-Zeichen auf den Kopf, ergeben die beiden jetzt oben liegenden Dreiecke die Augen, das einzelne Dreieck unten kennzeichnet den Körper der Spinne.

Dies läßt uns Umschau halten nach anderen, vergleichbaren Motiven aus Sabi Abyad. Die Archäologin Kim Duistermaat hat ein solches Motiv als «gezähnte Blätter» beschrieben, aber trifft ihre Wahrnehmung die Sache? Ziehen wir ein Vergleichsobjekt von dem bereits erwähnten jungsteinzeitlichen Ort Tell Qaramel heran, so gelangen wir zu einem anderen Verständnis: Auf einem dort gefundenen Schaftglätter erkennen wir die Darstellung einer Schlange, der ein merkwürdiges Etwas gegenüberliegt, das ein wenig wie ein Tannenzweig aussieht. Bei näherer Betrachtung läßt sich aber ein kleiner, winkelförmig dargestellter Kopf erkennen – und der deutet darauf hin, daß es sich auch hierbei wieder um ein Tier handelt. Es ist wie die Schlange langgestreckt, aber völlig gerade und besitzt offenbar 21 Beine, die sich auf beiden Körperseiten einigermaßen gleichmäßig verteilen. Offenbar handelt sich hier um einen Vertreter der Hundertfüßer, die zusammen mit den eng verwandten Tausendfüßern zur Gruppe der Chilopoden gehören, die sich wie die Insekten in den Stamm der Gliederfüßer einreihen. Ihr Erscheinungsbild entspricht nun jenem des Tieres aus Sabi Abyad recht gut, das also durchaus kein gezähntes Blatt sein dürfte.

Diese Tierart hat sehr große und sehr giftige Vertreter, was der Grund dafür gewesen sein mag, daß der steinzeitliche Steinmetz von Tell Qaramel ein solches Motiv mit dem von Schlangen vergesellschaftet hat. Die Tiere der Ordnung der Riesenläufer oder Skolopender werden über 25 cm lang. Die Körper mit einer Färbung von horn- bis grünlichbraun sind abgeflacht und gleichmäßig segmentiert. Aus jedem Segment entspringt eines der 21 bis 23 Beinpaare. Die nachtaktiven Tiere meiden das Licht. Sie laufen schnell und leben unter Steinen. Sie sind wehrhaft und setzen ihren Giftapparat zum Beutefang, bei Bedrohung aber auch zur Verteidigung ein. Ihr Biß bereitet Menschen erhebliche, oft lang anhaltende Schmerzen, auch wenn er normalerweise wohl nicht lebensgefährlich ist.

Auf dem Schaftglätter von Tell Qaramel sind also sicher zwei giftige Tiere dargestellt, vor denen es sich zu hüten gilt. Daß beim Skolopender die Darstellung der Beinzahl nicht exakt der Wirklichkeit folgt, darf bei einem «Hundertfüßer» nicht überraschen. Es sind, wie oben schon angeführt, weder hundert, wie der Namen suggeriert, noch 21 wie bei jenem Exemplar

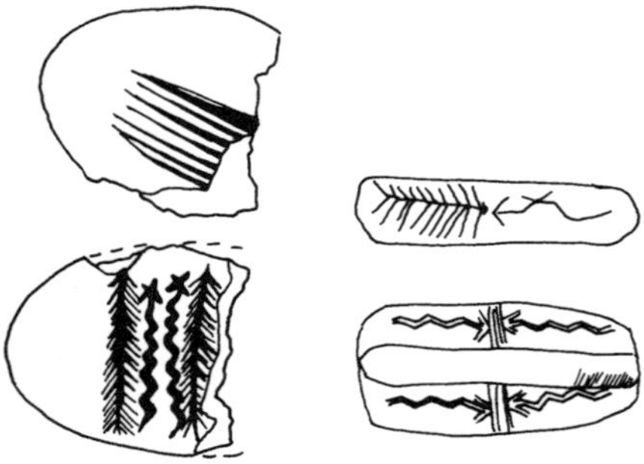

Abb. 96 Schaftglätter von Tell Qaramel mit Schlangen zwischen Zweigmotiven, die als die Darstellung von Skolopendern gedeutet werden.

aus Tell Qaramel, sondern 42 bis 46 (die türkische Sprache erscheint hier übrigens exakter; darin heißen die Skolopender *kırkayak*, Vierzigfüßer).

Der Schaftglätter ist übrigens nicht das einzige Artefakt aus Tell Qaramel, das offenbar einen Skolopender trägt. Auf einem ovalen, mit Strichgruppen verzierten Stein, dessen Funktion wir nicht kennen, finden sich zwei parallel angeordnete Schlangen, die zu beiden Seiten wieder von je einem tannenzweigartigen Objekt flankiert werden. Nach dem zuvor Dargelegten wird es Sie nicht überraschen, daß ich das Motiv auf dem Schaftglätter auch gerne als Skolopender identifizieren möchte. Die Beinzahl der beiden dargestellten Skolopender kommt mit 39 bzw. 38 Beinen der Realität dieser Chilopoden auch schon sehr nahe. Beim rechten Exemplar lassen sich auch die charakteristischen sogenannten Schleppfüße der Skolopender erkennen, deren letztes Beinpaar ihnen nicht zur Fortbewegung dient, sondern in der Art von Fühlern verwendet wird.

Hat man erst einmal die Skolopender vom Tell Qaramel als solche erkannt, wimmelt es auf einmal von tannenzweigartigen Motiven in der Ikonographie dieser Plätze. Gewiß werden das aber nicht alles Skolopender-Darstellungen gewesen sein, und bei den beiden aufsteigenden Winkelreihen des Pfeilers 33 vom Göbekli Tepe muß man nach dem heutigen Stand der Erkenntnis sicher auf diese Deutung verzichten: Angesichts der im gleichen Relief recht detailliert dargestellten Spinnen wären auf jeden Fall mehr anatomische Details eines Tausendfüßers zu erwarten als nur die Wiedergabe einer geometrischen Winkelreihe.

Recht überzeugend gelingt aber die Umdeutung bei einer Gruppe chalkolithischer Stempelsiegel, die man vor allem im Iran gefunden hat. Als Chalkolithikum wird jene Phase der Menschheitsgeschichte bezeichnet, in welcher sich der Übergang von der Steinzeit in die Metallzeit vollzogen hat. Damals erscheint auf den Siegelbildern als wichtiges Motiv der sogenannte Ziegendämon, dem wir uns später noch intensiver zuwenden werden. Zunächst soll die Beobachtung genügen, daß jener gerne mit beiden Händen Schlangen ergreift. Auf verschiedenen Siegeln aber finden sich anstelle der beiden Schlangen rechts und links des Ziegendämons die bewußten «Tannenzweigmotive». Was aber macht ein vernünftiger Ziegendämon mit einem Tannenzweig? Ergreift der Ziegendämon dagegen giftige Skolopender, so nähert sich dieses Motiv sinngemäß jenen Darstellungen an, auf denen er Schlangen packt.

Wenden wir uns wieder vom Ziegendämon, der Schlangen oder Skolopender ergreift, ab und jenen Siegelabdrücken aus Sabi Abyad zu, die angeblich ein Zweig- oder Blattmotiv tragen. Nun wird man auch in ihrem Falle der Bilddeutung, einen Skolopender zu erkennen, folgen wollen. Ist man dazu bereit, so kann konstatiert werden, daß in der Ikonographie von Sabi Abyad zwei durchaus bemerkenswerte Tiere – eben Spinne und Skolopender – vertreten sind. Der kleinste gemeinsame «ikonographische Nenner» ist in beiden Fällen offenbar die Giftigkeit und damit die Gefährlichkeit jener Tiere. Damit aber erklärt sich ihre Darstellung auf Siegeln gewissermaßen fast von selbst: Die Bilder dieser gefährlich-giftigen Tiere sollten den befürchteten Bruch des Siegels und damit das gesiegelte Objekt vor Feinden des Siegelnden schützen. Es sollte sie abschrecken, auch nur danach zu greifen, wollten sie sich nicht einer ebensogroßen Gefahr aussetzen, wie sie auch von diesen beiden Tierarten ausging.

Die Motive von Spinnen und Skolopendern finden sich in Sabi Abyad in weiteren Motivgruppen, etwa in den Gruppen mit zwei oder drei parallelen, S-förmig geknickten Linien. Ein großer Teil des Motivschatzes der Siegelabdrücke aus Sabi Abyad scheint folglich insgesamt die Ikonographie des Frühneolithikums und nicht zuletzt auch des Göbekli Tepe widerzuspiegeln. Eine auffällige Ausnahme bilden Siegelbilder mit Ziegen- oder Steinbockmotiv, das bisher nicht aus dem Frühneolithikum bekannt ist. Wir können aber nicht – und erst recht nicht angesichts der bereits langen Liste von Tiermotiven, denen wir bislang am Göbekli Tepe begegnet sind und die während beinahe jeder neuen Grabungskampagne länger wird – völlig ausschließen, daß nicht auch noch das Ziegenmotiv dort zutage treten wird.

Wir arbeiten in der begründeten Hoffnung, daß die Vergrößerung der entdeckten Motivgruppen uns zu einer insgesamt stets weiter verbesserten Kenntnis der Zeichen und Symbole des Frühneolithikums verhilft und uns vielleicht eines Tages in die Lage versetzt, auch die Syntax und damit die Botschaften der steinernen Bildzeugnisse zu verstehen. Sicher ist, daß die Menschen der frühen Jungsteinzeit am Göbekli Tepe nicht nur über eine monumentale Architektur verfügten, sondern auch über einen großen

Symbolschatz und eine elaborierte Zeichensprache, mit deren Hilfe sie Botschaften für die Zeitgenossen und für spätere Generationen formulieren und hinterlassen konnten.

Der große Symbolschatz und die Monumentalität ihrer Bauanlagen waren letztlich nur durch einen entsprechend fortgeschrittenen gesellschaftlichen Organisationsgrad möglich. Da wir in der Altsteinzeit, dem Paläolithikum, Eurasiens die Grundlagen für eine derartige Entwicklung jägerischer Gesellschaften erkennen können, muß es uns eigentlich nicht so sehr überraschen, daß wir in der frühen Jungsteinzeit eine im Kern immer noch jägerische «Hochkultur» in Obermesopotamien entdecken. Was uns aber überraschen muß, ist ihr plötzliches Ende; es bleibt nämlich nur wenig im keramischen Spätneolithikum von der großen Zeit der Jäger übrig – doch davon später mehr.

Um so interessanter erscheint deshalb die sich in Sabi Abyad andeutende Möglichkeit, in der späten Jungsteinzeit, also im *Spät*neolithikum, Themen der *früh*neolithischen Symbolwelt wiederzufinden. Sollte es möglich sein, diese Spuren auf breiter Basis über die Epochengrenzen des Neolithikums hinweg bis in die Zeit der altorientalischen Hochkultur zu verfolgen, so eröffnen sich für das Bildmaterial, für die ikonographischen Themen, Deutungsmöglichkeiten in beide Richtungen. Die reiche, fast üppige Bildwelt des Frühneolithikums, die möglicherweise gar noch erhellt wurde vom Lichtschein eiszeitlicher Lagerfeuer, vermag dann wohl auch die viel bescheidenere materielle Kultur der folgenden Jahrtausende mit Motiven uralter Menschheitsgeschichte auszustatten. Die Retrospektive, der die steinernen Zeugen der Vergangenheit zugrunde liegen, wird dann vielleicht am Ende sogar erlauben, manchen Ort und manches Wesen altorientalischer Mythologien weit, weit in der Vergangenheit aufzuspüren.

Auf dieser Spur scheint es lohnend, einmal jenem ziegenköpfigen Gesellen zu folgen, den wir gerade beim Bändigen von Schlangen und Skolopendern beobachten konnten, und ihn, wie versprochen, einmal ein wenig aus der Nähe zu betrachten.

Mit dem Ziegendämon auf der Suche nach den Steinzeitschamanen

Der Ziegendämon ist ein Mischwesen, das uns vor allem auf Stempelsiegeln der Obed-Zeit im Iran begegnet. Zeitlich befinden wir uns damit im 5. und 4. Jahrtausend v. Chr. Seinen Ziegenkopf trägt er auf einem menschlichen Körper; außerdem bevorzugt er Schnabelschuhe und pflegt von verschiedenen Tieren – darunter, wie eben gesehen, oft auch Schlangen und Skolopendern – umgeben zu sein, die er offenbar mit Geschick und großer Kraft zu bändigen versteht. Im Ziegendämon wird das früheste in Vorderasien nachweisbare übernatürliche Wesen vermutet. Was aber bedeutet übernatürlich? War er eine Gottheit? Welche Bedingungen muß ein Wesen erfüllen, um es als Gottheit bezeichnen zu können? Es muß über einen eigenen Namen und eine eigene Identität verfügen, man muß ihm mit Gebeten und Opfern begegnen, es muß potentiell allgegenwärtig sein und somit seine Aufgabe für die Gesellschaft erfüllen können. Für einen Dämon hingegen genügt es, eine ursprünglich unpersönliche Kraft zu sein - wobei der griechische *daimon* nicht *a priori* böse ist, wie es für uns der heutige Sprachgebrauch impliziert.

An dieser Stelle ist es unvermeidlich, etwas weiter auszuholen und mehr terminologische Klarheit zu schaffen. Im archäologischen Befund werden Mischwesen, welche die Charakteristika verschiedener Tiere auf sich vereinen oder die aus der Kombination menschlicher und tierischer Züge bestehen, oft als Dämon oder Monster bezeichnet. In der großen Familie der Mischwesen der mesopotamischen Kunst werden «Dämonen» und «Monster» wie folgt unterschieden: Wesen, die wie Tiere auf allen Vieren laufen, werden als Monster bezeichnet, jene mit menschenartig-aufrechtem Gang als Dämon. Doch ist klar, daß die wirkliche Identität des jeweiligen Mischwesens mit dieser Zuweisung und der daraus folgenden Charakterisierung als Dämon noch nicht gefunden ist.

Die Entstehungsgeschichte der Mischwesen verläuft - so sieht es die Forschung - in mehreren Phasen. In einer ersten, formativen Phase während der Obed- und Uruk-Zeit im 5., 4. und frühen 3. Jahrtausend v. Chr. werden die Züge verschiedener Tiere zu mächtigen und bedrohlichen Kompositwesen verschmolzen. In einer zweiten Phase am Ende des 3. Jahrtausends, in der Zeit der Dynastie von Akkad, werden schreckliche Monster gefaßt und bestraft - ein Thema, das mit dem politischen Programm der Akkad-Herrscher als Überbringer einer allgemeinen Ordnung verbunden werden kann. In der altbabylonischen Zeit zu Beginn des 2. Jahrtausends konkurrieren dann wohlmeinende und übelwollende Wesen. In der zweiten Hälfte des 2. Jahrtausends dominieren tierköpfige Dämonen, die bis in die neubabylonische Zeit als individualisierte, schreckliche Gestalten wie beispielsweise *Lamashtu* oder *Pazuzu* erhalten bleiben.

Die Forschung setzt den Beginn der Dämonen und Monster mit einiger Berechtigung in die Obed- und Uruk-Zeit; wollte man pauschal ältere Ursprünge vermuten, so sähe man sich mit der Tatsache konfrontiert, daß die archäologischen und historischen Quellen Vorderasiens zur Untermauerung einer solchen Annahme nur wenig beitragen können. Potentielle vorgeschichtliche Wurzeln sind jedenfalls – eigentlich überraschenderweise – in der Ikonographie des vorderasiatischen Neolithikums kaum auszumachen. So bietet beispielsweise das reiche Repertoire an entdeckten Bildern und Bildmotiven aus dem anatolischen Çatal Höyük zwar auf Raubtieren thronende Personen, aber keine Wesen, welche Voraussetzungen dafür böten, die beschriebenen Kriterien der Kategorien von Dämonen und Monstern zu erfüllen.

Auch die Befunde anderer jungsteinzeitlicher Orte helfen – bisher jedenfalls – in dieser Frage nicht weiter. Vielleicht mag sich etwas in dem bisher unveröffentlichten Fundmaterial der Kleinplastik aus Nevalı Çori verbergen, aber noch wissen wir nichts davon. Vielleicht auch könnte der «Vogelmensch» aus Nevalı Çori als Monster kategorisiert werden, doch müßte dafür erst einmal die Frage geklärt werden, ob es sich um einen menschengesichtigen Vogel oder um einen Menschenkopf im Schnabel eines Vogels oder gar um einen als Vogel verkleideten Menschen handelt. Das gleiche gilt letztlich auch für eine weitere Skulptur aus Nevalı Çori, einen unterlebensgroßen Torso, dessen Arme und Kopf möglicherweise in der Art eines Vogels zu ergänzen sind. Es gibt noch die ein und andere vergleichbare Darstellung, die aber letztlich nicht wirklich bei der Klärung dieser Frage weiterhilft.

Mischwesen sind freilich keinesfalls eine Erfindung der mesopotamischen Ikonographie, sie begegnen weit früher in der europäischen Altsteinzeit, dem Jungpaläolithikum (ca. 35 000–12 000 v. Chr.). Menschendarstellungen sind in der eiszeitlichen Kunst zwar selten, und die Darstellung von Mischwesen ist noch seltener. Doch läßt sich als die bisher früheste Darstellung eines ziegenköpfigen Wesens (genauer gesagt, eines Steinbocks) wohl der Hirschgeweihstab aus Las Caldas in Asturien ausmachen. Er stammt aus dem mittleren Magdalénien (der wichtigsten Kultur des jüngeren Jungpaläolithikums), also etwa um 14 000 v. Chr: Halbplastisch sind zwei gegenüberliegende Darstellungen ausgearbeitet. Weitgehend erhalten ist ein Steinbockkopf mit einem menschlichen Unterkörper, der zweifelsfrei Schamdreieck und Vulva erkennen läßt. Die Beine laufen in Hufen aus. Die zweite Darstellung auf der Rückseite des Stabes ist ähnlich gearbeitet, doch in ihren Einzelheiten – insbesondere im Hinblick auf das Geschlecht des Wesens – nicht mit Sicherheit zu bestimmen. Vielleicht wird auch nur der Rükken der ziegenköpfigen Figur der Vorderseite abgebildet. Zudem finden sich auf einem Magdalénien-zeitlichen Lochstab aus dem Abri Mège in der französischen Dordogne zwischen Pferden, Vögeln und Schlangen auch drei gravierte «Teufelchen» mit ziegenartigen Köpfen und menschlichen Beinen.

Das in der altsteinzeitlichen (paläolithischen) Kleinkunst wohl früheste und herausragendste Beispiel eines tierköpfigen Mischwesens stellt sicher der Löwenmensch aus dem Hohlenstein-Stadel im süddeutschen Lonetal dar, der ins Aurignacien gehört (ca. 35 000 bis 22 000 v. Chr.): Ein Löwenkopf ist auf einen langgestreckten menschlichen Körper gesetzt, dessen muskulöse Arme parallel zum Körper liegen. Die schräg nach oben gestellten Fußsohlen lassen eine Tanzhaltung vermuten. Daß der Körper der Figur nicht – wie es einem Tänzer entspräche – stärker gebeugt dargestellt wurde, erklärt sich zwanglos aus den diesbezüglich beschränkten Möglichkeiten, die der Mammutstoßzahn, aus dem er gefertigt ist, dem Schnitzer ließ.

Noch wichtigere Belege stammen aus der eiszeitlichen Parietalkunst – so der Fachbegriff für Darstellungen, die sich an Wänden von Höhlen, Felsschutzdächern oder auch Gebäuden befinden. Tierköpfige Mischwesen wurden mehrfach in den Höhlen von Gabillou, Trois Frères, Fontanet, Altamira oder Chauvet entdeckt. In Gabillou in der Dordogne treffen wir ferner auf die Gravur einer menschengestaltigen Figur mit Bisonkopf, die *«Le sorcier»*, «der Zauberer», genannt wird. Möglicherweise ist mittels einer einfachen Linie am Maul des Stierkopfes eine Flöte dargestellt, die dann von dem nicht vollständig erkennbaren linken Arm des Wesens gehalten werden könnte.

Weitere solcher Mischwesen stammen beispielsweise aus der Höhle von Trois Frères – eines davon offenbar musizierend – und andere wiederum aus den Höhlen von Fontanet, Altamira, Candamo, Pech-Merle, Los Casares, Les Combarelles und Hornos de la Peña, um nur einige zu nennen. Aus der in jüngerer Zeit entdeckten Grotte Chauvet stammt eine mit schwarzer Farbe gemalte Darstellung eines bisonköpfigen Wesens, das menschliche Beine erahnen läßt.

Wendet man die Kriterien der mesopotamischen Archäologie auf diese Darstellungen an, so wird eines schnell klar: In der eiszeitlichen Kunst fehlen auffälligerweise die vierfüßigen «Monster», doch sind wir ohne Zweifel mit «Dämonen» konfrontiert. Hauptpersonen sind menschengestaltige Geschöpfe, die sich bei einer großzügigen Klassifizierung der dargestellten Hörner bzw. Geweihe auf einen Nenner bringen lassen: Hier erscheint der «Ziegendämon».

... und die Hundeköpfigen der Sahara Um die Bedeutung der pleistozän-eiszeitlichen (Jungpleistozän: ca. 130 000–10 000 v. Chr.) Kunst Europas für unser Verständnis der Bilderwelt des Göbekli Tepe aber im weiteren wirklich nutzbar zu machen, müssen wir auch kurz die nacheis-

Abb. 97 Hundeköpfige aus der Sahara (In Habeter III, Fezzan).

zeitlichen Felsbilder mit einbeziehen. Wieder gelangen wir zu einem sehr ähnlichen Ergebnis: Die Bilder zeigen ein reiches Repertoire menschengestaltiger «Dämonen», also Wesen mit Tierköpfen. Auffälligerweise fehlen auch hier wieder die «Monster» - die Vierfüßer. Wenn auch die Datierung der Bilder im einzelnen durchaus Probleme bereitet, so wollen wir uns im vorliegenden Zusammenhang mit der Feststellung begnügen, daß sie ausnahmslos nacheiszeitlich und sehr wahrscheinlich vorbronzezeitlich sind.

Einige Befunde seien kurz skizziert: Unter den Felsbildern der Sahara, besonders im Messak-Gebirge in Libyen, finden sich zahlreiche tierköpfige Wesen. Oft sind es Darstellungen hundeköpfiger Personen, die einzeln oder in Gruppen erscheinen. Diese Kynokephalen, wie sie im Fachjargon auch genannt werden, sind ganz offensichtlich aus dem gleichen Holz geschnitzt wie der Ziegendämon. Das Szenario erscheint lediglich in ein afrikanisches Biotop übertragen. Die Hundeköpfigen besitzen gewaltige Kräfte und attackieren Büffel, Nashörner, Flußpferde oder Elefanten, die sie mühelos in die Luft zu stemmen vermögen. Oft treten sie auch in erotischen Szenen auf.

Vergleichsweise wenig bekannt sind die Felsbilder der arabischen Halbinsel. Hier begegnen im nordwestlichen Saudi-Arabien in der sogenannten Jubba-Felskunst wieder ziegenköpfige Gestalten. Eine neue Felsbilderprovinz wurde in jüngerer Zeit in der Türkei, genauer im westtürkischen Latmos-Gebirge, entdeckt. Im Umfeld der antiken Stadt Herakleia stieß man auf zahlreiche vorher völlig unbekannte und im Hinblick auf die Motive überraschende Felsbilder. Hier treten T- und M-köpfige Wesen auf, die stark an den Ziegendämon erinnern, auch wenn Jagdszenen bisher fehlen. Eine genauere Datierung der Latmos- und der Jubba-Bilder kann noch nicht gegeben werden; auch hier soll der Hinweis genügen, daß sie als nacheiszeitlich und vorbronzezeitlich einzugrenzen sind. Wichtiger als die genaue Datierung ist in unserem Zusammenhang, daß die T- und M-Köpfigen des Latmos mehrfach in Gruppen auftreten. Wir können somit resümieren, daß in den saharanischen Felsbildern, im saudi-arabischen Jubba wie am türkischen Latmos, jeweils mehrere tierköpfige bzw. T- und M-köpfige Wesen gemeinsam auftreten. Sie scheinen somit keine individuelle Identität zu besitzen.

Akzeptieren wir die angeführten Verwandtschaftsbeziehungen der Tierköpfigen – der Theriokephalen –, beginnend in der Altsteinzeit bis hin zu den verschiedenen nacheiszeitlichen Felsbilderprovinzen, wie eng oder weitverzweigt sie auch sein mögen, so bleibt der Ziegendämon der mesopotamischen Siegelbilder auf der Ebene, auf die ihn die forschungsgeschichtlich alte Zuweisung gestellt hatte: Er ist kein Gott. Dafür spricht auch im Falle des mesopotamischen Ziegendämons, daß sich Beispiele dafür finden lassen, auf denen gleich zwei derartige Gestalten in einer Szene vereint sind – der Nachweis der für eine Gottheit zu fordernden eigenen Identität wird dadurch auch beim Ziegendämon weiter erschwert. Er läßt sich vielmehr ohne Mühe in die große Gruppe paläolithischer und nacheiszeitlicher Mischwesen einreihen, die immer aus der Verbindung eines menschengestaltigen Körpers mit einem Tierkopf, manchmal auch einem tiergestaltigen Oberkörper, bestehen. Tierkörper mit Menschenkopf fehlen hingegen sowohl in den paläolithischen wie den nacheiszeitlich prähistorischen Felsbildern.

Abb. 98 Stempelsiegel vom Tepe Giyan mit zwei gegenüberliegenden Bildflächen. Es zeigt zwei Ziegendämonen mit einem schildkrötenartigen Wesen und weiteren Tieren.

Frühe Spuren des Schamanismus Wir könnten uns noch lange mit der weitverzweigten Sippschaft der menschengestaltigen Mischwesen mit Tierköpfen, den Theriokephalen, beschäftigen, wollen aber innehalten, denn es gilt, eine wichtige Beobachtung zu wiederholen und zu konstatieren: *Im gesamten Bildrepertoire der nacheiszeitlichen und vorbronzezeitlichen Felsbilder – und das scheint offenbar global gültig zu sein – finden wir sozusagen tierköpfige Menschen, aber keine menschenköpfigen Tiere.* Keine Kentauren, keine Sphingen, Sirenen oder Meerjungfrauen. Eigentlich merkwürdig. Wir hatten unser Blickfeld auf die eiszeitliche Kunst ausgedehnt und auch darin nichts entdeckt, was dieser Feststellung widerspricht. Wieder tierköpfige Menschengestaltige, wieder keine menschenköpfigen Tiere. Bemerkenswert sind nicht zuletzt der Löwenmensch aus dem Hohlenstein-Stadel bei Ulm und der Zauberer aus Trois Frères – beide tanzen. Und zu tanzen, oder zumindest mit recht sportlich anmutenden Übungen befaßt, scheinen viele der Theriokephalen.

Ein Schlüssel zum Verständnis dieser Mischwesen und ihrer Tätigkeiten dürfte im Schamanismus liegen. Zu diesem Thema existiert eine Fülle an Literatur, auf die ich hier nicht eingehen kann und möchte. Gleichsam stellvertretend sei lediglich auf die Arbeiten von Jean Clottes und David Lewis-Williams verwiesen, die viel dazu beitrugen, daß dieses Thema zum Gegenstand archäologischer Forschung wurde. Der ethnographisch dokumentierte Schamane jägerischer Gesellschaften handelt häufig nach dem gleichen Grundmuster. Durch Tanz und oft durch den Einsatz von Drogen versucht er, sich in Trance zu versetzen. Im Zustand der Trance glaubt er, sich in ein Tier zu verwandeln und nun mit Kräften einer anderen Welt Kontakt aufnehmen zu können. Der Tanz bildet also einen wichtigen Bestandteil des Rituals. Soll dieser Vorgang selbst im Bild dargestellt werden, ist der Tanz fast notwendigerweise durch den zweibeinigen, menschlichen Körper auszudrücken. Der Tierkopf manifestiert die Verwandlung zum Tier. Dies erklärt nun, warum wir immer wieder Theriokephalen, aber keinen menschenköpfigen Tieren begegnen. Die Tierköpfigen sind somit wohl weniger als mit Tiermasken verkleidete Menschen zu verstehen, sondern sie stellen vielmehr den Schamanen dar, der sich in ein Tier verwandelt hat. Aus diesem Grund werden auch manchmal die Füße nach der Art des jeweiligen Tieres dargestellt.

In Verlauf seines Tuns schafft der Schamane gegebenenfalls auch Bilder; er ist hierfür geschult und hat die notwendige Ausrüstung. Als Bildträger wählt er häufig die Felswand. Dem Medium Fels kommt hierbei sicher eine ganz eigene Bedeutung zu. Wie beim «Sesam öffne dich!» vermag der Schamane aus der geschlossenen Wand des Felsens verschiedenste Symbole und Wesen hervortreten zu lassen.

Ich stimme dem Archäologen Lewis-Williams zu, der die modellierten «Brüste» an den Wänden Çatal Höyüks, die gefüllt sind mit den Schnäbeln, Kiefern und Zähnen wilder Tiere, in diesem Sinne deuten möchte. Mellaart verfehlte wohl das Ziel, als er von diesen Überresten der Tiere auf eine Todessymbolik folgern wollte. Diese Beißwerkzeuge repräsentieren wohl eher als Mäuler jene Tiere, die aus der Wand hervortreten, weil sie vom Schamanen gerufen worden sind. Von diesen Tieren versucht er übernatürliche Kräfte zu erlangen, um – nun selbst in ein Tier verwandelt – mit ihnen im Dialog bestimmte Aufgaben zu erfüllen.

Daß auch am Göbekli Tepe der Schamane tätig war, davon dürfen wir mit einiger Gewißheit ausgehen. Gehören nicht vielleicht auch die tanzenden Kranichgestalten mit den seltsamen Menschenknien genau in diesen schamanistischen Kontext? Wie das Wirken des Schamanen am Göbekli Tepe im einzelnen ausgesehen haben mag, wissen wir natürlich nicht. Noch fehlt er, eindeutig zu identifizieren, in den Darstellungen, doch sollten wir nicht ungeduldig sein, denn auch in den Felsbildern tritt er nicht sehr häufig auf. Der Ziegendämon der mesopotamischen Siegelbilder scheint jedenfalls mit einiger Gewißheit sein später Nachfahre zu sein. Die Frage, die wir uns nun stellen, lautet, ob der Ziegendämon (gemeint sind natürlich die Benutzer der erwähnten Siegelbilder) noch den Schatten einer Erinnerung an die große Zeit der Jäger in sich trug und damit an jene ferne Zeit, da seine einstigen Berufskollegen und Vorgänger – und hier wagen wir eine Spekulation – noch zwischen den riesigen T-Kopf-Pfeilern zum Klang der Trommeln tanzten. Auch diese Frage ist natürlich schwer zu beantworten, aber immerhin: Das merkwürdige, krötenartige Wesen, dem wir schon in Nevalı Çori begegnet waren, tanzt auf dem schon erwähnten obedzeitlichen Siegel vom Tepe Giyan noch mit.

Die Darstellung des Siegels vom Tepe Giyan wiederholt ohne Zweifel die Szene der Reliefschale aus Nevalı Çori, die bei unserem Rundblick über die jungsteinzeitlichen Siedlungen schon vorgestellt wurde – nur daß bei der Reliefschale die Personen, die sich zu beiden Seiten des krötenartigen Wesens befinden, nicht ziegenköpfig dargestellt sind. Generell läßt sich feststellen, daß mehrere Themen der frühneolithischen Ikonographie nicht nur auf den Siegeln des keramischen Neolithikums aus Sabi Abyad, sondern auch auf den Siegeln des 5. und 4. Jahrtausends v. Chr. eine Wiederholung finden. Die aus dieser Epoche auffälligsten Beispiele stellen die Siegel aus der Themengruppe des Ziegendämons dar. Der Ziegenköpfige selbst fehlt zwar bisher im Frühneolithikum, doch die ihn auf den Siegeln umgebende Tierwelt findet sich dort durchaus wieder.

So stammen vom Göbekli Tepe bisher sechs Wildschweinreliefs und vier Wildschweinskulpturen. Schweine, wohl Wildschweine, erscheinen als geläufiges Bildmotiv der Siegel. Ähnliches gilt für die Schlangen, die fast jeden zweiten Pfeiler des Göbekli Tepe zieren, aber auch gemeinsam mit dem Ziegendämon ins Bild gesetzt werden. Möglicherweise lassen sich auch die bisher bekannten Fuchs- sowie die Vogelreliefs vom Göbekli Tepe in diesen Zusammenhang einbringen. Fuchs- oder hundeartige Vierfüßer sind auf den Siegeln ebenso geläufig wie Vogeldarstellungen.

Freilich bleibt als Unterschied festzustellen, daß die Tiere auf den Siegeln oft in Jagdszenen eingebunden sind, die Tiere des Göbekli Tepe aber häufig ohne einen solch verbindenden, Beziehungen stiftenden Handlungsrahmen nachgerade heraldisch nebeneinander positioniert werden. Doch erscheint die den Ziegendämon begleitende Tierwelt jener des Frühneolithikums gleichwohl sehr verwandt – eine Verwandtschaft, die angesichts des erwähnten krötenartigen Wesens vom Tepe Giyan und aus Nevalı Çori über den Hintergrund eines in beiden Perioden gleichartigen Biotops hinauszugehen scheint. Interessant ist in diesem Zusammenhang, daß Darstellungen von Weiblichkeit, ein Motiv, das für das Neolithikum so gerne in den Vordergrund gerückt wird, sowohl am Göbekli Tepe wie auf den frühen Siegelbildern so gut wie vollständig fehlen. Offenbar kam diesem Thema auf den Siegeln, die ja im weitesten Sinn Macht verkörpern, keine Bedeutung zu.

Eine Verbindung der Tierköpfigen auf den Felsbildern mit schamanistischen Ritualen jägerischer Gesellschaften liegt jedenfalls nahe und wurde so auch von verschiedener Seite wahrscheinlich gemacht. Und es gibt wenig Grund, den mesopotamischen Ziegendämon hier auszuklammern. So überrascht auch nicht länger das Fehlen von menschenköpfigen Tieren in der prähistorischen Kunst: Wesen mit Tierkörper und Menschenkopf, also die tierartig auf vier Gliedmaßen laufenden «Monster», sind – zumindest im Bereich der Alten Welt – im Unterschied zu den zweibeinigen «Dämonen» offenbar erst Geschöpfe der Mythologien der entstehenden Hochkulturen. Die tierköpfigen Menschen – schamanische Gestalten also – sind hingegen älter, so daß auf diese Weise der Mensch selbst durchaus Eingang in die Bilderwelt des Neolithikums gefunden hat.

Natürlich ist nicht automatisch jedes Felsbild als Zeugnis einer schamanistischen Handlung zu erklären. Dies gilt jedoch zunehmend für die jüngeren Perioden. Dann aber verliert die im Kontext der Entstehung dieser

Bilder postulierte geschulte künstlerische Fertigkeit des Herstellers offenbar stark an Bedeutung; fortan scheint vielmehr jedermann Felsbilder zu fabrizieren. Dies läßt jedenfalls die durchgängig geringe Qualität der meisten Bilder aus jüngeren Epochen vermuten. Auch das Überwiegen von gepickten oder geritzten, jedenfalls nicht gemalten Darstellungen kommt dieser Interpretation des Qualitätsverlusts entgegen, da der flüchtige, unausgebildete Besucher kaum Farbe und Pinsel mit sich geführt haben wird. Die bronzezeitlichen und besonders die eisenzeitlichen Felsbilder nähern sich in starkem Maße dem Niveau dessen an, was wir heute als *Graffiti* bezeichnen. Zahlreiche Zeichen oder Inschriften auf Felswänden verfolgen demnach offenbar kein anderes Ziel mehr, als die bloße Anwesenheit der Person an einem bestimmten Ort der Nachwelt zu dokumentieren. Bedeutend für die Schöpfer bei diesen *Graffiti* blieb in der Regel also nur noch der besondere Ort, an dem sie diese einritzten - sei es, daß es die alten, heiligen Plätze waren oder in anderer Weise herausgehobene Orte. (Demgegenüber läßt die «Graffitikunst» unserer Tage dann allerdings auch bei der Ortswahl kaum noch Regeln erkennen.)

Aus der Gesellschaft der altorientalischen Hochkulturen - also ab dem einsetzenden 3. Jahrtausend v. Chr. - war der Schamane jedenfalls weitgehend verschwunden; er hatte sich offenbar zum Priester gewandelt. Es waren fortan Tempel und nicht länger Höhlen oder Felsschutzdächer entlegener Plätze, wo von diesem Zeitpunkt an die rituellen Bedürfnisse der Gesellschaft geregelt und bedient wurden. Die skizzierte Entwicklung läßt sich gut am Schicksal des Ziegendämons verfolgen. Es wird deutlich, warum dieses «früheste übernatürliche Wesen» in der Uruk-Zeit schon wieder verschwindet; denn damals dominieren bereits die Tempel der entstehenden Stadtstaaten - und ihre Priester. Die tierköpfigen Wesen, die noch die mythologische Welt bevölkern, übernehmen in der Hierarchie des altmesopotamischen Pantheons nur noch eine deutlich nachrangige Aufgabe. Ihre Existenz hatte sich offenbar im Hinblick auf die schamanistischen Vorbilder verselbständigt. Ein Ausdruck dieser Umformung kann in der Schöpfung der «Monster» gesehen werden, die der prähistorischen Bilderwelt eben noch fremd waren.

Fassen wir zusammen: Der Ziegendämon fehlt bisher in der nachweisbaren Ikonographie des vorderasiatischen Frühneolithikums. Doch mag dies nur bedeuten, daß seine Darstellung in dieser Zeit vermieden wurde. Die paläolithischen Beispiele vermögen hingegen zu belegen, daß die Tier- und mit ihnen auch die Ziegenköpfigen sehr wohl schon länger bekannt waren. Es war möglich - und so geschah es auch von verschiedenen Seiten -, diese in einen schamanistischen Kontext einzuordnen und mit entsprechenden Handlungen zu verbinden. Religionsgeschichtlich lassen sich somit die Tierköpfigen – und mit ihnen auch der Ziegendämon sowie die T- und M-Köpfigen des Latmos – als frühe übernatürliche Wesen erkennen. Da diese Tierköpfigen aber offenbar über keine eigene Identität verfügen, sind sie nicht als frühe Götter zu verstehen.

Ob die theriokephalen Götter Ägyptens in einer gewissermaßen verwandtschaftlichen Beziehung zu den neolithischen Tierköpfigen stehen, ob sich also in Ägypten der Weg vom tierköpfigen Dämon zum Gott verfolgen läßt, kann im vorliegenden Zusammenhang nicht weiter diskutiert werden. An Euphrat und Tigris scheint es jedenfalls nicht so zu sein. Doch wenn die Tierköpfigen in Mesopotamien wahrscheinlich als Kandidaten für die Entstehung früher Götter ausscheiden, so steigen in gleichem Maße die diesbezüglichen Chancen einer anderen Gruppe, die wir schon ausführlich kennengelernt hatten – nämlich die der T-Pfeiler.

Auf der Suche nach den alten Göttern des Du-ku-Berges In der sumerischen Mythologie finden wir eine Lokalität mit Namen Du-ku. Es handelt sich um einen heiligen Berg. Hier sollen die Anuna-Götter gelebt haben – sehr alte, noch nicht mit individuellen Namen belegte Götter. Am Berg Du-ku, so die Überlieferung, lag die Heimat von Schaf und Getreide; hier wurden wesentliche Elemente menschlicher Zivilisation – Ackerbau und Viehzucht, aber auch die Webkunst – erfunden. Den Berg Du-ku identifizieren wir üblicherweise mit der Region der Hügellandschaft des Taurus- und Zagros-Gebirges, dessen günstiges Klima in der Tat die Entwicklung dieser zivilisatorischen Errungenschaften ermöglichte. Tragen wir die einzelnen beschriebenen Phänomene zusammen – uraltes Kulturland, alte Götter ohne Namen und dann die menschengestaltigen, aber hochstilisiert dargestellten Pfeilerwesen des Göbekli Tepe, im Kreis versammelt um je zwei Vertreter ihrer Art, diese jedoch von besonderer Größe und hervorgehobener Stellung –, so drängt sich eine Frage auf: Lassen sich diese Punkte verbinden, verbirgt sich hinter dem Göbekli Tepe womöglich der Berg Du-ku, und sind die anthropomorphen Pfeiler des Göbekli Tepe – plötzlich überraschend handgreiflich – die alten Anuna-Götter? Greift das kulturelle Gedächtnis des Alten Orients unerwartet konkret und weit zurück in die neolithische Vergangenheit dieses Raumes?

In den vorangegangenen Abschnitten wurden Beobachtungen gesammelt, die in diesem Zusammenhang von Bedeutung sind, doch sind es eben Beobachtungen, nicht aber Indizienketten. Bevor man sich ernsthaft an die

Beantwortung derartig dramatisch weitreichender Fragen wagt, muß man sich aus methodischen Gründen natürlich zuerst der generellen Frage stellen: Dürfen wir überhaupt erwarten, daß sich in der Mythologie des Alten Orients im allgemeinen und konkret im Fall des Berges Du-ku und der Anuna-Götter etwas wirklich Lokalisierbares, etwas real Faßbares verbirgt? Oder ist das ein von vornherein fehlgeleitetes Bemühen? Gleicht ein derartiges Unterfangen dem Versuch, den Stein der Weisen lokalisieren und mineralogisch bestimmen zu wollen? Das verweist letztlich wieder auf die generelle Frage, ob angesichts der großen Zeitspanne zwischen dem Frühneolithikum und unseren Textquellen der Versuch, das Phänomen Göbekli Tepe in dieser Weise in die altorientalische Überlieferung einbinden zu wollen, überhaupt statthaft ist.

In jedem Falle birgt das Terrain, auf dem ein solcher Versuch gewagt würde, ein große Zahl potentieller Fallstricke. Stets läuft der Archäologe Gefahr, die Deutbarkeit und Belastbarkeit von Textquellen falsch einzuschätzen, und der Altorientalist, also der Philologe, der sich der Frage von der anderen Seite nähert, setzt sich denselben Gefahren aus. Halten wir fest, daß sich erste Erfolge bei dem Versuch haben erzielen lassen, die Jahrtausende breite Kluft zwischen den steinernen und den Textzeugen zu überwinden. Aber für die Beantwortung dieser Urfragen zur Geschichte des Alten Orients und damit der Menschheitskultur ist es noch zu früh. Wir können den trennenden Vorhang ein wenig anheben und sehen, daß die Befundlage am Göbekli Tepe alles bislang Dagewesene übertrifft und enorme interpretatorische Möglichkeiten bietet. Aber noch muß die Forschung weiter vorangetrieben werden, ehe wir den Vorhang auch wirklich heben können – dieses Bemühen aber ist den Schweiß der Edlen wert und wird den Gelehrten vor Ort und an den Schreibtischen noch viele Kontroversen bescheren.

«Steinzeitliche Hieroglyphen» Betrachtet man Pfeiler 33 des Göbekli Tepe, so läßt sich die Assoziation mit altägyptischen Hieroglyphen fast nicht unterdrücken. Folglich führt diese Wahrnehmung aber auch nachgerade von selbst zu der Frage, ob auch diese steinzeitlichen Reliefs als Hieroglyphen zu verstehen sind und damit als solche bezeichnet werden dürfen.

Das Wort Hieroglyphe jedenfalls enthält zunächst nichts anderes als die Bestandteile «heilig» und «Zeichen», bedeutet also «heiliges Zeichen». Entsprechend übersetzt sich der geläufige Begriff «Petroglyphe» als «Felszeichen». In diesem Sinn wäre es noch recht unproblematisch, von neolithischen Hieroglyphen zu sprechen, wenn dieser Begriff nicht befrachtet wäre mit jener Bedeutung, die besonders die altägyptische Hieroglyphenschrift diesem Terminus aufgeprägt hat: Die Bildgestalt der altägyptischen Hieroglyphen dient aber tatsächlich nur noch als Vehikel zum Transport phonetisierter festgelegter Lautfolgen, letztlich also von Sprache. Die altägyptischen Hieroglyphen formieren demnach keine Bilderschrift, sie stellen eine Sprach-Schrift dar. Das altägyptische Wort für Hieroglyphe bedeutet zudem auch soviel wie «Worte Gottes». Sinngemäß wird der Begriff der Hieroglyphe auch für andere Schriftsysteme verwendet, so etwa für die luwische bzw. hethitische Schrift oder die der Mayas in Mittelamerika, die gleichfalls als Hieroglyphen bezeichnet werden.

In diesem Zusammenhang ist es unerläßlich, das Phänomen früher *Schrift* etwas näher zu charakterisieren. Die ägyptische Hieroglyphenschrift war eine der Grundlagen für den Aufstieg des Landes am Nil zu einer mächtigen Hochkultur, die in den Pyramiden der 4. Dynastie um die Mitte des 3. Jahrtausends v. Chr. ihren ersten Höhepunkt fand. Die Hieroglyphenschrift wurde nicht nur als Gotteswort, sondern als Gottesgabe verstanden. Alle mythischen Überlieferungen lassen die Bedeutung und die Macht erkennen, die der Schrift zu jeder Zeit von jedem Volk beigemessen wurde. Denn Schrift wurde nicht als Kommunikationsmedium, sondern als Speichermedium erfunden. Schrift stand zunächst einmal im Dienste der Buchführung, der (Palast- oder Tempel-)Verwaltung, die allein mit Mitteln des Gedächtnisses nicht mehr zu bewältigen war. Schrift unterstützte das Gedächtnis und den Überblick der frühen Herrscher, die mit ihrer Hilfe ein bis dahin unbekanntes Maß an Kontrolle und Überblick zu entfalten vermochten. Und sie ermöglichte eine Nachrichtenübermittlung über Zeit und Raum hinweg. Wenn wir altmesopotamische Keilschriften oder ägyptische Hieroglyphen lesen, erwecken wir letztlich wieder Personen und Worte, die einer seit 5000 Jahren vergangenen Epoche angehören.

Der Ägyptologe Jan Assmann fügt den Begriff der «zerdehnten Situation» hinzu, die der Schrift bedarf, denn ohne die Schrift wäre Kommunikation nicht in Raum und Zeit ausdehnbar. Schrift ist nach Assmann ein Notationssystem im Dienste des Gedächtnisses, ein Datenspeicher, der jedoch nur im Zusammenspiel mit einer zugehörigen Erinnerungskultur funktioniert, welche die andauernde Lesbarkeit der Texte garantiert.

Schrift fixiert die Dinge, sie führt zu klaren Definitionen. Sie ähnelt hier durchaus dem Bild, denn auch dieses fixiert und definiert. Und es ist auf einer elementaren, visuellen Ebene sicher mächtiger als Schrift. Der Satz «*Du sollst dir kein Bildnis machen*» spiegelt die Macht der Bilder, die man von alters her – und zum Teil bis heute – fürchtet und scheut. Die Schrift besitzt dagegen ein anderes Potential, mit der klar definierenden Phonetisierung des Bildes schafft sie Zugang zu Informations- und Übermittlungsebenen, welche die Möglichkeiten der Bilder allein weit überschreiten.

Wo stehen wir mit den Bildern und Zeichen des Göbekli Tepe? Eine Hieroglyphen-*Schrift* im skizzierten Sinn, wie sie die Alten Ägypter hervorgebracht und entwickelt haben, ist im Neolithikum zweifelsohne noch nicht zu erwarten. Schon 1925 liest man in Hans Jensens *Geschichte der Schrift*: «*Eine bereits zur Buchstabenschrift gelangte Schrift läßt sich nicht mit der Kulturstufe des Paläolithikums, wohl kaum mit der des Neolithikums vereinbaren.*» Dem ist noch heute zuzustimmen. Was wir in der Steinzeit an Zeichen und Symbolen finden, nennt man im Fachjargon Piktogramme – wörtlich übersetzt: Bildzeichen. Sie übermitteln sprachunabhängig Informationen. Besonders unsere Flughäfen mit internationalem Publikum würden ohne sie kaum mehr funktionieren. Das Piktogramm eines grünen, im Gehen begriffenen Männchens auf einer Verkehrsampel hat zwar eine internationale und unmißverständliche Bedeutung: «Du darfst jetzt die Straße überqueren», aber diese Bedeutung wird in jeder Sprache anders verbalisiert. Wirkliche Schrift erlaubt nun die Phonetisierung, d. h. die lautliche Umsetzung der Zeichen; so können wir beispielsweise auch einen ungarischen Text vorlesen, ohne ihn zu verstehen, und unsere Worte werden von einem Ungarn – zumindest, wenn wir bestimmte Ausspracheregeln beachten – vielleicht sogar verstanden.

Das Wesen echter Schrift muß sicher nicht ausführlicher erläutert werden. Am Göbekli Tepe handelt es sich gewiß nicht um Schrift in diesem Sinne. Betreiben wir also nur ein Verwirrspiel, wenn wir in diesem Kontext mit dem Wort Hieroglyphen arbeiten? Wenn man es für die Symbole des Göbekli Tepe benutzt, warum nicht auch für die Symbole und Zeichen anderer steinzeitlicher Orte?

Betrachten wir in diesem Zusammenhang zwei wichtige Plätze. Die Höhle von La Pasiega liegt in Nordspanien. An den rauhen Felswänden der engen Gänge erscheinen eine große Anzahl von Gravierungen und Malereien, oft in ausgezeichnetem Erhaltungszustand, darunter Wildpferd, Hirsch und Hirschkuh, Bison, Wildrind, Steinbock, Gemse. Darüber hinaus existieren einige Zeichen. Über deren genaue stilistische Datierung gibt es verschiedene Meinungen, an ihrer Zuordnung zur jungpaläolithischen Felsbildkunst des frankokantabrischen Raums besteht aber kein Zweifel. Von einem frühen Besucher ist nun angesichts der Zeichen der Ausruf überliefert: «*Als ich 1913 die Pasiega-Höhle ... besuchte, entströmten meinem Munde dieser Inschrift gegenüber fast reflexartig die deutenden Worte: Weiche zurück Fremd-*

ling, denn hier ist heiliges Land.» Eine mutige Lesart – wenn auch von ordentlich biblischer Vorbildung geprägt (Ex. 3,5). Leider ist sie nicht beweisbar. Doch wurde die Zeichengruppe von Pasiega damals als erster Ansatz einer Bilderschrift der Eiszeit gefeiert. Wir können in dem neuzeitlichen Vorgang ohne Zweifel die Begeisterung erkennen, welche die Begegnung mit der gerade erst entdeckten eiszeitlichen Höhlenkunst am Ende des 19. und zu Beginn des 20. Jahrhunderts hervorrief. Erliegen wir nun vielleicht selbst angesichts der überwältigenden Fundsituation bei der Betrachtung der steinzeitlichen Hieroglyphen am Göbekli Tepe einer vergleichbaren, letztlich naiven Begeisterung?

In der Höhle von Mas d'Azil im Vorland der Pyrenäen wurden schon 1887 zahlreiche runde und längliche Bachkiesel von hellgrauer oder weißlicher Farbe gefunden. Mit einer rötlichen Paste aus Eisenoxid, wohl vermischt mit Harz oder Fett, war eine Bemalung aufgetragen worden. Der Entdecker Eduard Piette ordnete seine Kiesel in drei Gruppen und interpretierte die eine als Zählsteine mit der Angabe von Ziffern, die zweite als graphisch-symbolische Zeichen für den Sonnengott und die dritte entweder als alphabetische Zeichen einer regelrechten Lautschrift oder zumindest – als graphische Wiedergabe von Bäumen, Augen, Schlangen, Harpunen – als Teile einer Bilderschrift. Er vermutete, eine Schule der Vorzeit entdeckt zu haben, in der Lesen, Schreiben und Rechnen unterrichtet worden war. Die Phöniker hätten später dann das Mas-d'Azil-Alphabet übernommen und ihrer semitischen Sprache angepaßt.

Die manchmal wirklich vorhandene Ähnlichkeit mit Buchstaben des phönikischen Alphabets ist mit Sicherheit als Spiel des Zufalls zu betrachten. Der deutsche Prähistoriker Hugo Obermaier war in seinen Versuchen, zu begreifen, was er in den Mas-d'Azil-Kieseln vor sich hatte, sicher erfolgreicher als Piette. So erwähnt Obermaier in diesem Kontext die ethnographische Beobachtung, daß bei den Eingeborenen Zentralaustraliens jede Stammesgruppe eine Höhle besitze, in der gewisse Holz- oder Steinstücke, die sogenannten Tschuringas, als Verkörperung der Vorfahren aufbewahrt würden. Und Mas d'Azil, so Obermaier, sei sicher ähnlich zu verstehen.

Auch von anderen Fundplätzen wurden bald vergleichbare Funde bekannt, so etwa aus der Höhle am Schloßfelsen von Birseck bei Basel. Dieser Fund wies Zerstörungsspuren aus alter Zeit auf, und so – wie Obermaier interpretierte – «*geben die Funde wohl von einem feindlichen Racheakt Kunde, der zum Zweck hatte, jenen Stamm seines heiligsten Besitzes, der Seelensteine, und damit des Schutzes seiner Ahnen zu berauben*». Gewiß hat Obermaier hier den Befund phantasievoll um unbeweisbare Sachverhalte ergänzt, aber immerhin wird deutlich, daß er mit Blick auf diese Steine auch nicht im entferntesten an eine frühe Buchstabenschrift denkt.

Mit Schrift haben die Kiesel auch nichts zu tun. Neueren Untersuchungen zufolge sind darauf regelhafte Kombinationen hinsichtlich der Wahl der Motive und der Form der Steine sowie hinsichtlich der Kombinationen einzelner Motive und der Häufigkeit ihres Vorkommens zu erkennen. Ein Symbolgehalt kommt dem Kieselensemble sicher zu, eine Entschlüsselung ist jedoch natürlich nicht mehr möglich. Immerhin aber handelt es sich um ein System von Symbolen. Warum also nennt man die Zeichen aus Mas d'Azil nicht auch Hieroglyphen?

Was die Bilder und Zeichen des Göbekli Tepe von Pasiega und Mas d'Azil unterscheidet, liegt klar auf der Hand: Am Göbekli Tepe sind die Zeichen nicht flüchtig in eine Felswand eingeritzt oder auf Kieselsteine aufgemalt, sie sind monumental auf T-Pfeilern in Relieftechnik ausgeführt und in einem Fundkontext angetroffen worden, der dem Bedeutungsgehalt des Wortes *hieros* – *heilig* – ohne Zweifel gerecht wird. Diese Zeichen bestehen aus konkreten wie abstrakten Motiven. Sie sind in einer Weise aneinandergereiht, die eine logische Verknüpfung der Zeichenfolge sehr wahrscheinlich macht.

Eine Phonetisierbarkeit ist nicht nachzuweisen und wohl auch nicht zu erwarten. Dies unterscheidet die Zeichen des Göbekli Tepe von hieroglyphischen Sprach-Schrift-Systemen. Dieser Unterschied ist zwar elementar. Doch bot mit hoher Wahrscheinlichkeit die jeweils gewählte spezifische Aneinanderreihung der Zeichen eine dem kundigen – zeitgenössisch-neolithischen – Betrachter lesbare Botschaft. Der übermittelte Inhalt wird uns wahrscheinlich für immer verborgen bleiben, doch erscheint die Verwendung des Terminus «Hieroglyphen» als angemessen, da durch diesen Begriff die Zeichen des Göbekli Tepe aus der großen Familie einfacher steinzeitlicher Piktogramme in angemessener Weise herausgehoben werden.

Wir rekapitulieren den bekannten Zeichenbestand: Es handelt sich zunächst um die abstrakten Symbole, die wir kennengelernt hatten – 1) das H-förmige Zeichen und seine um 90° gedrehte Variante, 2) den Kreis, 3) den liegenden und den stehenden Halbmond sowie 4) den liegenden Balken. Hinzu treten 5) der Stier- oder Widderkopf sowie 6) eine einzelne Schlange und 7) Schlangenbündel, ferner Vierfüßer, die sich wohl als 8) Onager, 9) Fuchs, 10) Schaf oder Ziege und 11) «Reptil» identifzieren lassen, und schließlich 12) Insekt und 13) Spinne.

Bei den Tierbildern wurden nur die kleinen Darstellungen berücksichtigt, da deren Anbringung auf den Pfeilern wahrscheinlich einer anderen Intention folgte als die der großformatigen Tierreliefs, die vorläufig nicht zum Kern des Zeichenbestandes gerechnet werden. Denn bei den großen Tieren mag die Bedeutung auf einer Ebene liegen, die mit – im weitesten Sinne – totemistischen Vorstellungen zu tun haben dürfte. Die Benennung Hieroglyphen soll deshalb vorläufig nur auf die deutlich kleiner dargestellten Zeichen beschränkt bleiben, denn sie erscheinen in der Regel kombiniert mit anderen Symbolen.

Diese kleineren Zeichen kommen bisher nur auf wenigen Pfeilern vor. Die wichigste Stelle ist die Vorderseite von Pfeiler 33 mit der vertikalen, von oben nach unten aufgezählten Folge H-Zeichen, Schlangenbündel, H-Zeichen, Insekt, Schlangenbündel, Schaf/Ziege und Spinne. Auf der rechten Seite des gleichen Pfeilers treten der Fuchs und das um 90° gedrehte H-Zeichen mehrfach auf. Auf Pfeiler 18 findet sich die Folge H-Zeichen, Kreis und liegender Halbmond. Auf Pfeiler 28 erscheint die Folge stehender Halbmond und liegender Balken, auf Pfeiler 30 ein um 90° gedrehtes H-Zeichen, eine Schlange, ein Onager und ein Schlangenbündel. Der Stier- oder Widderkopf kommt bisher immer nur einzeln vor, und zwar auf Pfeiler 2, 31 und 38, das miniaturhaft dargestellte Reptil auf Pfeiler 43.

Mehr möchte ich vorläufig nicht zum festen Bestand der steinzeitlichen Hieroglyphen rechnen. Aber noch lange sind nicht alle Pfeiler, von deren Existenz wir wissen, vollständig ausgegraben, und es ist zu erwarten, daß auf diesen Pfeilern noch viele neue Reliefs zu entdecken sind. Darüber hinaus ist zu bedenken, daß insgesamt aus den bislang ergrabenen Anlagen A–D bisher nur 43 Pfeiler bekannt sind, daß die Anlagen A und B jeweils 12, die Anlagen C und D mindestens je14 Pfeiler erwarten lassen. Somit ist klar, daß allein in den bekannten Anlagen noch mindestens 9 völlig unbekannte Pfeiler stecken müßten. Doch das ist keinesfalls alles. Eine geomagnetische Kartierung bestätigte die schon anhand der archäologischen Befunde aufgekommenen Erwartungen, daß neben den durch die Grabungen bereits bekannten monumentalen 4 Anlagen noch mindestens 15 weitere auf ihre Ausgrabung warten. Da die bereits ergrabenen Anlagen über durchschnittlich 14 Pfeiler verfügen, kann davon ausgegangen werden, daß einst mehr als 200 megalithische Pfeiler am Göbekli Tepe errichtet worden sind, von denen wir bis heute – und in einigen Fällen vorerst nur teilweise – 43 ans Tageslicht gefördert haben. Viele der noch unausgegrabenen Pfeiler werden Reliefs und manche steinzeitliche Hieroglyphen tragen. Wenn wir den Großteil des gesamten Bildrepertoires kennen, werden wir auch die «Syntax» der Bildersprache am Göbekli Tepe und damit die Welt des steinzeitlichen Menschen insgesamt besser verstehen. Worauf diese Aussagen und Erwartungen beruhen, möchte ich im nächsten Kapitel erläutern.

V. Die jüngeren Schichten des Göbekli Tepe und das Ende des Jäger-Heiligtums

Bisher haben wir nur die ältere Schicht des Göbekli Tepe kennengelernt und ausschließlich die plateauartige Umgebung des Ruinenhügels und die großen Kreisanlagen betrachtet, die in das 10. Jahrtausend v. Chr. datiert werden können. In der verwendeten Schichtgliederung, die vom jüngeren zum älteren hin zählt, ist dies die Schicht III.

Unklar blieb bisher allerdings das zeitliche Verhältnis der Anlagen zu den Schichten der umgebenden Hügelkuppen. Wurden die Bauten, etwa in der Art eines griechischen Theaters, in die schon bestehende Senke eingesetzt, oder entstand die Einsenkung erst durch Aussparung dieses Areals von späterer Bautätigkeit? Unbeantwortet bleibt bisher auch die Frage nach dem zeitlichen Verhältnis zwischen den Anlagen A, B, C und D. Es ist sowohl möglich, daß sie gleichzeitig entstanden, aber auch, daß sie zeitlich gestaffelt errichtet worden sind.

Aus der Betrachtung ausgeklammert blieben bisher die jüngeren Schichten I und II. Dies geschah natürlich nicht ohne Grund. Die jüngste Schicht I stellt keine Bauschicht dar, sondern enthält lediglich die Sedimente, die infolge der natürlichen und vom Menschen durch Beackerung verstärkten Erosion der Hügelkuppen entstanden sind, denn das abgetragene Material wurde am Hangfuß wieder abgelagert und kann dort über 3 m mächtig werden.

Die Hügelmasse des Göbekli Tepe ist jedoch nicht kompakt geformt. Es handelt sich um eine Hügellandschaft *en miniature* mit mehreren Kuppen und dazwischen eingesenkten Mulden. Und gerade hier finden sich natürlich mächtige Ablagerungen der Schicht I. Die bislang ausgegrabenen monumentalen Kreisanlagen der Schicht III befinden sich nun in einer tiefen Senke, welche die Südflanke des Tells in zwei Sporne teilt und die sich nach Süden zum Tal hin öffnet. Im Westen, Norden und Osten wird sie von steil aufragenden Hügelkuppen umschlossen. Daß wir die Gebäude der Schicht III mit Steinmaterial, Sedimenten usw. verfüllt fanden, hätte sich also ohne weiteres aus der Topographie ergeben können. Das Material hätte durch natürliche Ereignisse und Witterungseinflüsse und erosive Kräfte dort hineingelangt sein können. Doch konnten wir feststellen, daß die Verfüllung der Anlagen der Schicht III zum großen Teil anthropogenen Ursprungs ist. Bereits die Menschen der Steinzeit haben diese Anlage zugeschüttet. Erst über dieser bewußt erfolgten Zufüllung liegt dann die wieder mächtige Schicht I, so daß in der Regel mehrere Meter tief gegraben werden mußte, bis die ersten steinzeitlichen Baubefunde erreicht werden konnten. Immerhin verdanken wir diesem seltsamen Ereignis aber, daß die bereits erwähnten bisher 43 großen T-Kopf-Pfeiler aus der ältesten Schicht III an Ort und Stelle – *in situ* – erhalten geblieben sind.

Was mag der Grund für dieses befremdliche Vorgehen gewesen sein? Wie lange waren die Anlagen zugänglich, bis sie zugefüllt wurden? Erfolgte die Zufüllung erst «final»? War man sich bewußt, daß «die Zeiten sich gewandelt» und man eine neue Kulturstufe erklommen hatte? Hat man auf eine Zerstörung des Vorangegangenen aus Achtung verzichtet, aber zugleich durch eine geordnete Bestattung dieses Heiligtums ganz davon Abschied genommen? Letztere Deutungsvariante können wir, wie wir im folgenden sehen werden, immerhin ausschließen.

Glücklicherweise gibt es im Westbereich der Anlagen A und B eine partielle Überlagerung durch eine jüngere Überbauung, die auf der Zufüllung errichtet wurde und zumindest den Zeitpunkt der Verfüllung mit Sicherheit noch innerhalb der jüngeren vorkeramischen Jungsteinzeit (PPN B) bestimmen läßt. Diese Bebauung wird Schicht II genannt. Die Befunde dieser Schicht unterscheiden sich zwar in vielem von der älteren Schicht III, doch ist ein wesentlicher Sachverhalt zu konstatieren: Das Hauptsymbol der Schicht III, der T-förmige Pfeiler, lebt in Schicht II fort. Die Pfeiler stehen fortan mit Längenmaßen von «nur» 1–2 m zwar gleichsam im Schatten der Kolosse der älteren Zeit, doch künden sie vom Fortleben der steinernen menschengestaltigen Wesen. Die Beerdigung der Anlagen der Schicht III fällt somit zeitlich nicht mit dem Ende des am Göbekli Tepe praktizierten Kultes zusammen.

1. Die jüngeren Bauten und das Löwenpfeilergebäude

Die Schicht II konnte in zwei bisher nicht miteinander verbundenen Sektoren des Grabungsgebietes nachgewiesen werden. Im Westen der Anlagen A und B überlagert sie auf Höhe der Pfeilerköpfe diese zum Teil mit einer kleinräumigen Bebauung in Gestalt meist rechteckiger Räume. Sieben Räume wurden ganz oder teilweise freigelegt. Außenmauern können bisher nur auf der Ostseite vermutet werden, so daß die Ausmaße dieses Baus ebensowenig wie seine Raumgliederung zu klären sind; alles, was wir sehen, ist, daß die Raumflucht im wesentlichen von Südwesten nach Nordosten hin zu den Anlagen der Schicht III orientiert ist. Die Mauern, die teilweise über 1 m hoch anstehen, sind aus vergleichsweise kleinen Bruchsteinen gebaut. Die Fußböden bestehen aus terrazzoartigen Estrichen.

Charakteristisch für die Architektur der Schicht II sind die in den Räumen freistehenden T-Pfeiler. Im Hinblick auf die Exemplare der Schicht III sind sie, wie schon angeführt, mit durchschnittlich nur 1,5 m Höhe freilich sehr klein. (Ich habe sie auch nicht etwa den oben erwähnten 43 Pfeilern der älteren Schicht III hinzugezählt.) Da sich der erste Sektor am Osthang der südwestlichen Kuppe befindet, sind die acht hier nachgewiesenen Pfeiler der Schicht II durch den Hangdruck meist nach Osten geneigt oder völlig umgestürzt und zerbrochen. In einem Raum im Südwesten fanden wir neben einer stark zerborstenen Pfeilersetzung vier bogenförmige, etwa armdicke Bruchstücke, die sich zu einem vollständigen Ring von 80 cm Durchmesser zusammensetzen ließen. Ähnliche Ringe bzw. Ringfragmente waren uns schon als Oberflächenfunde begegnet, doch können wir immer noch nicht ihre Funktion bestimmen. Auf dem Terrazzoboden des gleichen Raumes wurde auch eine in drei Teile zerbrochene Kalkschale gefunden. In einem anderen Raum lag ein großer «Steinteller» auf dem Boden.

Der zweite Grabungssektor, in dem wir eine Bebauung der Schicht II entdeckt haben, erstreckt sich auf der südöstlichen Hügelkuppe westlich vom eingangs dieses Buches erwähnten Wunschbaum (S. 15) und der kleinen Wallfahrtsstätte. In einem Gebäude dieses Sektors konnten wir zwei Reihen von Räumen finden, die aus jeweils drei «Einzelzimmern» bestehen und in Süd-Nord-Richtung orientiert sind. Das Auffälligste an diesem Befund ist, daß keiner der Räume eine Pfeilersetzung zeigt. Auch hier können wir keine Außenmauern erkennen, das Bauwerk war größer als unsere heutigen Grabungsareale. Die Fußböden der Räume bestehen ausnahmslos aus terrazzoartigen Estrichen. Im zentralen Raum der westlichen Reihe, der in seinen Grenzen als einziger vollständig im Grabungsareal liegt und komplett freigelegt werden konnte, fand sich im Füllschutt immerhin ein schlecht erhaltener, mittelgroßer Torso, der einzig die Armlinien mühelos erkennen läßt. Das Besondere dieses Raums aber besteht in seiner Ausstattung. Die Wände sind durch insgesamt fünf Mauervorsprünge gegliedert, in der Nordost- und in der Südwestecke sind Steinplatten der Wand vorgelagert. Sie sind sicher als eine Art Bank anzusehen. Etwa in der Raummitte fanden wir unmittelbar auf dem Terrazzoboden eine große Reibschale aus Basalt und eine runde Kalkplatte.

Auch im südwestlichen Raum fanden sich Einbauten. Der Südabschnitt liegt außerhalb des Grabungsgebietes, aber in der freigelegten Nordhälfte

Abb. 99 Das Löwenpfeilergebäude von Westen. Die vier Pfeiler wurden *in situ* angetroffen.

des Raumes hat man aus Reihen aufgerichteter Kalkplatten zwei Podeste gebaut. Das westliche ist niedriger und schmaler als das östliche, über dessen in den Raum hineinragender Südwestecke sich ein großer, regelmäßig zugerichteter Kalkquader befand. Dessen ursprüngliche Verwendung können wir aber nicht mehr rekonstruieren. Immerhin liegt auch vor dem westlichen Podest wieder eine Basaltschale auf dem Terrazzoboden. Die Funktion der Podeste - und eventuell die Art ihres Inhaltes - kennen wir noch nicht.

In der älteren Schicht III hatten wir überhaupt keine Räume entdecken können, die auch nur entfernt auf ihre Verwendung als Wohngebäude hätten schließen lassen. Alles deutet dort auf einen ausschließlich kultisch-sakralen Bauzusammenhang. Wenn sich bislang am Göbekli Tepe überhaupt etwas findet, bei dem es sich über seine mögliche Funktion als Wohnbebauung nachzudenken lohnt, dann ist es der soeben erwähnte Raumkomplex bzw. dieses Gebäude aus der jüngeren Schicht II. Aber klar ist das noch lange nicht: Da alle ergrabenen Räume dieses Gebäudes die hochwertigen Terrazzoböden besitzen, zögert man doch sehr, darin normale Wohnstätten erkennen zu wollen. Zwar fehlen die angesichts der Befunde im westlichen Sektor der Schicht II zu erwartenden Pfeilersetzungen, doch immerhin haben wir das erwähnte Skulpturfragment aus der Raumfül-

Abb. 100 Das Löwenpfeilergebäude aus der Vogelperspektive (Aufnahme genordet).

Abb. 101 Ein Pfeiler mit Stola und Händen wurde in die Südwand des Löwenpfeilergebäudes eingesetzt. Der obere Teil ist nicht erhalten.

lung, was auch hier auf einen kultischen Zusammenhang deuten könnte. Auch fehlen Öfen oder Feuerstellen, die wir in einem Wohnbereich erwarten würden. Diese haben wir aber bisher nirgendwo auf dem Göbekli Tepe angetroffen. Und was die in den Räumen entdeckten Reibschalen und die insgesamt zahllosen Reibschalen des Göbekli Tepe überhaupt anbelangt, so könnten diese zwar natürlich der Nahrungszubereitung gedient haben - aber nicht notwendigerweise nur für potentielle, ganzjährige Bewohner des Ortes, sondern möglicherweise auch für die vielen «Gäste», deren Anwesenheit angesichts der am Ort gebotenen gewaltigen Arbeitsleistung angenommen werden darf. Vielleicht dienten sie auch zu ganz anderen Zwecken wie etwa der Herstellung von Medizin oder der Aufbereitung von Drogen. Dies wäre jedenfalls bei einem Ort mit erwiesenermaßen vornehmlich ritueller Funktion nicht überraschend. Halten wir fest, daß wir uns nicht sicher sind, welche Funktion wir dem «Gebäude ohne Pfeiler» zuweisen sollen.

Wieder auf weit besser gesichertes Terrain gelangen wir im östlichen Areal dieses Sektors. Hier entdeckten wir einen vergleichsweise großen, rechteckigen Raum, der auf allen Seiten von tür- und fensterlosen Mauern umschlossen ist; diese sind erhalten geblieben und ragen mit bis zu 2 m Höhe offenbar bis zum Dach hinauf (denn im Unterschied zu den Anlagen der Schicht III scheinen die Räume der Schicht II mit einem Dach überdeckt gewesen zu sein). Nur der Terrazzoboden des Raumes ist durch vereinzelt herabgestürzte Maueroberkanten leider stark beschädigt.

In diesem Raum fanden wir vier freistehende T-Kopf-Pfeiler. Drei von ihnen waren zwar zerbrochen, doch konnten die Pfeilerköpfe auf die in ursprünglicher Position verbliebenen Pfeilerstümpfe aufgesetzt werden. Alle vier Pfeiler stehen folglich *in situ* und sind – wie wir aus zahlreichen Steinplattenbruchstücken folgern, die wir in der Raumfüllung entdeckt haben – möglicherweise Träger einer zumindest teilweise steinernen Dachkonstruktion gewesen. In der Mitte der Südmauer dieses Raumes haben wir außerdem einen reliefierten Pfeiler des Nevalı-Çori-Typs mit Armen und Händen gefunden, der dort sekundär verbaut, also nicht ursprünglich für diesen Zweck hergestellt wurde. Er korrespondiert mit einem gemauerten «Pilaster» – einem flachen Wandpfeiler – der Nordmauer. Der Raum besitzt folglich vier freistehende und zwei in seine Mauern integrierte Pfeiler. Eines aber ist klar – dies war ganz sicher kein steinzeitliches Wohnzimmer.

Die beiden östlichen Pfeiler dieses Raumes tragen Reliefdarstellungen. Lassen wir einmal den in der Mauer verbauten Pfeiler mit Armen und Händen beiseite, so sind dies die bisher einzigen reliefierten Pfeiler der (jüngeren) Schicht II, die wir an ihrem ursprünglichen Aufstellungsort – *in situ* – vorgefunden haben. Die beiden entdeckten Reliefs stellen Großkatzen in Sprunghaltung mit aufgerissenem Maul dar, beide blicken jeweils auf der Innenseite der östlichen Pfeiler nach Westen. Sie sind nicht wie die meisten Reliefs der (älteren) Schicht III auf dem Pfeilerkörper, sondern auf dem T-Kopf der Pfeiler angebracht.

Ursprünglich dachten wir, die Bilder als Löwen deuten zu müssen; das ist heute zu relativieren, es könnten auch Tiger oder Leoparden sein. Im Unterschied zu den Reliefs der älteren Bauschichten sind die beiden Tiere deutlich feiner gearbeitet. Sie vermögen in ihrer Gestalt an hethitische Reliefs zu erinnern, die sie dann aber um etwa 6000 Jahre vorwegnähmen. Der Raum wurde vorläufig «Löwenpfeilergebäude» getauft – auch wenn der terminologische Sprung bzw. die begriffliche Aufladung von *Raum* zu *Gebäude* ganz sicher problematisch ist. Es ist einfach eine offene Frage, ob das «Löwenpfeilergebäude» wirklich ein echtes Gebäude mit Außenfassaden darstellt, ob es

Abb. 102 Der nördliche Löwenpfeiler (Höhe 1,45 m).

Abb. 103 Der Löwe auf dem südlichen Pfeiler.

zumindest eingebunden ist in agglutinierende – sich also in der Art einer Zusammenballung aneinanderschmiegende – Baukörper oder ob es letztlich nur eine gruftartige Einsenkung in bestehende Bauschichten darstellt.

Wir haben noch einen etwas kleineren, aber ganz ähnlichen Raumbefund mit zwei freistehenden, in originaler Aufstellung vollständig erhaltenen, und zwei in die Ostwand des Raumes integrierten Pfeilern angetroffen, der südlich des Löwenpfeilergebäudes folgt. Alle Pfeiler sind ohne Reliefs. Doch auch dieser Befund vermag uns bei der Beantwortung der Frage «Raum oder Gebäude?» nicht zu helfen, da wir auch in diesem Fall nicht entscheiden können, ob es ein aufragender oder ein eingesenkter Raum war.

Makronymphia oder «Die Liebe zum Leben» Unter den Skulpturen der jüngeren Bauschichten dominieren menschliche Darstellungen. Es handelt sich um abgebrochene Köpfe, um Torsi – unvollständig erhaltene Menschenkörper – und Phalloi – erigierte männliche Glieder. Die wilden Tiere der Schicht III sind weitgehend verschwunden.

Natürlich ist es verführerisch, angesichts dessen, so wie es der Archäologe Jacques Cauvin tut, auf einen elementaren Wandel zu schließen – einen Wandel, der den Übergang der Jäger, und Sammler-Gesellschaft hin zu einer nahrungsproduzierenden bäuerlichen Gesellschaft signalisiert. In der Tat drängt sich diese Überlegung natürlich auf, aber soll es keine luftige Hypothese bleiben, so muß sie von einer breiter angelegten Argumentationsbasis untermauert werden. Da bietet es sich an zu überprüfen, ob und wie sich evtl. der ikonographische Befund aus Nevalı Çori, der zeitlich der Schicht II des Göbekli Tepe entspricht – und der das Motiv des Geiers, der Schlange, aber auch des menschlichen Kopfes und der Mischung von Mensch und Vogel enthält –, in die skizzierte Entwicklung einfügen läßt. Natürlich könnte an dieser Stelle eine umfangreiche Abhandlung folgen, aber ich will es ganz kurz machen: Der Vergleich der Skulpturen läßt erkennen, daß an beiden Orten das gleiche Grundthema behandelt wird, doch reicht die Materialbasis für generalisierende Aussagen noch nicht aus.

Aus dem Löwenpfeilergebäude stammt indes eine Darstellung ganz anderer Art, der wir mehr Raum und Aufmerksamkeit widmen sollten: Zwischen den Löwenpfeilern befindet sich eine einstufige, treppenartige Anlage, die vom Terrazzoboden zu einer leicht erhöhten Bank führt, in welche die Pfeiler eingesetzt sind. Auf der Treppenstufe haben wir die Ritzzeichnung einer Frau entdeckt. Der Künstler hat sie hockend und mit angewinkelten Armen und Beinen dargestellt. Sie ist offensichtlich nackt, denn der Blick trifft auf hängende Brüste und die Scham. Diese besitzt eine merkwürdige Form. Zwei V-förmig nach unten hängende, bandförmige Gebilde sind jedenfalls nicht auf Anhieb zu deuten. Es handelt sich dabei aber offenbar um stark vergrößerte Schamlippen. Die gespreizten Beine und die drastisch dargestellte *Makronymphia* (wörtlich: die großen Schamlippen) lassen eher eine Bereitschaft zum Koitus als die Wiedergabe einer Geburtsszene erkennen.

Diese betonte Präsentation der Schamlippen stellt nicht wirklich etwas Besonderes dar. Viele Völker manipulieren an diversen Körperteilen sowohl zum Zweck der Verstümmelung als auch zur Vergrößerung. Hans Peter Duerr, Ethnologe und Verfasser von *Traumzeit* und *Sedna oder Die Liebe zum Leben* ist ein ausgewiesener Kenner des einschlägigen ethnographischen Materials. Er berichtet beispielsweise von Buschmannfrauen im südlichen Afrika, die während der Pubertät mit dem ständigen Ziehen der Schamlippen beginnen, die auf diese Weise bis zu 10 cm lang werden. Während des Beischlafs soll die *Makronymphia* ein angenehmes Gefühl vermitteln. Duerr liefert noch viele Beispiele, die hier nicht umfassend ausgebreitet werden können. Interessant ist beispielsweise, daß beim Buschmann-Volk Göttinnen eine besonders ausgeprägte Makronymphia aufweisen können. Dieses Motiv, das uns heutige Abendländer vielleicht zunächst etwas befremdet, findet sich aber grundsätzlich häufiger, als wir möglicherweise vermuten würden; extreme Beispiele zeigen etwa auch Statuetten von der durch Thor Heyerdahls wagemutige Seefahrt bekannt gewordenen Osterinsel.

Im Vorderen Orient allerdings scheint das Phänomen der Makronymphia, zumindest in der Ikonographie, unbekannt zu sein. Zwar begegnet das Motiv einer hockenden, nackten und die Scham präsentierenden Frau vereinzelt in der Bildkunst, doch ohne erkennbare Makronymphia. Eine solche Frau wird dann aber gern von Tieren begleitet, die uns auch aus der vorkeramischen Jungsteinzeit (PPN) vertraut sind – von reptilienartigen Vierfüßern und von Skorpionen.

In der Felsbildkunst des benachbarten Nordafrika ist das Motiv der nackten, kauernden Frau häufiger. Sie erscheint einzeln oder in Gruppen. Die offene Scham bildet zwar den Blickfang, doch fehlen auch hier in der Regel die vergrößerten Schamlippen. Eine elliptische Form, im Inneren oft deutlich ausgehöhlt und anatomisch recht treffend die weibliche Scham darstellend, tritt an deren Stelle. Solche Darstellungen werden als *vénus accueillantes,* als empfangende Venus, bezeichnet; diesen Venus-Typ begleiten gleichfalls oft Tiere.

Die *vénus accueillantes* gehören zu einer als «*Djenoun*» benannten Gruppe von Motiven der nordafrikanischen Felsbildkunst, die als Verwandte des

Ziegendämons gelten dürfen. Die *Djenoun* können männlich oder weiblich sein; stets aber sind sie in recht drastischer Weise sexuell aktiv – oder zumindest in Erwartung sexueller Aktivität – dargestellt. Die Ritzzeichnung vom Göbekli Tepe gehört ganz offensichtlich zum gleichen Typus.

Die umgekehrt herzförmige Darstellung des Kopfes der Frau ist indes nicht ohne weiteres zu deuten. Entweder handelt es sich um eine beidseitig des Kopfes gebauschte Frisur oder möglicherweise auch um einen Tier-, vielleicht um einen Schlangenkopf. Die Kopfform der Frau erinnert auch an den Kopf der «Schildkröte», die sich als zentrales Motiv auf der mit Flachrelief verzierten Kalkschale aus Nevalı Çori befindet, die wir im Zusammenhang mit dem Ziegendämon näher kennengelernt haben. Die Verbindung mit der Dame vom Göbekli Tepe bleibt aber sehr vage und hilft bei deren Deutung nicht wirklich weiter.

Daß diese Ritzzeichnung, die am Göbekli Tepe zum ersten Mal das Motiv der Frau zeigt, wohl nicht zur ursprünglichen Bauausstattung des Löwenpfeilergebäudes gehörte, sondern erst später – gewissermaßen sekundär – angebracht worden ist, bildet sozusagen das Minimalergebnis unserer kurzen Untersuchung. Hierfür spricht – einmal abgesehen von der Fundsituation auf einer Bodenplatte – vorrangig der Stil der Darstellung, der sich deutlich vom bisher bekannten «Reliefstil» des Göbekli Tepe unterscheidet. Scheint nicht auch der reichlich derb anmutende Bildinhalt das Löwenpfeilergebäude eher zu verunzieren als zu schmücken? Oder deuten wir das Bild ganz falsch?

Objekte mit eingeritzten Verzierungen sind am Göbekli Tepe selten. Wir fanden lediglich eine auf einem Kalkbrocken eingeritzte Schlange und je eine ritzverzierte Bankplatte aus Anlage A und D, deren Motive bisher aber nicht gedeutet werden können. Auch eine Ritzzeichnung aus Nevalı Çori können wir von dem Motiv, um das es hier geht, deutlich trennen; sie zeigt Personen im fliegenden Lauf, wahrscheinlich Tänzer. Für das Motiv der Dame vom Göbekli Tepe konnte in der Ikonographie des vorderasiatischen Neolithikums bisher keine Entsprechung gefunden werden.

Vielleicht hilft ein Blick auf eine Textpassage aus Duerrs *Sedna oder Die Liebe zum Leben* weiter: «*In meinem vor sechs Jahren erschienenen Buch* Traumzeit *habe ich die Auffassung vertreten, daß die archaischen Menschen rationaler waren als wir heutigen, weil sie ein vernünftiges Verhältnis zu dem hatten, was jenseits der Vernunft liegt, und daß man deshalb sagen kann, daß sie die Weisheit geliebt haben, also Philosophen gewesen sind. Diese These war nun weniger falsch als übertrieben. ... Im vorliegenden Buch versuche ich zu zeigen, daß die archaischen Menschen weniger das Wissen liebten als das Leben und daß sie es unternahmen, das Leben zu*

Abb. 104 Auf einer der Bankplatten des Löwenpfeilergebäudes befindet sich die Ritzzeichnung einer nackten, kauernden Frau (Höhe der Ritzzeichnung 30 cm).

erhalten und immer wieder zu regenerieren. Sie waren keine Intellektuellen, sondern Ritualisten. ... Damit will ich nicht sagen, daß sie an der Wirklichkeit desinteressiert gewesen sind; aber liebten sie die Wahrheit, dann handelte es sich, wie Nietzsche sagte, um ‹Wahrheit für ihre Füße, Wahrheiten, nach denen sich tanzen läßt›.»

In späteren Kapiteln fährt Duerr fort: *«So steht auch die kaum getrübte elementare Lebensfreude, die viele Ethnographen bei den meisten Wildbeutern beobachtet haben, die Liebe zum Leben, so wie es ist, und nicht, wie es sein sollte, im markanten Gegensatz zum Lebensgefühl der Bauern ..., war für die Wildbeuter der Tod ein Moment des Lebens, so wandelte sich mit der Zeit das Leben zu einem Moment des Todes. ... Hatten die Wildbeuter eine Lebensideologie, indem sie das Leben liebten, wie es war, und den Tod in den Dienst des Lebens stellten, ... so entwickelte sich aus dem zu Pessimismus neigenden Lebensgefühl der Bauern eine Todesideologie, die das Leben in den Dienst des Todes stellte.»*

Vielleicht liegt Duerr mit dieser eher emotional denn wissenschaftlich untermauerten Aussage gar nicht so falsch. Folgen wir der begründeten Annahme, daß die Anlagen des Göbekli Tepe dem Totenkult dienten, so kön-

Abb. 105 An der Ostwand des Löwenpfeilergebäudes befindet sich eine Bank aus großen Steinplatten (Aufnahme von Osten). Das Frauenbild befindet sich an der mit einem Pfeil gekennzeichneten Stelle.

nen wir nicht übersehen, wie sehr einst das Leben, die Kraft der Lebenden, in den Dienst dieses Totenkultes gestellt worden ist – und zwar in einem Ausmaß, wie es vorher nirgendwo zu beobachten war. Hierin erweisen sich die Jäger des 10. und 9. Jahrtausends förmlich als wahre Pioniere der gerade anbrechenden Zukunft. Vielleicht war die Anbringung der Ritzzeichnung der Dame vom Löwenpfeilergebäude – so wie auch viele moderne Graffiti – ein Protest, der Gordon Childes «neolithische Revolution» in anderem Licht erscheinen läßt. Fühlten die Menschen dieser Zeit den Umbruch, und begrüßten sie den Anbruch der neuen Zeit möglicherweise nicht unbedingt mit Freude? Die *Jäger* des Göbekli Tepe jedenfalls erklimmen nicht die Stufen hinauf zu einer glänzenden Zukunft, sie stehen am Abgrund, am Abschluß ihrer großen Zeit.

Vom «Marasmus des Mesolithikums» – oder Ehrenrettung einer Schlüsselepoche der Menschheitsentwicklung Wählen wir ein anderes Bild, so stehen die Jäger des Göbekli Tepe staunend vor den Toren des Paradieses, als sie in Adam den ersten Bauern erblicken – nachdem ihn der Herr aus dem Paradies verjagt und ihm eine wenig anheimelnde, landwirtschaftlich geprägte Zukunft verheißen hat (Gen. 3,17–19). Sie empfinden vor allem Unsicherheit darüber, wohin dessen Weg die Menschheit einmal führen wird. Es ist ihnen jedoch unabweislich klar, daß jener und seine Kindeskinder bald den Lebensraum der Jäger, ihre Jagdgründe, zerstören werden. Er wird den Weg bahnen von der Periode des Neolithikums und des Chalkolithikums hin zur altorientalischen Hochkultur und unweigerlich zu Territorialkämpfen, zu Krieg und Sklaverei. Doch diese Epochen liegen in einer Zeit, die weit hinter dem Horizont verschwindet, bis zu dem die Blicke der Jäger reichen, so daß auch wir sie in diesem Zusammenhang getrost unbeachtet lassen können.

Als nacheiszeitliche Wildbeuter waren diese «älteren Brüder Adams» noch nicht wirklich in der Jungsteinzeit angekommen; eher waren sie Repräsentanten der mittleren Steinzeit, des Mesolithikums (ca. 10 000–6000 v. Chr.). Dieser Terminus, der üblicherweise holozäne Jäger- und Sammler-Kulturen bezeichnet, wird allerdings außerhalb der europäischen Ur- und Frühgeschichte wenig verwendet, ja oft sogar bewußt vermieden. Und auch in Europa sind «Mesolithiker» – seien es die nacheiszeitlichen Jäger, seien es die Archäologen, die auf ihren Spuren forschen – nicht immer hoch angesehen. So kann man etwa in der *Fischer Weltgeschichte* von 1972 von einem Marasmus lesen – einer Entkräftung, einer Verarmung des Mesolithikums, von verhärmten Jägern, die nach dem Verschwinden der Mammuts aus bitterer

Not zu Muschelsammlern geworden sein sollen, ja, vom Mesolithikum als Sackgasse, in die sich viele Vertreter der prähistorischen Welt verirrt hätten. Im mehrbändigen *Handbuch zur Vorgeschichte* von Hermann Müller-Karpe findet das Mesolithikum gleich gar keinen eigenen Platz und auch kaum Erwähnung; so folgt auf Band I *Altsteinzeit* mit Band II gleich schon die *Jungsteinzeit*, das Neolithikum.

Das Mesolithikum wurde in der heute allgemeingültigen Gliederung der Vorgeschichte erst 1927 als neue Periode anerkannt, und diese war in der Archäologie nie besonders populär. Erst in jüngerer Zeit wurde ihr wieder mehr Aufmerksamkeit zuteil, denn es handelt sich um eine Epoche, die nach 150 Jahren archäologischer Erforschung immer noch mit echten Überraschungen aufzuwarten vermag. Der Forschungsstand hat sich in den letzten Dekaden in einer Weise gewandelt, daß alle älteren Abhandlungen zwangsläufig der entscheidenden, der jüngeren Generation bekannt gewordenen Quellen entbehren und so – gezwungenermaßen – am Kern der Geschichte vorbeigehen.

Ohne Zweifel schließt der im Vorwort erwähnte Band *After the Ice* von Steven Mithen hier eine Lücke, und zwar eine Lücke, deren Existenz so manchem seiner Leserinnen und Leser vorher kaum bewußt gewesen sein dürfte. Im Mittelpunkt seines Werkes steht auch nicht die eiszeitliche Kunst, die teilweise zwar in der im Titel angegebenen Zeitspanne von 20 000 bis 5000 v. Chr. entstand und die spätestens mit spektakulären Neuentdeckungen wie der Grotte Chauvet oder des Löwenmenschen vom Hohlenstein-Stadel auch in die Schlagzeilen geriet. Die eiszeitlichen Kulturen bilden für Mithen aber nur die Grundlage, um sich ausführlich der Zeit der nacheiszeitlichen Jäger und Sammler zuzuwenden – einem Thema, das, wie wir gehört haben, auch beim Fachmann nur selten Assoziationen weckt: Die im zweiten Teil dieses Buches vorgestellten Schädelnester der Ofnet-Höhle in Süddeutschland mögen noch zum Fundus des allgemein verfügbaren Wissens gehören, vielleicht auch noch die vergleichsweise spektakuläre Entdeckung der mesolithischen Siedlung von Lepenski Vir am Eisernen Tor, jener wildromantischen Donaulandschaft zwischen Serbien und Rumänien, die wir in unserem Rahmen aber nicht weiter thematisieren wollen. Doch damit ist auch der Bestand der im Bewußtsein präsenten Zentralorte dieser Epoche bald erschöpft.

Mithen aber präsentiert den neuesten Forschungsstand, kennt viele der Ausgrabungsstätten aus eigener Anschauung und ist selbst als Ausgräber tätig. In *Prehistory of Mind*, das 1996 erschien, hatte er sich mit der Entstehung der Gattung *Homo sapiens* und den Folgen ihres Auftretens auseinandergesetzt. *After the Ice* bildet in gewisser Weise die Fortsetzung dieses Werkes.

Der Autor wählt für sein Buch eine Form, die erzählerische Elemente einschließt und sich keinesfalls in einer reinen Aneinanderreihung von Fakten erschöpft. Er moderiert gewissermaßen das Geschehen und führt eine fiktive Person, John Lubbock, auf einer Zeitreise hin zu den Menschen und Plätzen der Vergangenheit. Dieser John Lubbock aber hat einen bedeutenden – historischen – Namensvetter, der 1865 als einer der ersten mit seinem Werk *Prehistoric Times* nicht der biblischen Chronologie folgte, der zufolge das Alter der Welt bis dato nicht mehr als 6000 Jahre betrug. Dieser viktorianische John Lubbock war ein vielseitiger Gelehrter, ein Freund Darwins, und er war der «Schöpfer» der Periode des Neolithikums.

Das Buch *Prehistoric Times* seines Namensvetters im Reisegepäck, konstatiert der fiktive John Lubbock immer wieder, was 150 Jahre archäologischer Forschung alles zu bewegen vermochten. Seine Reise beginnt in Vorderasien, in der Landschaft, in der die «Neolithisierung» früher als in anderen Regionen der Welt stattfand. Von hier führt ihn sein Weg nach Europa, Amerika, Süd- und Ostasien und Afrika. Angesichts dieser Weltumrundung sieht man es Mithen auch gerne nach, daß der von ihm geführte Reisende zuweilen nur die angloamerikanische Forschung in den Blick nimmt und manch andere wichtige Unternehmung übersieht. Hätte Mithen dem fiktiven John Lubbock noch eine weitere Reiselektüre mit auf den Weg geben wollen, so wäre die *Weltgeschichte der Steinzeit* von Oswald Menghin, erschienen 1931, eine ausgezeichnete Leseempfehlung gewesen. Sie hätte dem Protagonisten, aber auch den Leserinnen und Lesern jenes anregenden Buches enormen Erkenntnisgewinn eingetragen, wenn auch die Form der Wissensvermittlung Mithens jenem des betagten Werkes einiges an Charme voraushat.

Steven Mithen widmet dem Göbekli Tepe einen eigenen Abschnitt, doch auch ihm war, als er das Buch schrieb, die Gesamtheit der heute vorliegenden Befunde natürlich noch nicht bekannt. Diese soll nun den Leserinnen und Lesern in einem kurzen Resümee präsentiert werden. Doch wollen wir auch gegen Ende des Buches nicht der Versuchung erliegen, plötzlich pralle, aber im wesentlichen fiktive Steinzeitgeschichten zu erzählen, die an die Stelle einer erst in ihren Grundzügen und manchmal auch nur schemenhaft verschwommenen, dafür aber authentischen Geschichte des frühen Neolithikums zu treten hätten.

2. Als der Jäger den Bauern brauchte – Voraussetzungen für ein Heiligtum in der frühen Jungsteinzeit

Die Funde und Befunde des Göbekli Tepe weisen den Weg über das Arbeitsgebiet der Archäologie hinaus und hin zu den Themen Kult und Religion in prähistorischer Zeit. Eine Religion bildet regelmäßig eine Klammer für eine unbestimmte Zahl von möglicherweise sehr verschiedenartigen Kulten. Zu einem Kult wiederum können eine Vielzahl ritueller Handlungen gehören, die dann ihren materiellen Ausdruck etwa in Opfern oder Grabbeigaben finden, um nur zwei Formen zu benennen; daneben aber wird es Handlungen geben, die einen solchen materiellen Niederschlag überhaupt nicht zeitigen, weil sie etwa ihren Ausdruck im Gebet finden.

Im archäologischen Befund kommen wir natürlich nur - und auch das nur mit einigem Glück - mit den materiellen Aspekten einer längst vergangenen Zeit in Kontakt, und folglich können wir auch nur das an Riten erahnen, was sich aus ihrem Kontext in Bodenfunden zeigt. Es wird wohl nie der Fall bei der Erforschung einer fernen, vorschriftlichen Vergangenheit eintreten, daß wir nicht nur den entdeckten Opferrest, das Kultmal, ja den Kultort, sondern auch noch darüber hinaus alle Epiphänomene einer Religion erkennen können, mit der die materiellen Befunde in Verbindung stehen. Wir können diesen Gesamtkomplex nicht rekonstruieren. Selbst wenn wir es versuchen wollten, so würden wir schon daran scheitern, daß sich in jeder Religion je andere Aspekte in den Vordergrund schieben können.

Wenn überhaupt, so wird das Wesen einer Religion nur in mündlicher oder schriftlicher Überlieferung wirklich faßbar. Weitgehend unzulässig ist aber die Rückspiegelung der in literaten Gesellschaften erkennbaren religiösen Vorstellungen in die nichtschriftliche Vergangenheit, da nicht erwartet werden kann, daß sich einerseits ein Wandel der Religion archäologisch erkennen läßt oder daß ein derartiger Wandel im Einklang mit dem Wandel der materiellen Kultur stattfindet. Faßbar wird allenfalls ein Wandel jener Riten, die einen materiellen Ausdruck finden, doch darf dies keinesfalls mit dem Wandel der zugehörigen Religion verwechselt werden.

Ich gehe davon aus, daß menschliche Gemeinschaften spätestens seit dem Jungpaläolithikum, vielleicht aber schon früher, über Religion verfügten. Ein wichtiges Indiz scheint mir hierfür der Nachweis von Bestattungen zu sein, da die Ausstattung des Toten mit einem Grab, ja mit Grabbeigaben ohne den geistigen Hintergrund einer Jenseitsvorstellung kaum zu verstehen ist. Die Vorstellung einer jenseitigen Welt muß hierbei nicht unbedingt Bestandteil einer Religion sein, die Existenz dieser Vorstellung impliziert aber das Vorhandensein von Religion.

Von großer Bedeutung ist in diesem Zusammenhang sicher das Auftreten figürlicher Darstellungen bereits im Aurignacien (ca. 35 000 bis 22 000 v. Chr.), die einen den Kampf ums tägliche Überleben weit überschreitenden geistigen Hintergrund voraussetzen. Die sogenannten Venusstatuetten des Gravettien (ca. 28 000 bis 22 000 v. Chr.), zu denen auch die Statuette aus Dolni Vestonice aus gebranntem Ton gehört, nehmen neolithische Bildwerke formal und wohl auch inhaltlich vorweg. Sie sind ein Beleg dafür, daß die Religionsvorstellungen des Jungpaläolithikums oder, einschränkend, zumindest die Riten dieser Zeit, sich nicht besonders von den Gebräuchen der Jungsteinzeit unterschieden.

Die frühneolithische Religion um 10 000 v. Chr., welche Ausprägung sie auch im einzelnen erfahren haben mag, ist somit eher das Produkt einer uralten Entwicklung als eine Neuschöpfung. Wir können davon ausgehen, daß es von alters her tradierte Mythen oder Mythenmotive gab, auch wenn uns für deren Existenz in vorschriftlichen Gesellschaften schwerlich ein stichhaltiger Nachweis gelingen wird oder wir gar ihren Inhalt werden erfahren können.

Auch der bereits erwähnte Jacques Cauvin konstatiert, daß uns aus der Prähistorie kein einziger Mythos überliefert sei und daher nur die Möglichkeit bestehe, entsprechende archäologische Befunde als Materialisation solcher Mythen zu betrachten. Über verschiedene Analogien – etwa daß frühe Kulturen im Tier die Verkörperung eines höheren Wesens sehen – glaubt er, vom vorderasiatischen Natufien ausgehend (ca. 12 000 bis 10 200 v. Chr.), die Herausbildung anthropomorpher Götter beobachten zu können. So dominieren – nach Cauvin – im Natufien in der figürlichen Kunst noch Tierdarstellungen; die in diesem Kontext bevorzugt dargestellte Gazelle könnte als Hinweis auf eine besondere Rolle der Gazelle in der Religion zu werten sein. In der folgenden frühen vorkeramischen Jungsteinzeit (PPN A) lägen dann im wesentlichen nur die Befunde aus Jericho, el-Khiam und Nahal Oren vor. Die Figurinen dieser Phase zeigen vor allem menschengestaltige (anthropomorphe) Darstellungen und mehrheitlich weibliche Geschlechtsmerkmale. Den Wechsel von tiergestaltigen (zoomorphen) zu menschengestaltigen Darstellungen glaubt Cauvin im Hinblick auf die sich in dieser Zeit verändernden ökonomischen Strategien durchaus auch mit sich wandelnden Religionsvorstellungen interpretieren zu können. In dieser Zeit sei die geistige Geburt eines Götterpaares anzusiedeln, das uns jetzt und in der Folgezeit als Frau und Stier, der selbstredend die männliche Kraft symbolisiert, gegenübertritt.

Wenn ich auch Cauvin in vielen Punkten folge, so scheint er mir doch eine sehr evolutionistische Vorstellung von der Entstehung der neolithischen Religion aus primitiven Anfängen des Epipaläolithikums zu pflegen – eine Vorstellung, der ich, wie ich oben bereits erläutert habe, nicht folgen kann. Denn in welcher Weise auch immer der jeweilige geistige Hintergrund zu rekonstruieren, in welcher Spielart das Phänomen «Religion» jeweils zu erfassen ist – derartige Interpretationen übersteigen wohl bei weitem das Aussagepotential rein archäologischer Befunde.

Eine zulässige Prämisse besteht darin, in den figürlichen Darstellungen des Paläolithikums und des Neolithikums – also der Alt- und der Jungsteinzeit – mehr als nur wertfreie «Kunst» oder bloßes Kinderspielzeug zu sehen. Gleichwohl sollten wir *nicht* versuchen, die Religion des Mesolithikums oder Neolithikums zu rekonstruieren, sondern ausgehend von der Feststellung, daß es eine wie auch immer geartete Religion gab und diese gewiß auf uralte Wurzeln zurückging, untersuchen, 1) inwieweit sich archäologische Befunde als Materialisation eines Ritus erkennen lassen, 2) in welchem Kontext solche Befunde auftreten und 3) welche Spuren sie in den Befunden der übrigen materiellen Kultur hinterlassen haben.

Gräber sind Orte, an denen sich besonders häufig und meist auch eher unproblematische Materialisierungen von Riten entdecken lassen. Im Idealfall verraten reiche Beigaben und bestimmte Gruppierungen von Gräbern viel über die Welt der Lebenden – und über den allgemeinen Sachverhalt der Existenz einer jenseitigen Welt hinaus auch manchmal ein wenig über die zugrundeliegenden religiösen Ideen. Die Befunde aus der Zeit des Paläolithikums und der des Mesolithikums sind zu diesem Themenkomplex recht facettenreich; es fällt auf, daß die Bestatter dem Schädel des Verstorbenen eine besondere Behandlung angedeihen ließen und ihm folglich auch eine besondere Bedeutung beigemessen haben müssen.

Im Phänomen des *Schädelkults* glaubte man oft eine besondere Form eines Ahnenkults erkennen zu dürfen – eine Sitte, deren Wurzeln bis ins Paläolithikum reichen. Prosaischere Naturen sehen dagegen eher Kopfjäger am Werk. Eine finale Entscheidung dieser Frage ist wohl nicht möglich. Wichtig aber ist, wie oben schon betont, die Gleichartigkeit des beobachteten Ritus festzustellen; dies gilt um so mehr, als die bisherige Quellenlage noch nicht zu entscheiden erlaubt, ob die Bestattungsform der gesamten Bevölkerung zukam oder das Privileg eines ausgewählten Teils war. Für letztere Möglichkeit sprechen immerhin mehrere Indizien. Auch erscheint die Frage durchaus unbeantwortet, ob wir es hierbei mit Bestattungen auf natürliche Weise Verstorbener oder mit solchen von Menschenopfern zu tun haben oder ob Vertretern beider Gruppen derartige Bestattungen zuteil wurden.

Rituelle Begräbnisse von kultischen Gegenständen bilden eine weitere Befundart, die gelegentlich zuverlässig von anderen Gruben- oder sonstigen Befunden ohne rituellen Hintergrund geschieden werden kann. Es handelt sich um die kontrollierte Entsorgung unbrauchbar gewordener Kultgegenstände. Sie wurden nicht weggeworfen, sondern ordentlich bestattet. Da viele der übermodellierten Schädel aus solchen Gruben kommen, dürfen wir auch in diesem Fall weniger eine normale Schädelbestattung als vielmehr die rituelle Bestattung – eben nicht des Toten in Form seines Schädels, sondern die eines unbrauchbar gewordenen Kultgegenstandes – sehen. Unter diesem Blickwinkel erscheinen die übermodellierten Schädel der jüngeren vorkeramischen Jungsteinzeit (PPN B) folgerichtig weniger als Ausdruck eines allgemeinen Ahnenkultes, sondern sie repräsentieren eher eine Fund- und letztlich eine Personengruppe, deren Schädel für besondere rituelle Handlungen vorbereitet und dann auch verwendet wurden.

Gräber, Schädelbestattungen, übermodellierte Schädel haben wir bisher am Göbekli Tepe nicht gefunden. Er aber bietet uns monumentale megalithische Bauwerke und präsentiert sich damit als großartige Bühne eines komplexen Ritualgeschehens. Fehlen auch die Schädel, so werden gleichsam die Hauptrollen in jenem neolithischen Drama auf dieser Bühne von eindrucksvollen, monumentalen Pfeilergestalten übernommen. Dieser gewaltige Kultort und seine Großbauten, die wir als steinzeitliche Tempel begreifen, sind nur als Produkte einer Gemeinschaftsleistung zu verstehen, die größere, gut organisierte Menschengruppen haben errichten können.

Was sich dort im einzelnen zugetragen hat, welche Kulte dort im einzelnen gepflegt und welche Riten vollzogen wurden, wissen wir nicht. Aber ganz ohne *Performance* machen die monumentalen Anlagen keinen Sinn – ein schieres, schon in der Steinzeit «stummes» Denkmal sind sie nicht gewesen. Ob wir uns die dort vollzogenen Handlungen laut und farbenfroh vorstellen dürfen oder gedeckt feierlich, bleibt freilich zumindest bisher der Phantasie überlassen. Ohne begleitende Festivitäten, ohne Choreographie und musikalische Untermalung wird das Geschehen kaum vonstatten gegangen sein, wenn sich der Kultmechanismus am Göbekli Tepe in Bewegung setzte. Und ganz sicher hatte das, was sich dort vollzog, auch eine Funktion als Machtdemonstration, wobei wir auch in diesem Zusammenhang nicht wissen, ob es dann um die Macht eines einzelnen oder einer Gemeinschaft ging. In jedem Falle aber müssen Ort und Geschehen für die Gemeinschaft wie auch für den einzelnen so hochbedeutend gewesen sein, daß das Individuum jenen enormen Arbeitseinsatz im Kollektiv zeigte, ohne den die Anlage nicht denkbar wäre. Diese *geistigen* Antriebskräfte dürfen daher in ihrer Bedeutung für den gesamten Kulturprozeß, den die Menschen dieser Epoche durchliefen, nicht unterschätzt werden.

Die gesellschaftliche Kraft – ob ein Häuptling, eine Gruppe von Schamanen oder, vielleicht schon professionalisierter, von Priestern, ein Rat oder ein Kollektiv, werden wir wohl nie erfahren –, welche die Arbeitsleistung zur Errichtung der Monumentalbauten dem Individuum abfordern konnte, durfte dabei ganz offensichtlich aus dem Quell religiöser Motivation schöpfen und sich darauf verlassen, daß er den Arbeitern die nötige Kraft verleihen würde: Noch sollte viel Zeit vergehen, ehe man von starken Haustieren, Zugtieren wie dem Ochsen, sich bei schweren Arbeiten würde helfen lassen können. Allein Menschenhand und Menschenkraft, geführt und in ihrer Wirksamkeit gewiß schon verbessert durch frühe Ingenieurskunst und technische Hilfsmittel – wir denken an Hebel, Rollen, Kufen, Rampen –, haben diese staunenswerten Arbeitsleistungen vollbracht. Ganz sicher war dies kein Werk von wenigen Tagen; die Arbeit erforderte gerade unter den herrschenden Verhältnissen viel Zeit, Jahre und vielleicht auch Jahrzehnte – doch können wir dies nicht quantifizieren.

Was aber bedeutete es, Menschen an einem Ort zu organisieren und ihre Kraft über einen langen Zeitraum zur Verrichtung einer Arbeit und zur Erreichung eines Ziels zu konzentrieren? Es bedeutete nicht zuletzt ein Versorgungsproblem, da sie nicht ihrer gewohnten jägerischen Tätigkeit – und ganz sicher nicht in dem üblicherweise erforderlichen Ausmaß – haben nachgehen können. Verfolgen wir diese Überlegung noch einen Schritt weiter und stellen in Rechnung, daß damals auch die Kenntnis der Pflanzenkultivation schwerlich über erste Anfänge hinaus gediehen war, so drängt sich in Modifikation bestehender Hypothesen die Frage auf, ob nicht die «Erfindung» des Ackerbaus ein Epiphänomen dieser vielköpfigen Versammlungen der Jäger und der sie begleitenden Arbeitseinsätze war. Beobachten wir nicht gerade am Göbekli Tepe die Anfänge der arbeitsteiligen Gesellschaft? Können wir durch den dichten Schleier der Jahrtausende hindurch die Schemen von Steinmetzen, Baumeistern, Arbeitern, Sammlern, Jägern und eben auch von solchen Funktionsträgern erkennen, die sich um die intensive Nutzung von Wildgetreide und bald auch konkret des Ackerbaus kümmern mußten, um den Versorgungserfordernissen des großen

Gemeinschaftswerkes gerecht zu werden? Ja, erwies sich nicht in diesem Kontext, daß der Göbekli Tepe – in dessen Umland sich noch heute Wildgetreidestände finden – für diese Versorgungsmethode geradezu prädestiniert war und manche Vorzüge gegenüber den Fährnissen und Wechselfällen der Jagd bot? Finden wir deshalb am Göbekli Tepe Reibschalen aus Basalt in so gewaltiger Zahl? Es ist müßig, darüber zu spekulieren, wer welche Tätigkeit verrichtete; es ist jedenfalls völlig klar, daß in diesem Szenario die Last der Versorgungssicherung gleichermaßen auf den Schultern der weiblichen wie der männlichen Mitglieder der Gesellschaft ruhte.

Dorf, Stadt, Heiligtum – der Göbekli Tepe als Zentrum eines Kultverbandes Wie aber haben wir die Anlagen am Göbekli Tepe in dem sie umgebenden kulturellen Kontext zu verstehen? Wie ordnen sie sich in die sozialen Gefüge der Jungsteinzeit ein? Als Ausgangspunkt dieser Überlegungen wollen wir die Ausführungen des Tübinger Althistorikers Frank Kolb wählen, der in seinem wichtigen Werk *Die Stadt im Altertum* an einem anderen Altertumsforscher strenge Kritik übt: «*... mit dem großen Werk von Lewis Mumford, welches die Stadt von ihren Anfängen bis in die heutige Zeit behandelt, werde ich mich trotz seiner ausführlichen Erörterung zum Altertum nicht auseinandersetzen. Abgesehen von einer grundsätzlich pessimistischen Bewertung der historischen Rolle der Stadt, die auch die Darstellung der Stadtgeschichte des Altertums wesentlich beeinflußt, sind seine Einzelergebnisse nur selten mit dem neuesten Stand der historischen Forschung vereinbar.*»

Kolb hat in einem Punkt zweifelsohne recht; Mumford nähert sich dem Thema auf eine unübliche und oft provozierende Art. Aber Mumfords These, daß nicht das Dorf die Wurzel der Stadt bildet, sondern das Heiligtum, der Versammlungsplatz, erscheint bedenkenswert: Das Wesen einer Stadt sei, so Mumford, grundlegend verschieden vom Wesen eines Dorfes. Dieses sei dem Fremden gegenüber mißtrauisch und feindlich, die Stadt hingegen freundlich eingestellt, ja sie erwarte den Fremden geradezu. Die Stadt entstehe somit nicht aus immer größer werdenden Dörfern, sondern aus Plätzen ganz anderer Natur, und zwar aus den heiligen Stätten, die Ziel immer wiederkehrender Versammlungen sind, sich also als Versammlungsplätze darbieten, die neben ihrer religiösen Funktion natürlich auch als Kommunikations- und Austauschzentren dienen – einem Austausch von Ideen, Waren und Menschen.

In der Tat konnten diese Zentren im Extremfall an im übrigen unbewohnten Orten liegen, deren Lokalität einer bestimmten Gemeinschaft bekannt war und die nur zu bestimmten Zeiten genug Raum bieten mußten, um größere Menschengruppen aufzunehmen. Der Aspekt religiöser Weihe war konstitutives Merkmal solcher Orte. Somit liegt auf der Hand, daß die rituellen Zentren lange vor der Seßhaftigkeit existierten und wesentlich älter als die frühesten Dörfer waren. Sie erfüllten ihre Funktion gerade so gut bereits für eine jägerisch-nomadisierende Bevölkerung, die aber zumindest den elementarsten Bedarf nach Austausch zu befriedigen hatte: den nach verbaler Kommunikation.

Mumfords Thesen wurden kaum rezipiert. Generell läßt sich im Schrifttum zur Thematik «Stadt» beobachten, daß das «Dorf» als Phänomen nur zweitrangig behandelt wird. Mumford war in diesem Punkt ohne Zweifel gründlicher, er beschreibt den elementaren Unterschied von Dorf und Stadt nicht nur aus dem urbanen Blickwinkel. Das Vorhandensein *eines* Dorfes läßt in jedem Falle erwarten, daß es Nachbardörfer gibt.

Denken wir in diesem Zusammenhang noch einmal zurück an Çatal Höyük. Der Ort erfüllt in vielerlei Hinsicht die Bedingungen, die der Prähistoriker an einen Ort stellt, die er als Stadt bezeichnen möchte. Aber legen wir zur Sicherheit die Kriterien an, die Frank Kolb und der Prähistoriker Bernhard Hänsel formuliert haben: 1) Größe und Dichte der Siedlungsareale, 2) Zentralortfunktion, insbesondere in wirtschaftlicher Hinsicht, 3) hoher Grad beruflicher Spezialisierung, 4) bauliche Organisation und Differenzierung, 5) Langlebigkeit.

Mit Sicherheit war Çatal Höyük eine große, geschlossene Siedlung mit einer seßhaften Bevölkerung. Eine Zentrumsfunktion für die Menschen dieser Gegend wird man kaum bestreiten können, auch wenn wir über die wirtschaftliche Seite schwerlich Aussagen treffen können. Anders sieht das mit dem Kriterium einer dauerhaften sozialen und beruflichen Differenzierung seiner Bevölkerung aus: Die Herstellung großer, beidseitig bearbeiteter Dolchklingen und der zugehörigen, figürlich verzierten Knochengriffe, ferner das Vorhandensein von Holzgefäßen, die uns dank günstiger klimatischer Verhältnisse erhalten geblieben sind, darüber hinaus die entdeckten Wandmalereien und plastischen Modellierungen in den Häusern werden schwerlich von Allroundern geschaffen worden sein; niemand wird ernstlich erwarten, bei allem jedermann am Werke zu sehen. Um diese Dinge zu schaffen, mußten Spezialisten aktiv werden, die einzelne Handwerkszweige professionell betrieben. Bauliche Organisation und Differenzierung von Çatal Höyük sind gegeben, ebenso die Langlebigkeit der Anlagen.

Mellaart verwendet übrigens mit Blick auf Çatal Höyük – was im Deutschen stets ungenau als «Stadt aus der Steinzeit» wiedergegeben wird – den Begriff «*town*», der sicher über die Bedeutung von «Dorf» hinausreicht, aber mit dem deutschen Begriff «Stadt» nicht völlig deckungsgleich ist. Daß es jedenfalls nicht völlig abwegig ist, im Zusammenhang mit diesem Ort aus der Steinzeit einmal die Verwendung des Begriffs «Stadt» zu erwägen, hat die Überprüfung anhand der Kriterien von Hänsel und Kolb gezeigt. Bleiben wir also noch ein wenig bei dieser interessanten Fragestellung und schauen, ob wir das Phänomen Çatal Höyük unter diesem Gesichtspunkt noch etwas schärfer in den Blick nehmen können.

Die in Çatal Höyük seit 1995 und bis in die Gegenwart unter der Leitung von Ian Hodder durchgeführten neuen Forschungen erbrachten nun die Gewißheit, daß in der weiten Konya-Ebene keine weiteren Siedlungen dieser Zeit existierten, weder große noch kleine, weder «Dörfer» noch «Städte». Will man in Çatal Höyük nur ein Dorf sehen, so wäre es in seiner Vereinzelung ein völlig absonderliches Phänomen, denn zu Recht setzt die begriffliche Definition des Dorfes die Existenz mehrerer solcher Siedlungseinheiten in einem Territorium voraus. Befördert man es terminologisch zur «Stadt» oder auch nur zur stadtartigen Anlage, so vermißt man aber ebenso die zugehörigen Dörfer, vielleicht sogar andere, entferntere Städte. Auch ohne an dieser Stelle auf die Besonderheiten des Ortes weiter eingehen zu können, erahnen wir, daß mit Çatal Höyük ein Phänomen jenseits von «Dorf» und «Stadt» erkennbar wird.

Ein nur scheinbar naheliegender Vergleich mit Jericho führt uns nicht weiter: Angesichts der abzulehnenden Deutungen von «Turm» und «Mauer» als defensiven Anlagen kann dieser Ort hier außen vor bleiben, da gerade diese beiden Elemente ja die Hauptkriterien waren, weshalb man Jericho als «älteste Stadt» glaubte adeln zu können. Wenden wir uns dem Göbekli Tepe zu, der – soviel wurde in den voranstehenden Kapiteln deutlich – ein zentrales Heiligtum darstellt, wie es Mumford vorschwebte.

Der Göbekli Tepe liegt zentral im Herzen Obermesopotamiens. Von ihm aus reicht der Blick nach Süden über die Harran-Ebene bis nach Syrien, nach Osten bis zum fernen Karacadağ, dem mächtigen, heute erloschenen Vulkan, dessen geringe landschaftliche Attraktivität schon Helmuth von Moltke so trefflich beschrieben hat. Im Westen und Norden begrenzen die bis weit ins Jahr hinein schneebedeckten Bergzüge des östlichen Taurus den Horizont.

Auch wenn wir, wie immer wieder betont, nicht im einzelnen sagen können, was in den Anlagen des Göbekli Tepe stattfand, so darf die Zuordnung als Kultanlage als gesichert gelten: Wir wissen, wie Siedlungen und Wohnbauten des Neolithikums aussahen; sie haben nichts mit dem zu tun, was wir auf dem Göbekli Tepe entdeckt haben. Die monumentalen Pfeiler und

Abb. 106 Im Jahr 2004 entstandene Luftaufnahme des Göbekli Tepe (von Osten).

Steinkreise, ebenso die Art der Skulpturen und Reliefs bestätigen uns in der Auffassung, hier eine heilige Stätte der Jungsteinzeit vor uns zu haben. Ob die Steinkreise selbst für die Mehrzahl der damaligen Menschen eine Tabuzone waren oder ob sich lebhaftes Treiben im Rund der Pfeiler vollzog, wissen wir noch nicht mit Sicherheit zu sagen. Sicher aber ist, daß die Errichtung der Pfeiler nicht ohne ein großes personelles Aufgebot möglich war, das ein nicht geringes Maß an lenkender Planung und Organisation erforderte. Die für das «Bauvorhaben Göbekli Tepe» somit unabweisbar notwendige Baustellen-Logistik führt geradewegs zu der Schlußfolgerung, daß in der Zeit des 10. und 9. Jahrtausends v. Chr. ein Übereinkommen unter mehreren, sonst wahrscheinlich selbständig agierenden Gruppen erforderlich war, um die *manpower* zur Errichtung der Anlagen bereitzustellen.

Die hervorgehobene Bedeutung der T-förmigen Pfeiler wird dadurch nochmals betont, daß sie sich anhand verschiedener Beobachtungen eindeutig als stilisierte menschengestaltige Wesen erkennen lassen. Diese anthropomorphen Pfeiler mögen Götter, Ahnen oder auch andere Wesenheiten verkörpern; in jedem Falle aber machen sie deutlich, daß ihre Errichtung im Leben der Menschen, die am Göbekli Tepe wirkten, eine wichtige Rolle spielte. Wir haben schon vernommen, daß die geomagnetische Kartierung des Göbekli Tepe neben den vier bekannten megalithischen Anlagen noch mindestens 15 weitere und insgesamt mehr als 200 Pfeiler erwarten läßt.

Die Arbeit in den Steinbrüchen, der Transport und das Aufrichten der tonnenschweren monolithischen und meist allseitig sehr sorgfältig zugerichteten Pfeiler aus Kalkstein war, wie schon mehrfach ausgeführt, nicht von wenigen Menschen zu bewerkstelligen. Es war eine Aufgabe, die nach Art und Arbeitsbelastung an die Errichtung von Obelisken im pharaonischen Ägypten denken läßt.

Dürfen wir also mit gutem Grund davon ausgehen, daß wir im Göbekli Tepe ein rituelles Zentrum erblicken können – und zwar ausdrücklich auch im Sinne eines *zentralen Ortes* –, so postulieren wir, daß sich hier im Prozeß der Seßhaftwerdung Menschen aus den entstehenden umliegenden Siedlungen einfanden: Menschen aus Çayönü, Nevalı Çori, Tell Abr, Mureybet, Jerf el-Ahmar, Tell Qaramel und sicher vielen anderen, die wir noch nicht kennen –, die an der Anlage weiterbauten und dort zu bestimmten Anlässen gemeinsam oder durch Repräsentanten ihre Riten vollzogen.

Die genannten Orte gehören in einen Radius von ungefähr 200 km um den Göbekli Tepe. Ein solcher Einzugsbereich erscheint realistisch, denn in diesen Orten finden wir nicht nur eine im wesentlichen verwandte materielle Kultur der vorkeramischen Jungsteinzeit (PPN) obermesopotamischer Prägung, sondern wir finden auch, selbst wenn oft nur in miniaturisierter Form, jene Symbole, die wir am Göbekli Tepe in monumentaler Form gefunden haben.

Vollziehen wir nun den nächsten Schritt bei dem Versuch, den Göbekli Tepe in seinem Bezugsrahmen der Nachbarsiedlungen zu verstehen: Die Entdeckung von weiteren Fundplätzen mit T-Pfeilern in der Provinz Urfa, die immer dichter besetzte Fundortkarte dieser Region und das Fehlen von T-Pfeiler-Orten in anderen Landschaften lassen uns an ein ganz bestimmtes Phänomen der griechischen Geschichte denken. Die Griechen bezeichneten kultische Gemeinschaften als *Amphiktyonia*. Die ursprüngliche Bedeutung dieses Wortes ist nicht vollständig geklärt, doch sollte es in etwa die Kernbedeutung «Siedeln in der Umgebung» in sich tragen. Ursprünglich wurde der Begriff nur für jene Kultgemeinschaft benutzt, in deren Zentrum der Apollon-Tempel von Delphi stand, doch schon im Altertum wurde der Begriff bald auch auf andere Bünde ausgeweitet. Amphiktyonische Strukturen wurden von Historikern unserer Tage auch bei den Sumerern, den Philistern und den Israeliten vermutet. Das Grundelement einer Amphiktyonie ist stets ein zentrales Heiligtum. Eine Amphiktyonie ist zunächst einmal eine kultische Organisation, doch kann diese in ihrer Sorge um und für das Heiligtum soziale und militärische Aspekte hervorbringen.

Handelt es sich also beim Göbekli Tepe um das zentrale Heiligtum einer «steinzeitlichen Amphiktyonie»? Zwar würde die derzeitige Quellenlage eine solche uneingeschränkte Bestimmung schwerlich abdecken können, doch scheint die Verbreitung von Plätzen mit T-Pfeilern auf die Region um Urfa konzentriert zu sein, da sich die Orte in weitem Kreis um den Göbekli Tepe formieren. Welche Rolle den anderen Orten mit T-Pfeilern zukam, wissen wir noch nicht. Da jedoch nur am Göbekli Tepe eine monumentale Ausgestaltung zu beobachten ist, scheint es aber recht sicher zu sein, daß dieser Ort in der Reihe der Plätze mit T-Pfeilern hervorgehoben war. Behalten wir das historische Phänomen der Amphiktyonie im Hinterkopf, so wird es uns sicher bei der Beantwortung jener Fragen helfen, die sich uns bei der Deutung der steinzeitlichen Situation in Obermesopotamien stellen. Es hilft uns, den Blick auf das sehr wahrscheinlich zentrale Element zu fokussieren, das einst die Gruppen verbunden und offenbar auch ihre Interaktion gelenkt hat. Ich bin der Auffassung, daß es eine gemeinsame Religion und ein zentrales Heiligtum waren, welche die in verschiedenen Regionen ansässigen Gruppen verbunden hat, und ich bin zuversichtlich, daß wir ein solches am Göbekli Tepe gefunden haben.

Wenn wir akzeptieren, daß es in der vorkeramischen Jungsteinzeit (PPN) Obermesopotamiens Kultgemeinschaften gab, die – wenn auch natürlich noch nicht auf der hohen Entwicklungsstufe, wie wir sie 9000 Jahre später in Griechenland vor uns haben – Strukturen von Amphiktyonien hatten, so beantworten sich viele Fragen nach dem Interaktionssystem der Gruppen in dieser Epoche von selbst. Es geht nicht mehr so sehr um die Frage, ob es im Sinne diffusionistischer Anschauungen ein alles dominierendes Zentrum gab oder ob «Hunderte von Zentren» existierten. Wir müssen nicht die Frage beantworten, wie viele Gemeinschaften es waren, die sich einem rituellen Zentrum verbunden fühlten, oder die Frage, wie viele konkurrierende Bünde mit jeweils eigenen Zentren existierten. Wir können vielmehr völlig unabhängig von der Antwort auf diese Fragen erkennen, daß sich solche rituellen Zentren vorzüglich als Foren für Interaktion von Menschen und Gruppen sowie für die Organisation eventuell erforderlicher gemeinsamer Tätigkeiten anboten: Haben wir die Existenz solcher Zentren akzeptiert, so fällt es leicht, in ihnen die Ausgangspunkte für Aktivitäten zu sehen wie den Bau großer Steinkreisanlagen, die Entwicklung wirkungsmächtiger, großräumig funktionierender Jagdtechniken, die bereits Züge eines Landschaftsmanagements in großem Stil erkennen lassen. Und dieses Landschaftsmanagement könnte den Anfang intentionalen Getreideanbaus markieren, von Landwirtschaft nicht im Stile von Gartenfeldbau, sondern von Anbau auf großen Flächen, deren potentieller Ernteertrag vor den Nahrungskonkurrenten aus dem Tierreich geschützt werden mußte.

Die Hauptleistung solcher Bündnisse liegt in der hier möglichen Bündelung und Verbreitung des vorhandenen und neu hinzukommenden *Knowhow* der an einem solchen Zentrum zusammenkommenden Gruppen. Doch man löst nicht nur technische, jägerische oder den Anbau von Wildgetreide betreffende Probleme. Der Austausch umfaßt selbstverständlich auch ideelle Werte und fördert – letztlich: fordert – auch die Verwendung eines Symbolsystems, das alle Beteiligten verstehen. Erinnern wir uns der Tatsache, daß auf mehreren Pfeilern des Göbekli Tepe Reihungen von abstrakten Zeichen und Tierdarstellungen zu erkennen sind. Es handelt sich dabei, wie wir gesehen haben, nicht um flüchtig eingeritzte Zeichen, sondern um Flachreliefs. Besonders häufig sind H-förmige und um 90° gedrehte H-förmige Symbole sowie Schlangen und Vierfüßer. Mehrere der Zeichen und der Zeichenkombinationen finden sich zudem in Miniaturform wieder, und zwar auf ritzverzierten Steintäfelchen und Schaftglättern. Auch wenn wir uns stets der Gefahr bewußt sein müssen, daß die Verwendung des Wortes «Hieroglyphen» zu dem Kurzschluß führen könnte, wir hätten es hier bereits mit einer «Hieroglyphen-Schrift» zu tun, die sich wie jene des alten Ägypten auch phonetisch lesen ließe – ein Mißverständnis, das hier auf jeden Fall ausgeschlossen bleiben sollte –, so erscheint die Benennung «neolithische Hieroglyphen» im Sinn «heiliger Zeichen» dennoch der Befundlage angemessen. Wir haben es schließlich mit Zeichenfolgen in monumentaler Darstellungsart und in wiederkehrender Form zu tun. Daß diese Zeichen auch auf den gewaltigen menschengestaltigen Pfeilern angebracht sind, die mit Sicherheit in ihrer Bedeutung für die Zeitgenossen über die rein menschliche Sphäre hinausgewiesen haben, mag als Begründung genügen, daß wir es hier mit einer Aura des Übernatürlichen zu tun haben, die den Ort, die Pfeiler und die Zeichen umgab, welche die Verwendung des Wortes «*hieros*» (heilig) angemessen erscheinen läßt.

Abschied vom heiligen Berg der Jäger Wir wissen heute, daß zu Beginn des 8. Jahrtausends v. Chr. die Bautätigkeit – und offenbar auch die Nutzung der Bauten – am Göbekli Tepe endete. Die Jägergesellschaft war einer bäuerlichen Gesellschaft gewichen, und die Menschen waren seßhaft geworden. Die Siedlungen der Bauern lagen fortan in den Tälern im Bereich der fruchtbaren Böden, die den Ackerbau erlaubten.

Am Gürcütepe, in der nordwestlichen Ecke der Harran-Ebene gelegen, läßt sich eine frühneolithische «Talsiedlung» in Sichtweite des Göbekli Tepe bestimmen, wie wir sie heute vielerorts im obermesopotamischen Raum ausmachen können. Dort finden die Erfordernisse des Ackerbaus und einer beginnenden Haustierhaltung die entsprechenden Ökotope, ja sie treffen in geradezu idealer Weise zusammen. Der Göbekli Tepe bildet dazu den Antipoden: eine Berganlage ohne nahes Ackerland und Wasser. Damals verließen die Menschen den alten Kultort, gaben ihn endgültig auf, hatten die Monumente mit Geröll und Gestein bedeckt und so ihre Vergangenheit bestattet, ehe sie zu den verheißungsvollen Siedlungslagen in der näheren Umgebung zogen und sich als Bauern niederließen. Die Feuer der Jäger, die so lange um das Heiligtum gebrannt hatten, waren für immer erloschen.

Wagt man die erzielten Ergebnisse auf die gesamte Landschaft Obermesopotamiens zu projizieren, so entsteht ein Bild, das dem des *Early Village Farming* Robert Braidwoods in einem wesentlichen Punkt widerspricht: Die frühen Dörfer stehen weniger am Anfang, sie stehen am Ende einer Entwicklung. Dieser Prozeß hat sich nicht als allmähliche Adaption neuer Subsistenzstrategien abgespielt – also kein langsamer Erwerb landwirtschaftlicher Erkenntnisse und der damit einhergehende schleichende Wechsel der Versorgungsgrundlagen, Ackerbau statt Jagd; auf diese Weise kam es nicht zur Erlangung neuer Lebensweisen. Statt dessen bereitete die sich in monumentalen Bauwerken manifestierende Machtelite der jägerischen Gesellschaft des Göbekli Tepe offenbar selbst den Boden, neue Lebensformen zu entwickeln. Deren Entstehung erscheint, wie gezeigt, zwanglos aus den Bedürfnissen einer für bestimmte Zeiten auf engem Raum konzentrierten Menschenmenge ohne weiteres erklärbar. Nicht die neuen, von der Natur aufgezwungenen Überlebensstrategien, sondern die durch religiöse Verhaltensweisen hervorgerufenen gesellschaftlichen Zwänge führten offenbar zur Entwicklung neuer Subsistenzstrategien. Mag das Ende der Tempel des

Göbekli Tepe als revolutionäres Geschehen oder als Effekt klugen Kalküls bestehender Eliten zu denken sein – es war wahrhaft eine «neolithische Revolution», und zwar mit einem bedeutend dramatischeren Verlauf, als es Gordon Childe im Sinn hatte. Der «Jäger» hatte an Bedeutung verloren, und als seine Bedeutung schwand, schwand auch die Bedeutung seiner religiösen Riten und Zwänge, und mit ihnen verschwanden auch seine Kultanlagen. Als die wirtschaftlichen Grundlagen sich damals wandelten, sank auch der weltanschauliche Überbau in den Staub, so wie wir es an den gewaltigen und einstige Macht demonstrierenden Kultanlagen des Göbekli Tepe sehr schön beobachten können.

Vielleicht aber hatte Childe den Sachverhalt seinem Wesen nach schon begriffen, konnte ihn aber nur nicht so recht vergegenständlichen, da zu seiner Zeit die gesamte frühneolithische Periode Vorderasiens noch unbekannt war. Der Begriff *Revolution* besagt jedenfalls: «Umdrehen von Althergebrachtem». Nicht Neuschöpfung. Ja, wahrscheinlich hatte Childe es schon richtig geahnt, daß sich die ersten Dörfer der Bauern nicht aus primitiven Anfangspositionen heraus erhoben hatten, sondern eine Umkehrung der Verhältnisse repräsentierten. Damit einhergegangen ist zeitweise gewiß auch eine Primitivisierung des Lebensstandards – wenn man so will das Dunkle Zeitalter der keramischen Jungsteinzeit, *die Dark Ages des Pottery Neolithic.* Diese schlichten Überreste, die armseligen Scherben, können einen durchaus verwirren und zu der irrigen Annahme gelangen lassen, damals hätte alles seinen Anfang erst aus ganz, ganz kleinen Verhältnissen genommen.

Ein Monument wie der Göbekli Tepe ist ohne eine «Vorgeschichte», die bis in die Altsteinzeit reicht, schwerlich denkbar. Die jüngere Altsteinzeit (das Jungpaläolithikum) Obermesopotamiens war bis vor kurzem so gut wie unbekannt. Wir werden aber so lange Schwierigkeiten haben, die Neolithisierung Vorderasiens zu verstehen, solange nicht zumindest die späte jungpaläolithische Geschichte zwischen Euphrat und Tigris ausreichend erforscht ist. Ich vermute angesichts der angetroffenen Funde hier sehr viel eher den Schlüssel zum Verständnis der Neolithisierung als im Natufien der südlichen Levante, der in diesem Prozeß eher eine marginale Bedeutung zuzukommen scheint. Es steht nicht zu erwarten, daß sich das späte Jungpaläolithikum und das Epipaläolithikum in Obermesopotamien nahtlos an das der südlichen Levante angeschlossen haben. Es ist kaum abzusehen, mit welchen Ergebnissen sich diese Lücke zwischen den beobachteten Phänomenen einmal füllen wird.

Das Land zwischen den Oberläufen von Euphrat und Tigris erscheint, bildlich gesprochen, als der Bauch des Fruchtbaren Halbmonds, oder, wie es von anderer Seite formuliert wurde, als das «Goldene Dreieck». Es ist riesig und archäologisch kaum erforscht. Doch genau hier liegen Urfa und der Göbekli Tepe mit monumentalen Bauten, und sie weisen den Weg in eine bisher unbekannte Welt von Skulpturen und Reliefdarstellungen. Sie zeigen neben dem Motiv der drohenden Wächterfiguren komplizierte und teilweise surreal anmutende Darstellungen, die zu einer uns in Repertoire und Inhalt noch unbekannten Bildersprache zu gehören scheinen. Fast wie in den allegorischen Gemälden eines Hieronymus Bosch entfaltet sich ein Szenario merkwürdiger Bilder, die zu lesen dem Eingeweihten wohl leicht möglich war, dem Unkundigen aber nur die ungefähren Bedeutungsgehalte *gefährlich*, *bedrohlich*, *schrecklich* oder *friedlich* vermittelte. Daß hier Wesen einer anderen Welt oder zumindest Tiergestalten in deren Vertretung agieren, wird auch dem uneingeweihten Betrachter deutlich. Ob auf dem Göbekli Tepe allerdings das *Numen* bereits zum *Nomen* gewandelt war, ob dort ausschließlich Geister, Dämonen oder andere transzendentale Mächte ihren Auftritt hatten oder ob bereits Götter und Göttinnen hineingemischt waren, werden wir aufgrund des Charakters unserer steinernen Quellen vielleicht nie erfahren. Doch auch wenn uns die wahre Gestalt des hier Verehrten verborgen bleibt, scheint mir dennoch der Begriff Tempel für diese steinzeitlichen Sondergebäude treffend. Wir kennen das «*Pantheon*» der Jungsteinzeit nicht und werden es möglicherweise nie kennenlernen, aber die zunehmend sich zur Gewißheit verfestigende Ahnung, die in uns bei der Erforschung des Göbekli Tepe aufgestiegen ist, nämlich daß Kult und Religion, die sich in diesen Tempeln manifestiert haben, einst gewaltige Triebfedern der Entwicklung während des Neolithikums im Vorderen Orient waren, verspricht Einsichten in die Menschheitsgeschichte und in das Wesen unserer Vorfahren, welche die weitere Erforschung des heiligen Berges der Steinzeitjäger auf jeden Fall lohnen.

Anhang

Grundlegende und weiterführende Literatur

Anati, Emmanuel, Felskunst im Negev und auf Sinai. Frühe Spuren des Menschen, Lübbe, Bergisch Gladbach (1981).

Assmann, Jan, Religion und kulturelles Gedächtnis. Zehn Studien, Beck'sche Reihe, Beck, München (2000).

Aurenche, Olivier – Stefan Karol Kozlowski, La naissance du néolithique au Proche Orient ou le Paradis Perdu, Éditions Errance, Paris (1999).

Bartl, Karin, Vorratshaltung. Die spätepipaläolithische und frühneolithische Entwicklung im westlichen Vorderasien. Voraussetzungen, typologische Varianz und sozio-ökonomische Implikationen im Zeitraum zwischen 12 000 und 7500 BP, Studies in Early Near Eastern Production, Subsistence, and Environment 10, ex oriente, Berlin (2004).

Bar-Yosef, Ofer, The Walls of Jericho: An Alternative Interpretation, Current Anthropology 27, 1986, 157–162.

Bar-Yosef, Ofer – D. Alon, Nahal Hemar Cave. The Excavations, Atiqot (English Series) 18, 1988, 1–30.

Bar-Yosef, Ofer – Francois R. Valla (Hrsg.), The Natufien Culture in the Levant, International Monographs in Prehistory. Archaeological Series I, Ann Arbor (1991).

Belli, Oktay, Kırgızistan'da taç balbal ve insan biçimli heykeller – Stone Balbals and Statues in Human Form in Kirghizistan, Arkeoloji ve sanat yayınları. Avrasya Araştırmaları ve İncelemeleri Dizisi 1, Istanbul (2003).

Benecke, Norbert, Der Mensch und seine Haustiere. Die Geschichte einer jahrtausendealten Beziehung, Theiss, Stuttgart (1994).

Benedict, Peter, Survey Work in Southeastern Anatolia, in: Çambel – Braidwood 1980, 150–191.

Bıçakçı, Erhan, Çayönü Tepesi. Untersuchungen zu den Bauten und Siedlungsmustern der akeramisch-neolithischen Subphasen 5 und 6, Institut für Baugeschichte der Universität Karlsruhe, Materialien zu Bauforschung und Baugeschichte 21, Karlsruhe (2001).

Black, Jeremy – Anthony Green, Gods, Demons and Symbols of Ancien Mesopotamia. An Illustrated Dictionary, British Museum Press, London (1992).

Bonte, Pierre – Anne-Marie Brisebarre – Daniel Helmer – Hassan Sidi Maamar (Hrsg.), Domestications animales: dimensions sociales et symboliques, Actes du VIIe Colloque international de l'association «L'Homme et l'Animal, Société de Recherche interdisciplinaire», Hommage à Jacques Cauvin, Villeurbanne 2002, Anthropozoologica. Publications Scientifiques du Muséum 39 (1), Paris (2004).

Braidwood, Linda S. – Robert J. Braidwood – Bruce Howe – Charles A. Reed – Patty Jo Watson (Hrsg.), Prehistoric Archaeology along the Zagros Flanks, Oriental Institute Publications 105, Chicago (1983).

Braidwood, Linda S., Digging Beyond the Tigris. An American Woman Archaeologist's

Story of Life on a «Dig» in the Kurdish Hills of Iraq, Henry Schuhman, New York (1953).

Bucak, Eyyüp - Klaus Schmidt, Dünyanın en eski heykeli, Atlas 127, ekim 2003, 36-40.

Burl, Aubrey, Great Stone Circles. Fables, Fictions, Facts, Yale University Press, New Haven - London (1999).

Byrd, Brian F., Early Village Life at Beidha, Jordan: Neolithic Spatial Organization and Vernacular Architecture, British AcademyMonographs in Archaeology, Oxford University Press, Oxford (2005).

Çambel, Halet - Robert J. Braidwood, İstanbul ve Chicago Üniversiteleri karma projesi güneydoğu anadolu tarihöncesi araştırmaları - The Joint Istanbul - Chicago Universities Prehistoric Research in Southeastern Anatolia, University of Istanbul, Faculty of Letters Press, Istanbul (1980).

Cappers, René T. J. - Sytze Bottema (Hrsg.), The Dawn of Farming in the Near East. Workshop Groningen 1998. Studies in Early Near Eastern Production, Susistence, and Environment 6, ex oriente, Berlin (2002).

Carter, Theresa Howard, The Stone Spirits, Expedition. The Bulletin of the University Museum of the University of Pennsylvania 12.3, Philadelphia, 1970, 22-40.

Christaller, Walter, Die zentralen Orte in Süddeutschland. Eine ökonomisch-geographische Untersuchung über die Gesetzmäßigkeit der Verbreitung und Entwicklung der Siedlungen mit städtischen Funktionen (1933).

Clottes, Jean - David Lewis-Williams, Schamanen. Trance und Magie in der Höhlenkunst der Steinzeit, Thorbecke, Sigmaringen (1997).

Daniel, Glyn, Geschichte der Archäologie, Lübbe, Bergisch Gladbach (1982); Originaltitel: A Short History of Archaeology, 1981.

Driesch, Angela von den - Joris Peters, Vorläufiger Bericht über archäozoologische Untersuchungen am Göbekli Tepe und am Gürcütepe bei Urfa, Türkei, Istanbuler Mitteilungen des Deutschen Archäologischen Instituts 49, Wasmuth, Tübingen, 1999, 23-39.

Driesch, Angela von den - Joris Peters, Früheste Haustierhaltung in der Südosttürkei, in: Rainer M. Boehmer - Joseph Maran (Hrsg.), Lux Orientis. Archäologie zwischen Asien und Europa. Festschrift für Harald Hauptmann zum 65. Geburtstag (2001) 113-120.

Drower, Margaret S., Flinders Petrie. A Life in Archaeology, Victor Gollancz, London (1985).

Duerr, Hans Peter, Sedna oder Die Liebe zum Leben, Suhrkamp, Frankfurt am Main (1984).

Falk, Harry (Hrsg.), Wege zur Stadt. Entwicklung und Formen urbanen Lebens in der alten Welt. Vergleichende Studien zu Antike und Orient 2, Hempen, Bremen (2005).

Forest, Jean-Daniel, Le PPN B de Çayönü et de Nevalı Çori: pour une approche archéo-ethnologique de la neolithisation du Proche-Orient, Anatolia Antiqua - Eski Anadolu 4. Recueil de travaux publiés par l'Institut Française d'Etudes Anatoliennes Georges Dumézil, Jean Maisonneuve, Paris, 1996, 1-31.

Frobenius, Leo, Ekade Ektab. Die Felsbilder Fezzans. Ergebnisse der Diafe X (Deutsch-Innerafrikanische Forschungsexpedition) nach Tripolitanien und Ost-Algier mit Ergänzungen der Diafe XII aus Zental-Algier, Harrassowitz, Leipzig (1937).

Garfinkel, Yosef, Dancing at the Dawn of Agriculture, University of Texas Press, Austin (2003).

Gebel, Hans Georg, Grundzüge sozialen Wandels im Neolithikum der südlichen Levante, http://www.freidok.uni-freiburg.de/volltexte/466.

Gebel, Hans Georg - Bo Dahl Hermansen - Charlott Hoffmann Jensen (Hrsg.), Magic Practices and Ritual in the Near Eastern Neolithic. Proceedings of a Workshop held at the 2nd International Congress on the Archaeology of the Ancient Near East (ICAANE) in Copenhagen 2000. Studies in Early Near Eastern Production, Susistence, and Environment 8, ex oriente, Berlin (2002).

Gopher, Avi, Arrowheads of the Neolithic Levant. A Seriation Analysis, American Schools of Oriental Research. Dissertation Series 10, Eisenbrauns, Winona Lake, Indiana (1994).

Grupe, Gisela - Joris Peters (Hrsg.), Feathers, Grit and Symbolism. Birds and Humans in the Ancient Old and New Worlds, Proceedings of the 5th Meeting of the ICAZ Bird Working Group in Munich 2004, Leidorf, Rahden (2005).

Guilaine, Jean, De la vague à la tombe. La conquête néolithique de la méditerranée, Éditions du Seuil, Paris (2003).

Guilaine, Jean, La Mer partagée. La Méditerranée avant l'écriture. 7000-2000 avant Jésus-Christ, Hachette, Paris (1994).

Haas, Volkert, Betrachtungen zur Traditionsgeschichte hethitischer Rituale am Beispiel des «Sündenbock»-Motivs, in: Gary Beckman - Robert Beal - Gregory McMahon (Hrsg.), Hittite Studies in Honor of Harry A. Hoffner Jr. on the Occasion of His 65th Birthday, Eisenbrauns, Winona Lake, Indiana (2003) 131-141.

Habachi, Labib, Die unsterblichen Obelisken Ägyptens, überarbeitete und erweiterte Neuauflage von Carola Vogel, Zaberns Bildbände zur Archäologie, Philipp von Zabern, Mainz am Rhein (2000).

Hachmann, Rolf, Die ‹Befestigungen› des akeramischen Jericho, Baghdader Mitteilungen des Deutschen Archäologischen Instituts 25, 1994, Gebr. Mann, Berlin, 1994, 19-74.

Hauptmann, Harald, Ein Kultgebäude in Nevalı Çori, in: Marcella Frangipane et al. (Hrsg.), Between the Rivers and over the Mountains. Archaeologica Anatolica et Mesopotamica Alba Palmieri Dedicata, Gruppo Editoriale Internazionale, Rom (1993) 37-69.

Hauptmann, Harald, Frühneolithische Steingebäude in Südwestasien, in: Karl W. Beinhauer - Gabriel Cooney - Christian E. Guksch - Susan Kus (Hrsg.), Studien zur Megalithik. Forschungsstand und ethnoarchäologische Perspektiven, Beiträge zur Ur- und Frühgeschichte Mitteleuropas 21, Beier & Beran, Weissbach (1999) 227-238.

Hauptmann, Harald, Yukarı Mezopotamya'da erken neolitik dönem, Anadolu Medeniyetleri Müzesi Konferansları, Ankara, 1999, 117-154.

Helms, Svend W., Jawa. Lost City of the Black Desert, Methuen & Co., London (1981).

Heun, M. - R. Schäfer-Pregl - D. Klawan - R. Castagna - M. Accerbi - B. Borghi - F. Salamini, Site of Einkorn Wheat Domestication Identified by DNA, Science 278, 1997, 1312-1314.

Hodder, Ian (Hrsg.), On the Surface: Çatalhöyük 1993-95, McDonald Institute Monographs, Çatalhöyük Project Volume 1, Oxbow, Oxford (1996).

Hodder, Ian (Hrsg.), Inhabiting Çatalhöyük: Reports from the 1995–99 Seasons, Çatalhöyük Project Volume 4, Oxbow, Oxford (2005).
Hoffman, Michael A., Egypt before the Pharaohs, Ark Paperbacks, London – Melbourne – Henley (1979).
Hours, Francis – Olivier Aurenche – Jacques Cauvin – Marie-Claire Cauvin – Lorraine Copeland – Paul Sanlaville, Atlas des sites du Proche Orient (14000–5700 BP), Travaux de la Maison de l'Orient méditerranéen no. 24, Boccard, Paris (1994).
Iakovleva, Ludmila – Geneviève Pinçon, Angles-sur-l'Anglin (Vienne). La Frise sculptée du Roc-aux-Sorciers, Réunion des musées nationaux, Paris (1997).
Kenyon, Kathleen M., Digging up Jericho, Ernest Benn, London (1957).
Kenyon, Kathleen M., Archaeology in the Holy Land, Ernest Benn, London (³1970).
Kenyon, Kathleen M., Digging up Jerusalem, Ernest Benn, London – Tonbridge (1974).
Kirkbride, Diane, Ancient Arabian Ancestor Idols. Part I: Archaeology 22.2, 1969, 116–121; Part II: Archaeology 22.3, 1969, 188–195.
Kirkbride, Diane, Umm Dabaghiyah 1974: A Fourth Preliminary Report, Iraq 37, 1975, 3–10.
Klotz, Heinrich, Die Entdeckung von Çatal Höyük. Der archäologische Jahrhundertfund, Beck, München (1997).
Kolb, Frank, Die Stadt im Altertum, Beck, München (1984).
Körber-Grohne, Udelgard, Nutzpflanzen in Deutschland. Kulturgeschichte und Biologie, Theiss, Stuttgart (²1988).
Kozlowski, Stefan Karol, The Eastern Wing of the Fertile Crescent. Late Prehistory of Greater Mesopotamian Lithic Industries, British Archaeological Reports. International Series 760, Oxford (1999).
Kozlowski, Stefan Karol, Nemrik. An Aceramic Village in Northern Iraq, Swiatowit Supplement Series P: Prehistory and Middle Ages, Vol. 8, Institute of Archaeology Warsaw University, Warschau (2002).
Kozlowski, Stefan Karol – Olivier Aurenche, Territories, Boundaries and Cultures in the Neolithic Near East, British Archaeological Reports. International Series 1362, Oxford (2005).
Ksica, Miroslav – Olga Ksicová, Felsbilder zwischen Schwarzem Meer und Beringstraße, Katalog zur Ausstellung im oberösterreichischen Landesmuseum Linz, Brno (1994).
Kuijt, Ian (Hrsg.), Life in Neolithic Farming Communities. Social Organization, Identity, and Differentation, Kluwer, New York – Boston – Dordrecht – London – Moscow (2000).
Kürkçüoğlu, A. Cihat – Müslüm Akalın – S. Sabri Kürkçüoğlu – Selâhaddin E. Güler, Şanlıurfa. Uygarlığın doğduğu Şehir, ŞURKAV Yayınları 27, Tisamat, Ankara 2 (2002).
Lawlor, Robert, Am Anfang war der Traum. Die Kulturgeschichte der Aborigines, Droemer Knaur, München (1993); Titel der Originalausgabe: Voices of the First Day, Inner Traditions International, Rochester – Vermont (1991).
Leroi-Gourhan, André, Prähistorische Kunst. Die Ursprünge der Kunst in Europa, Herder, Freiburg – Basel – Wien (⁵1982).
Lev-Yadun, Simcha – Avi Gopher – Shahal Abbo, The Cradle of Agriculture, Science 288, June 2000, 1602–1603.

Lewis-Williams, David – David Pearce, Inside the Neolithic Mind. Consciousness, Cosmos and the Realm of the Gods, Thames & Hudson, London (2005).

Lewis-Williams, David, The Mind in the Cave. Consciousness and the Origins of Art, Thames & Hudson, London (2002).

Lichter, Clemens (Hrsg.), How did Farming Reach Europe? Anatolian-European Relations from the Second Half of the 7th through the First Half of the 6th Millennium Cal BC. Proceedings of the International Workshop Istanbul 2004, Byzas 2, Ege Yayınları, Istanbul (2005).

Lüning, Jens – Albrecht Jockenhövel – Helmut Bender – Torsten Capelle, Deutsche Agrargeschichte. Vor- und Frühgeschichte, Ulmer, Stuttgart (1997).

Mellaart, James, Çatal Höyük. Stadt aus der Steinzeit, Lübbe, Bergisch Gladbach (1967); Originaltitel: Çatal Höyük. A Neolithic Town in Anatolia, Thames & Hudson, London (1967); erweiterter Neudruck in türkischer Sprache mit Farbabbildungen: Çatal Höyük. Anadolu'da bir Neolitik Kent, Yapı Kredi Yayınları 1759, Sanat 96, Istanbul (2003).

Milojčić, Vladimir, Die erste präkeramische bäuerliche Siedlung der Jungsteinzeit in Europa, Germania. Anzeiger der Römisch-Germanischen Kommission des Deutschen Archäologischen Instituts 34, Walter de Gruyter & Co., Berlin, 1956, 208–210.

Milojčić, Vladimir – Joachim Boessneck – Maria Hopf, Argissa-Magoula I. Das Präkeramische Neolithikum sowie die Tier- und Pflanzenwelt, Beiträge zur Ur- und Frühgeschichtlichen Archäologie des Mittelmeer-Kulturraumes 2, Bonn (1961).

Mithen, Steven, After the Ice. A Global Human History 20 000–5000 BC, Weidenfeld & Nicolson, London (2003).

Moltke, Helmuth von, Briefe über Zustände und Begebenheiten in der Türkei aus den Jahren 1835 bis 1839, achte Auflage eingeleitet und mit Anmerkungen versehen von Dr. Gustav Hirschfeld, Ernst Siegfried Mittler und Sohn, königliche Hofbuchhandlung Berlin (1917).

Mumford, Lewis, Die Stadt. Geschichte und Ausblick, Kiepenheuer & Witsch, Köln – Berlin (1963), englischer Originaltitel: The City in History, 1961.

Neef, Reinder, Overlooking the Steppe-Forest. A Preliminary Report on the Botanical Remains from Early Neolithic Göbekli Tepe (Southeastern Turkey), Neo-Lithics. A Newsletter of Southwest Asian Lithics Research 2/03, ex oriente, Berlin, 2003, 13–16.

Orschiedt, Jörg, Schädelkult, Reallexikon der Germanischen Altertumskunde 26 (2004) 577–582.

Özdoğan, Mehmet – Harald Hauptmann – Nezih Başgelen (Hrsg.), Köyden Kente. Yakındoğu'da İlk Yerleşmiler – From Village to Cities. Early Villages in the Near East. Ufuk Esin'e Armağan – Studies Presented to Ufuk Esin, Arkeoloji ve Sanat yayınları, Istanbul (2003).

Pearson, Kenneth – Patricia Connor, Die Dorak Affäre. Schätze, Schmuggler, Journalisten, Paul Zsolnay, Wien – Hamburg (1968), englischer Originaltitel: The Dorak Affair, 1967.

Peltenburg, Edgar – Sue Colledge – Paul Croft – Adam Jackson – Carole McCartney – Mary Anne Murray, Agropastoralist Colonization of Cyprus in the 10th Millennium BP: Initial Assessments, Antiquity 74, 2000, 344–353.

Peschlow-Bindokat, Anneliese, Frühe Menschenbilder. Die prähistorischen Felsmalereien des Latmos-Gebirges (Westtürkei), Philipp von Zabern, Mainz am Rhein (2003).

Peter-Röcher, Heidi, Mythos Menschenfresser. Ein Blick in die Kochtöpfe der Kannibalen, Beck, München (1998).

Peters, Joris - Daniel Helmer - Angela von den Driesch - Maria Saña Segui, Early Animal Husbandry in the Northern Levant, Paléorient. Revue pluridisciplinaire de préhistoire et protohistoire de l'asie du sud-ouest 25/2, Paris 1999, 27-47.

Röhrer-Ertl, Olaf, Die neolithische Revolution im Vorderen Orient. Ein Beitrag zu Fragen der Bevölkerungsbiologie und Bevölkerungsgeschichte, Forschungsergebnisse bei Oldenbourg, Oldenbourg, München - Wien (1978).

Schachner, Andreas, Von der Rundhütte zum Kaufmannshaus. Kulturhistorische Untersuchungen zur Entwicklung prähistorischer Wohnhäuser in Zentral-, Ost- und Südostanatolien, BAR International Series 807, Oxford (1999).

Schmandt-Besserat, Denise, Animal Symbols at 'Ain Ghazal, Expedition. The University Museum Magazine of Archaeology/Anthropolgy, University of Pennsylvania 39, Philadelphia 1997, 48-58.

Schmidt, Klaus, «Kraniche am See». Bilder und Zeichen vom frühneolithischen Göbekli Tepe (Südosttürkei), in: Wilfried Seipel (Hrsg.), Der Turmbau zu Babel. Ursprung und Vielfalt von Sprache und Schrift. Eine Ausstellung des Kunsthistorischen Museums Wien für die Europäische Kulturhauptstadt Graz 2003, Skira, Milano (2003) Band IIIA, 23-29.

Schmidt, Klaus, Frühneolithische Zeichen vom Göbekli Tepe - İlk Neolitik Göbekli Tepe Betimlemeleri, TÜBA-AR. Türkiye Bilimler Akademisi Arkeoloji Dergisi - Turkish Academy of Sciences Journal of Archaeology 7, 2004, Türkiye Bilimler Akademisi, Ankara, 2004, 93-103.

Schmidt, Klaus, Göbekli Tepe and the Early Neolithic Sites of the Urfa Region: a Synopsis of New Results and Current Views, Neo-Lithics. A Newsletter of Southwest Asian Lithics Research 1/01, ex oriente, Berlin, 2001, 9-11.

Schoop, Ulf-Dietrich, Die Geburt des Hephaistos. Technologie und Kulturgeschichte neolithischer Metallverwendung im Vorderen Orient, Internationale Archäologie 24, Marie L. Leidorf, Espelkamp (1995).

Schroer, Silvia - Othmar Keel, Die Ikonographie Palästinas/Israels und der Alte Orient. Eine Religionsgeschichte in Bildern. Band 1. Vom ausgehenden Mesolithikum bis zur Frühbronzezeit, Paulus Verlag, Freiburg, Schweiz (2005).

Segal, Judah Benzion, Edessa. «The Blessed City», Oxford University Press, Oxford (1970).

Sellin, Ernst - Carl Watzinger, Jericho. Die Ergebnisse der Ausgrabungen, Wissenschaftliche Veröffentlichungen der Deutschen Orient-Gesellschaft 22, Hinrich'sche Buchhandlung, Leipzig (1913).

Stordeur, Danielle, Des crânes surmodelés à Tell Aswad de Damascène (PPN B - Syrie), Paléorient. Revue pluridisciplinaire de préhistoire et protohistoire de l'asie du sud-ouest 29.2, Paris 2003, 109-115.

Summers, Roger, Stadt des Schwarzen Goldes. Das Geheimnis von Simbabwe, in: Edward Bacon (Hrsg.), Versunkene Kulturen. Geheimnis und Rätsel früher Welten, Knaur, München - Zürich (1963) 33-54.

Tellenbach, Michael, Materialien zum Präkeramischen Neolithikum in Süd-Ost-Europa. Typologisch-stratigraphische Untersuchungen zu lithischen Gerätschaften, Bericht der Römisch-Germanischen Kommission 64, 1983, Philipp von Zabern, Mainz am Rhein, 1984, 21-137 und 48 Tafeln.

Todd, Ian A., Çatal Hüyük in Perspective, Menlo Park (1976).

Türe, Fatma (Hrsg.), Kayıp Zamanların Peşinde. Alman Arkeoloji Enstitüsü Anadolu Kazıları - Auf der Suche nach verschwundenen Zeiten. Die Ausgrabungen des Deutschen Archäologischen Instituts in der Türkei, Yapı Kredi Kültür Sanat Yayıncılık, Istanbul (1999).

Van Albada, Axel - Anne-Michelle, La Montagne des Hommes-chiens. Art rupestre du Messak Libyen. Collections «arts rupestres» dirigée par Jean Clottes, Éditions du Seuil, Paris (2000).

Vivelo, Frank Robert, Handbuch der Kulturanthropologie. Eine grundlegende Einführung, herausgegeben und mit einer Einleitung von Justin Stagl, Klett-Cotta, Stuttgart (1981), amerikanischer Originaltitel: Cultural Anthropology. A Basic Introduction, McGraw-Hill Book Company (1978).

Winchester, Simon, Eine Karte verändert die Welt. William Smith und die Geburt der modernen Geologie, Knaus, München (2001); amerikanischer Originaltitel: The Map that Changed the World. William Smith and the Birth of Modern Geology, Harper Collins Publishers, New York (2001).

Worschech, Udo, Cromlechs, Dolmen und Menhire. Vergleichende Studien zu vor- und frühgeschichtlichen Grabanlagen in Jordanien, Beiträge zur Erforschung der antiken Moabitis (Ard el-Kerak) 2, Peter Lang, Frankfurt am Main (2002).

Yükmen, Bakiye, Anadolu Megalitleri. Doğu ve güneydoğu anadolu dolmenleri ışığında - The Megaliths of Anatolia. A New Survey Revealing the Significance of the Dolmen in Eastern Anatolia, Arkeoloji ve sanat yayınları. Eski Anadolu Uygarlıkları Dizisi 7, Istanbul (2003).

Abbildungsnachweis

Abb. 1, 2, 19, 20, 33, 35–37, 40, 41, 49: Michael Morsch; Abb. 3: Christine Wieloch; Abb. 5: nach Noy in Bar-Yosef – Valla, 1991, Abb. 5,2 und 6,1–6,5; Abb. 6: nach Kenyon, 1970, Taf. 13, und Aurenche – Kozlowski, 1999, Titelbild; Abb. 7: nach Aurenche – Kozlowski, 1999, Titelbild; Abb. 8: nach Noy in Bar-Yosef – Valla, 1991, Abb. 5,2 und 6,5; Abb. 9: nach Mellaart, 1967; Abb. 11: Titelbild Arkeoloji ve Sanat 113, 2003; leider war es in diesem Fall nicht möglich, den Rechteinhaber zu ermitteln; der Verlag ist bereit, berechtigte Ansprüche abzugelten; Abb. 12: Murat Akman; Abb. 14: nach Hauptmann, 1999(a), Abb. 8; Abb. 15: nach Hauptmann, 1993, Abb. 21; Abb. 17 zeigt das Werk von Yosef Garfinkel ‹Dancing at the Dawn of Agriculture›, 2003, University of Texas Press, Austin; Abb. 22, 44, 53, 54, 59, 94, 101–103: Dieter Johannes; Abb. 25, 32, 45–47, 99: Christoph Gerber; Abb. 30: nach einem topographischen Plan von Markus Geiß, Stefan Obermeier, Karin Faulhaber und Focke Jarecki; Abb. 38, 48, 61, 62, 72, 81, 83–86, 88, 89, 91, 93: Irmgard Wagner; Abb. 42: Çiğdem Köksal; Abb. 43: nach B. Çelik, Neo-Lithics 1/05, 29, Abb. 2; Abb. 55 nach einer Aufnahme von Malcolm Murray in: Stuart Pigott, The Druids, Thames & Hudson, London 1968; leider war es in diesem Fall nicht möglich, den Rechteinhaber zu ermitteln; der Verlag ist bereit, berechtigte Ansprüche abzugelten; Abb. 65: Stefan von der Lahr; Abb. 90: nach Özkaya V. – O. San, 24. Kazı Sonuçları Toplantısı, 2002, 2. Cilt, 433 Çizim 3; Abb. 92: Joris Peters; Abb. 95: nach Kim Duistermaat in Akkermans, 1996, Abb. 5, 3; Abb. 96: nach R. F. Mazurowski – Th. Yartah, Polish Archaeology in the Mediterranean 13, 2002, Abb. 10 und 11; Abb. 97: nach L. Frobenius, Kulturgeschichte Afrikas, 1954, Taf. 25; Abb. 98: nach E. Herzfeld, Archäologische Mitteilungen aus Iran 5, 1932/33 Taf. 2; Abb. 106: Orhan Durgut; alle übrigen Abbildungen stammen vom Verfasser.

Die Aufnahmen, Pläne und Zeichnungen des Verfassers sowie die von Murat Akman, Orhan Durgut, Karin Faulhaber, Markus Geiß, Christoph Gerber, Focke Jarecki, Dieter Johannes, Çiğdem Köksal, Michael Morsch, Stefan Obermeier, Joris Peters, Irmgard Wagner und Christine Wieloch entstanden im Rahmen des Projekts «Urfa» des DAI,

Glossar

Acheuléen: wichtige archäologische Kultur (ca. 1 500 000–120 000 v. Chr.) der älteren Altsteinzeit (ca. 2 000 000–120 000 v. Chr.), benannt nach dem französischen Ort St. Acheul.

Altpaläolithikum: ältere Altsteinzeit (ca. 2 000 000–120 000 v. Chr.).

Anthropogen: vom Menschen verursacht bzw. geschaffen.

Anthropomorph: menschengestaltig.

Apotropäisch: Gefahr abwehrend.

Archäofauna: die im archäologischen Befund (in der Regel anhand von Knochen) nachgewiesenen Tiere.

Aurignacien: wichtige archäologische Kultur des älteren Jungpaläolithikums (ca. 35 000–22 000 v. Chr.), benannt nach dem südfranzösischen Ort Aurignac.

Azilien: wichtige archäologische Kultur des Spätpaläolithikums (ca. 12 000–10 000 v. Chr.), benannt nach der Höhle Le Mas d'Azil in Südwestfrankreich.

Chalkolithikum: Steinkupferzeit, in der Stein und Metall (vor allem Kupfer) wichtige Werkstoffe darstellen (in Vorderasien ca. 5500–3500 v. Chr.).

Cromlech: Begriff aus dem keltischen Kulturraum, der die zum Steinkreis angeordneten Menhire meint.

Dakhmah: in zoroastrischen Gemeinden Irans und Indiens zur Aussetzung eines oder mehrerer Leichname genutzte Anlage; die runde Turm-Dakhmah dient in der Regel ganzen Gemeinden und ist erst in islamischer Zeit belegt; bei der Berg-Dakhmah handelt es sich um die Ummauerung einer Felskuppe ohne weitere Ausstattungen.

Dämon: im archäologischen Sprachgebrauch tierköpfiges (theriokephales) Mischwesen mit menschengestaltigen Beinen.

Dekarnation: Entfleischung.

Desert Kites: «Wüstendrachen», Tierfanganlagen in der arabischen Wüste, deren Gestalt an das Kinder-Flugspielgerät «Drachen» erinnert.

Djenoun: koboldartiges Wesen, das auf nordafrikanischen Felsbildern zu sehen ist.

Dolmen: keltischer Ausdruck, der einen «Steintisch» bezeichnet; in der Regel aus megalithischen Wandsteinen und einem Deckstein gebildeter Baukörper.

Domestikation: durch Zähmung und schließlich Zucht erfolgende Überführung einer Wildtierart in den Haustierbestand.

Drache: Mischwesen, Sinnbild der vier Elemente Feuer (feuerspeiend), Wasser (Fischleib), Erde (vierfüßig) und Luft (Flügel); in der Steinzeit fehlen Darstellungen derartiger Mischwesen.

Dromos: griechisch für «Weg»; im archäologischen Kontext oft für einen von Mauern flankierten Zugang zu unterirdischen Anlagen verwendet.

Funerär: zum Bestattungswesen gehörig.

Glazial: Eiszeit.

Gravettien: wichtige archäologische Kultur des mittleren Jungpaläolithikums (ca.

28 000–22 000 v. Chr.), benannt nach der Fundstelle von La Gravette in Südfrankreich.

Hieroglyphe: heiliges Zeichen, in der Regel Schriftzeichen einer Hieroglyphenschrift; die steinzeitlichen Hieroglyphen sind höchstwahrscheinlich keine phonetisierten Zeichen.

Holozän: Jetztzeit, jüngste Periode der Erdgeschichte; Nach-Eiszeit (Beginn ca. 10 000 v. Chr.), zusammen mit dem älteren Pleistozän Teil des Quartärs.

Höyük, Hüyük: türkisch für «Hügel»; gemeint sind in der Regel Ruinenhügel.

Hypäthral: nicht überdeckte, zum Himmel hin offene Raumgestaltung.

Hypogäum: Unterirdische Grab- oder Kultanlage.

Initiation: Einführung; Initiationsriten sind häufig beim Übergang eines Individuums zwischen verschiedenen Altersstufen anzutreffen, etwa vom Kind zum Erwachsenen.

In situ: archäologischer Fachbegriff, der soviel bedeutet wie «am Ort», «in originaler Fundlage».

Ithyphallisch: mit erigiertem Penis.

Jungpaläolithikum: jüngere Altsteinzeit (ca. 35 000–12 000 v. Chr.).

Jungpleistozän: ca. 130 000–10 000 v. Chr.

Kynokephal: hundeköpfig; bezeichnet menschengestaltige Mischwesen mit Hundekopf.

Lochpaar: am Göbekli Tepe besonders an den T-Kopf-Pfeilern zu beobachtende, sanduhrförmige Durchlochungen einer Kante; die Lochungen besitzen am Göbekli Tepe an der engsten Stelle in der Regel einen Durchmesser von weniger als 1 cm.

Magoula: neugriechisch für «Ruinenhügel».

Magdalénien: wichtige archäologische Kultur des jüngeren Jungpaläolithikums (ca. 18 000–12 000 v. Chr.), benannt nach der Fundstelle von La Madeleine in Südwestfrankreich.

Makronymphia: in der Regel durch gezielte Manipulation vergrößerte Schamlippen.

Massboth (Singular), Massebah, Messebe (Plural): hebräisch für «aufgerichteter Stein»; entspricht formal weitgehend einem Menhir, ist im Unterschied zu den Stelen Mesopotamiens «aikonisch» – also nicht mit Bildern oder Inschriften versehen.

Megalith, megalithisch: griechisch für «Großstein».

Menhir: aufgerichteter Stein; der aus dem keltischen Kulturraum stammende Begriff wird vereinzelt auch in der vorderasiatischen Archäologie verwendet.

Mesolithikum: mittlere Steinzeit, Zeit der nacheiszeitlichen Jäger- und Sammlerkulturen (in Europa ca. 10 000–6000 v. Chr.).

Mischwesen: Phantasiewesen, oft aus Tier-Mensch- oder Tier-Tier-Kombinationen.

Mittelpaläolithikum: mittlere Altsteinzeit (ca. 120 000–35 000 v. Chr.).

Monolith, monolithisch: griechisch für «ein (großer) Stein».

Monster: im archäologischen Sprachgebrauch Mischwesen mit Tierkörper und meist menschlichem Kopf, z. B. Sphinx oder Kentaur; es gibt auch Monster als Mischung aus verschiedenen Tieren, z. B. den Löwengreif.

Mousterien: wichtige archäologische Kultur der mittleren Altsteinzeit (ca. 120 000–35 000 v. Chr.), benannt nach der Fundstelle von Le Moustier in Südwestfrankreich.

Natufien: wichtige archäologische Kultur des Spätpaläolithikums (ca. 12 000–10 200 v. Chr.), benannt nach dem Wadi Natuf bei Jerusalem.

Neolithikum: Jungsteinzeit, Zeit nahrungsproduzierender Kulturen vor Einführung des Werkstoffes Metall; im Bereich der Alten Welt Entstehung in Vorderasien (im 10. Jt. v. Chr.), dann Ausbreitung nach Europa, in Mitteleuropa frühestes Erscheinen im 6. Jt. v. Chr.

Obed-Kultur: wichtige archäologische Kultur des Chalkolithikums im Alten Orient (6. bis 4. Jt. v. Chr.), benannt nach dem Siedlungshügel von el-Obed im Südirak.

Obelisk: griechischer «Spitzname» («Bratspießchen») für die *thn*-Pfeiler (sprich: *Tehen*-Pfeiler) Altägyptens – quadratischer, sich nach oben verjüngender Querschnitt, die Spitze in Form eines Pyramidions, oft in Paaren aufgestellt.

Opferschale: am Göbekli Tepe vorläufig verwendeter Hilfsbegriff für Kalkplatten mit schalenartiger Vertiefung und seitlich schräg einmündender Rinne; ein Exemplar *in situ* vor einem Pfeiler im Terrazzoboden der Anlage B; die genaue Funktion der Objekte ist noch nicht geklärt.

Orthostat: griechisch für «gerade stehend»; in der Regel senkrecht aufgerichtete Steinplatte.

Ossuarium: in der Regel ein bestimmter Raum, seltener ein Gefäß, zur Aufnahme von Knochen im Rahmen von Bestattungen.

Paläolithikum: Altsteinzeit, Zeit der eiszeitlichen, jägerischen Kulturen (ca. 2 000 000–10 000 v. Chr.).

Parietalkunst: Wandkunst.

Pfeiler: Stütze mit quadratischem, rechteckigem oder polygonalem Querschnitt; Pfeiler (und Säulen) kommen auch als freistehende Kultmale vor, z. B. die *Tehen*-(Obelisken-), *Djed*- und *Iun*-Pfeiler Altägyptens. Das Ziehen und Aufrichten heiliger Pfeiler war in Ägypten ein wichtiger Teil von Ritualen; in Nevalı Çori und am Göbekli Tepe sind freistehende oder stützende Pfeiler in T- und Γ-Form belegt.

Pfeiler Typ Nevalı Çori: erstmals in Nevalı Çori nachgewiesener Typ von T-Kopf-Pfeilern mit Stola, Armen und unterhalb der Stola gegenübergestellten Händen.

Pfeilerfassung: am Göbekli Tepe vorläufig verwendeter Arbeitsbegriff für monolithische Platten mit einer von einem kragenförmigen Rand umgebenen, zentralen Öffnung; eine endgültige Klärung der Funktion steht noch aus. Möglicherweise handelt es sich um Türlochsteine.

Pfeilerschaft: der im Hinblick auf den breiten Kopf schmale Teil eines T-Kopf-Pfeilers.

Pfeilschaftglätter: Steingerät mit Schleifrille zur Herstellung von Pfeilschäften.

Phonetisiert: verlautlicht, mit Lauten versehen.

Piktogramm: Bildzeichen.

Pleistozän: zweitjüngste, vorletzte Phase der Erdgeschichte, Eiszeit (ca. 2 000 000–10 000 v. Chr.), zusammen mit dem jüngeren Holozän Teil des Quartärs.

PN: Pottery Neolithic, keramisches Neolithikum, Spätneolithikum (ca. 6800–6000 v. Chr.); definiert in Jericho, wo es in die Phasen des älteren PN A und des jüngeren PN B unterteilt wurde.

PPN: Pre-Pottery Neolithic, vorkeramisches Neolithikum (ca. 9600–6800 v. Chr.); PPN A: ältere Stufe des Pre-Pottery Neolithic (ca. 9600–8800 v. Chr.); PPN B: jüngere Stufe des Pre-Pottery Neolithic (ca. 8800–6800 v. Chr.), das PPN C steht am Übergang zum PN.

Protome: griechischer Terminus; Bezeichnung für die plastische Wiedergabe des vorderen Teils eines Lebewesens in Form einer Applike (eines Aufsatzes) oder auch als selbständige Skulptur.

Quartär: ursprünglich die vierte und letzte Periode der Erdgeschichte; das Quartär beginnt vor 2 Millionen Jahren und wird in Pleistozän und Holozän unterteilt.

Säule: Stütze mit rundem Querschnitt, meist freistehend.

Seelenloch, Seelenlochplatte: im deutschen Sprachraum für Türlochplatten megalithischer Gräber verwendet, deren Öffnung für Personen zu eng ist, die der Seele aber den «Durchgang» gestatten soll.

Sonnenbestattung: Aussetzung eines Leichnams unter freiem Himmel, z. B. in einer Dakhmah.

Spätpaläolithikum: letzte Phase der Altsteinzeit (ca. 12 000–10 000 v. Chr.)

Spolie: Werkstein aus anderem, älterem Bauzusammenhang in Wiederverwendung in einem neuen Bauwerk.

Steinring: am Göbekli Tepe nachgewiesene Fundgruppe mit bis zu 1 m Durchmesser; die Verwendung ist nicht geklärt.

Stele: aufgerichteter, in der Regel mit Bildern und/oder Inschriften versehener Stein.

Stola: Bekleidungsstück katholischer Priester, im vorliegenden Zusammenhang Arbeitsbegriff für die immer paarweise erscheinenden, senkrecht angebrachten Reliefbänder auf der Pfeilervorderseite; die Bedeutung dieser Bänder ist nicht geklärt, doch sollte es sich im weitesten Sinn um ein Kleidungsstück handeln.

Tell: arabisch für «Hügel», gemeint sind in der Regel durch Überbauung früherer Siedlungen entstandene künstliche Ruinenhügel; im Türkischen entspricht Höyük, Hüyük oder Tepe; im Griechischen Magoula und im ägyptischen Arabisch Kom; die Wurten des norddeutschen Küstengebietes sind als miniaturhafte Tells zu verstehen.

Tempel: Sondergebäude mit religiöser Funktion; sind abgesondert von profanen Bereichen.

Tepe: türkisch für «Hügel» oder «Berg»; gemeint sind oft Ruinenhügel.

Terrazzoboden: betonartiger, abgeschliffener Kalkestrich.

Theriokephal: tierköpfig.

Theriomorph: tiergestaltig, synonym: zoomorph.

Tholos: in der Regel mit Kraggewölbe versehener Rundbau.

Totem: in animistischen Religionen von Individuen oder Gruppen zur Identifikation gewähltes Tier (selten: Pflanze); zum Totem besteht eine besondere Verbindung, es impliziert die Einhaltung besonderer Regeln.

Totempfahl: mit Bildreihen versehener Pfahl, als Phänomen besonders bei den Nordwestküsten-Indianern Amerikas bekannt.

Trilith: griechisch für «Dreistein», dreisteiniges Konstruktionsprinzip, typisch z. B. für maltesische Tempel oder für Stonehenge.

Trittstein: am Göbekli Tepe häufig vorkommende Installation an der Innenseite der Ringmauern; daß die betreffende Installation tatsächlich als Trittstein verwendet wurde, ist bisher nur eine Hypothese.

Türlochplatte, Türlochstein: Bauteil megalithischer Anlagen; senkrecht plazierte monolithische Steinplatte mit zentraler, tür- bzw. fenstergroßer Öffnung.

U-Stein: am Göbekli Tepe beobachtetes monolithisches Bauelement in U-Form, das offenbar einem ähnlichen Verwendungszweck diente wie die Türlochplatten.

Ziegendämon: Mischwesen mit menschlichem Körper und Ziegenkopf, übernatürliches Wesen besonders der obedzeitlichen Ikonographie.

Zoomorph: griechisch «tiergestaltig», synonym: theriomorph.

Personenregister

Abraham 20, 201
Adam 240
Akman, Murat 22–24, 75, 77
Alexander der Große 20, 69
Apollon 253
Assmann, Jan 198, 200, 222

Bar-Yosef, Ofer 34
Beile-Bohn, Manuela 83
Benecke, Norbert 57
Benedict, Peter 15–17, 21 f., 49, 72
Bittel, Kurt 47
Blegen, Carl 51
Bosch, Hieronymus 257
Braidwood, Linda 9, 48 f.
Braidwood, Robert 9, 22, 46, 48 f., 61, 255
Breasted, James Henry 44
Bucak, Eyüp 9, 11
Burl, Aubrey 141 f.

Çambel, Halet 9, 22, 49, 61
Cäsar 70
Cauvin, Jacques 46, 235, 244 f.
Ceylan, Songül 83
Childe, Gordon 10, 44, 240, 256
Chosroes 69
Clottes, Jean 216
Connor, Patricia 60
Crassus 70
Cyrus 69

Dalí, Salvador 202
Darwin, Charles 242
Demeter 192
Driesch, Angela von den 89
Drower, Margret S. 141
Duerr, Hans Peter 236–238
Duistermaat, Kim 207

Ea 197
Enki 196
Enlil 197

Faß, Otto 12
Fraas, Oskar 42
French, David 52

Garfinkel, Yosef 41, 43, 138
Garrod, Dorothy 29 f.
Garstang, John 28
Gebel, Hans Georg 67 f.
Geiß, Markus 83
Gerber, Christoph 83
Goethe, Johann Wolfgang von 26
Gök, Ahmet 89

Hachmann, Rolf 34 f.
Hall, Alan 52
Hänsel, Bernhard 249 f.
Hauptmann, Harald 9, 11, 24, 67, 72, 74 f., 83, 201
Hephaistos 5, 61, 63–65
Hera 65
Heyerdahl, Thor 108, 236
Hirschfeld, Gustav 70
Hodder, Ian 60, 250
Homer 192

Janus 117, 160
Jesus (von Nazareth) 190
Jensen, Hans 223
Johannes (Apostel) 190
Julian (Kaiser) 70

Kenyon, Kathleen 27–29, 34 f., 46, 48, 81
Klytämnestra 156
Köksal-Schmidt, Çiğdem 12, 83
Kolb, Frank 248–250

Königin von Saba 144
Körber-Grohne, Udelgard 57
Korfmann, Manfred 51
Kozlowski, Stefan 65
Kurth, Gottfried 36
Lamashtu 211

Leroi-Gourhan, André 53
Lewis-Williams, David 216 f.
Lubbock, John 26, 28, 242
Lukian 65

Maria (Mutter Jesu) 190
Mechu 192
Menghin, Oswald 242
Mellaart, James 52, 54 f., 95, 197
Mellink, Mechthild 49
Milojčić, Vladimir 49–51
Mısır, Adnan 9, 11, 68, 201
Mithen, Steven 8, 241 f.
Moltke, Helmuth von 18, 20, 69 f., 203, 250
Morsch, Michael 12 f., 17, 23 f., 83
Müller-Karpe, Hermann 241
Mumford, Lewis 248–250

Neef, Reinder 90
Nietzsche, Friedrich 238
Ninhursanga 196

Obermaier, Hugo 224
Obermeier, Stefan 83

Pazuzu 211
Pearson, Kenneth 60
Peters, Joris 89
Petrie, Flinders William Matthew 141
Piette, Eduard 224
Ptahhotep 192

Reisch, Ludwig 12
Röhrer-Ertl, Olaf 36, 41
Rollefson, Gary O. 37 f.

Salomo 144
Schliemann, Heinrich 51
Schmidt, Rudolf 42
Schoop, Ulf-Dietrich 64
Segal, Jehuda 20
Sellin, Ernst 28
Summers, Roger 143 f.

Thompson, Christian 25 f.
Todd, Ian 55

Warren, Charles 28
Watzinger, Carl 28
Wheeler, Mortimer 60
Winckelmann, Johann Joachim 26
Wright, Henry 82 f.

Xenophon 69

Yıldız, Şavak 13

Zick, Michael 146

Ortsregister

Abri Cellier 162
Abri Labatut 162
Abri Mège 212
Abu Hureyra 33, 45
Ägäis 188
Ägypten 131 f., 141, 193, 198, 220, 252, 254
'Ain Ghazal 37–42
'Ain Mallaha 30, 45
Alaska 66
Altamira 32, 213
Amman 37
Anatolien 52, 60
Angles-sur-l'Anglin 164
Ankara 60
Antep 18
Antiochia Kallirhoe 20
Arabien 21
Argissa 49
Assuan 132
Assyrien 46
Atatürk-Staudamm/-see 21, 65, 68, 75
Australien 200, 224
Ayn es Sultan 28

Babylonien 46, 197
Baja 68
Basta 68, 96
Beringia 66
Birseck 224
Bosporus 66
Bouqras 193
Byblos 87

Cafer Höyük 65
Candamo 213
Cap Blanc 162
Carnac 128
Çatal Höyük 9, 51–56, 60 f., 95 f., 122, 138 f., 193, 197, 212, 217, 249 f.
Çayönü 9, 22, 61–65, 70, 74, 87, 101, 106, 127, 188, 203, 252
Chauvet 213, 241
Chicago 22
Chizre 49

Damaskus 41
Dardanellen 67
Delphi 253
Dhuweila 175, 204
Dibsi Faraj 32, 45
Dolni Vestonice 244
Dordogne 162, 212 f.

Eden 66
Edessa (Makedonien) 18, 20
Edessa (Urfa) 20
Elazig 21
el-Khiam 244
Ergani 64
Euphrat 21, 32, 46 f., 65, 68 f., 82, 105, 192 f., 200, 204 f., 256
Eurasien 191, 210

Fontanet 213

Gabillou 213
Gallien 70
Gaziantep 117
Giza 141
Golgatha 190
Great Zimbabwe 143–145
Griechenland 50 f., 153, 253
Gritille 65
Gürcütepe 10 f., 82–90, 92 f., 100, 255

Halil-ür Rahman-See 19
Hallan Çemi 65, 122, 188
Harran-Ebene 84, 88, 250, 255
Hasankef 47

Hayaz Höyük 65
Heidelberg 12 f., 24, 49, 76 f., 79, 83
Herakleia (am Latmos) 214
Hilar 62
Hohlenstein-Stadel 43, 213, 216, 241
Hornos de la Peña 213
Huleh-See 30

In Habeter 214
Irak 48
Iran 140, 210
Israel 47
Istanbul 131

Jarmo 48
Jerf el-Ahmar 252
Jericho 25, 27–31, 34–46, 48, 51, 55, 81 f., 139, 144, 244, 250
Jerusalem 27
Jordangraben 27, 31, 41
Jordanien 47, 68
Jubba 214 f.

Kahramanmaraş 18
Kanada 204 f.
Karacadağ 203, 205, 250
Karahan 203
Karakaya-Staudamm 21, 65
Karim Shahir 48
Kaufertsberg 43
Kayseri 23
Keban-Staudamm 21
Kecili 202
Kilikien 46
Kleinasien 51
Kötebercem 61
Kommagene 65
Konya-Ebene 61, 250
Kopenhagen 25
Körtik Tepe 188, 203
Kreta 50 f.

La Pasiega 223–225
Las Caldas 212
Lascaux 32
Latmos-Gebirge 215, 220
Lepenski Vir 241
Les Combarelles 213
Levante 32, 46, 48, 96, 256
Libanon 47
Lidar 67
Lonetal 43, 123
Los Casares 213

Mainz 77
Malatya 65
Malta 8, 106, 145, 162
Maraş 18, 46
Mardin 202
Mas d'Azil 42, 224 f.
Mechu 192
Mesopotamien 46, 195, 198
Messak-Gebirge 214
Mittelamerika 222
Mugharet el Wad 30, 45
Mureybet 32, 45, 252

Nahal Hemar 40, 45, 96
Nahal Oren 30, 45, 244
Nahr el Homr 32
Nebra 167
Nemrik 65
Nevalı Çori 9, 16, 22, 24, 35, 65, 67–82, 83, 86, 93, 96 f., 99, 101, 105, 109, 112 f., 116–118, 125, 130, 144, 160, 165, 169, 176, 188, 194 f., 201, 203 f., 212, 217, 233, 235, 237, 252
Nippur 197
Nördlingen 42
Nordafrika 236
Nordamerika 81
Nordirak 47, 65

Obermesopotamien 32, 46, 65 f., 81 f., 87, 99, 200, 210, 250, 253, 255 f.
Ofnet-Höhle 42–44, 241
Orfa 18, 20
Orhai 18
Orkney-Inseln 145
Osterinsel 109, 236

Palmyra 87
Paris 131
Pech-Merle 213
Pella (Jordanien) 31
Persisch-arabischer Golf 66 f., 192
Petra (nabatäisches) 68

Qermez Dere 65

Raqqa 21
Rhodesien 143
Rom 131
Ruha 18
Rumkale 69 f.

Sabi Abyad 207, 209, 217
Sahara 214 f.
Salisbury (Simbabwe) 143
Sambesi 143, 145
Samosata 65
Samsat 65
Schwarzafrika 143 f.
Schwarzes Meer 66
Sefer Tepe 202 f.
Shuqba-Höhle 29
Sibirien 66, 102
Simbabwe 143
Stonehenge 128, 141–143, 164
Sumer 197
Syrien 18, 47, 250

Tadrat Acacus 162
Taurus-Gebirge 21, 32, 46, 48, 220, 250
Tektek-Berge 202
Tell Abr 137 f., 252
Tell es-Sultan 27
Tell Kazaneh 83
Tell Qaramel 167, 189, 207, 208, 252
Tepe Giyan 217
Thapsakus 70
Thessalien 49–51
Tigris 32, 46, *47*, 65, 82, 122, 192, 200, 203, 256
Totes Meer 27, 66
Troia 51
Trois Frères 213, 216

Uan Harig 162
Umm Dabaghiyah 176
Ur 196
Urfa 9–11, 18–23, 25, 68, 77, 82–84, 117, 201–203, 252, 257
Uruk 195

Viranşehir 49, 202

Wadi al-Magarah 30
Wadi Hammeh 31, 45
Wadi Natuf 29
Wadi Zarqa 37
Westanatolien 51
Willendorf 32

Zagros-Gebirge 46, 220
Zarqa 37
Zeugma 69 f.
Zypern 51

Sachregister

(*kursive* Seitenzahlen verweisen auf Abbildungen)

Aborigines 200
Abri 162, 164, 212
Absterbeordnung 36
Acheuléen 198
Ahnenkult 39, 41–43, 74, 117, 224, 245, 246, 252
Amphiktyonie 253
Anhänger (als Schmuck) 126
apotropäisch 152, 160
Apsidenmauer 114, 122
ArchaeNova e. V. 11, 83
Archäobotanik 57
Archäofauna 195
Archäozoologie 57, 95
Asphalt 40
Auerochse 56, 90
Aurignacien 162, 213, 244

Bär 111, 148, 155, 158, 196
Basaltschale 229 f., 248
Bergheiligtum 112
Bergsiedlung 90
Bildpfeiler 109
Bildsäule 78, 99, *108*, *110*, 113, 155, 158
Blaubart-Stier 196
Bovide 124 f.
Büffel 214
Bukranium 54, *121*, 122, *123*, 124 f., 162, 169, 171, *173*, 181
Byblos-Spitzen 87, *88*, *127*

Canide 124 f.
Chilopode 207 f.
Crucifixus 190

Dakhmah 140
Damnatio memoriae 125
Dämon 74, 117, 211–214, 220, 257
Dark Ages 256
Dendrodaten 30 f.
Djenoun 236 f.
DNA-Analyse 203
Domestikation 57–59, 90
Dorf 37, 44, 81 f., 99, 248–250, 255 f.
Dorkasgazelle 174 (s. a. Gazelle)
Drache 95, 97, 204
Dromos 153, *156*, 157

Eisenoxid 224
Elefant 58, 217
Ente 148 f., 180 f., *182*
Epipaläolithikum 245, 256
Euphratlimes 105

Felsentempel *107*, 109
Felsgesteinartefakt 87, 126
Fertile Crescent 46, 65 (s. a. Fruchtbarer Halbmond)
Feuerstein 13, 16, 32, 49, 67, *88*, 93, 126
Flagstone building 63
Flechtwerkwände 88
Flußpferd 214
François-Vase 192
Fruchtbarer Halbmond 44–49, 59 f., 65, 67, 256
Frühholozän 37, 59, 66
Fuchs 53, 90, 122–124, 132 f., *134–136*, 149, *150*, 165, 171, 173, *175*, *177*, 178, 180, *183*, 184 f., 187, 191, 193–197, 218, 225 f.

Gans 192
Gänsegeierschädel 53
Gazelle 90, 174–176, 178, 196, 202, 204, 244

Gebärende Göttin 54 f., 60, 95 f., 136, 138 f.
Geierschädel 197
Gemse 223
Geranomachia 192
Gipsstatuetten 39, 75
Goldenes Dreieck 65, 257 (s. a. Obermesopotamien)
Götterbote 145
Graffiti 219, 240
Gravettien 198, 244
Grillplan-Gebäude *62*
Grillplan-Phase 63
Grillplan-Schema 61
Großplastik 17, 76, 79, 160
Großraum-Phase 63
Großsteingräber 106

Haarnetz 40, 77 f.
Halaf-Kultur 122, 193
Halbmond 146, *152*, 167, 169, 171, *172*, 225 f.
Harpune 224
Hase 178, 189
Hausbestattung 36, 41 f., 55, 56, 75, 127
Hausmaus 58
Hausmodell 106
Hausratte 58
Herdplatte 88
Hieroglyphe 131, 185, 221–226, 254 f.
Hilly Flanks 44–49, 51
Himmelsscheibe (von Nebra) 167
Hirsch 42, 54, 212, 223
Holozän 66, 240
Homo sapiens 145, 205, 241
Horror vacui 149
H-Piktogramm 167, 169, 171, *172*, 178, *179*, 181, *182*, 184, 186 f., 226, 254
Hund 58 f., 89, 124, 133, 151, 188, 196, 218
Hundertfüßer 207

Initiation 205 f.
Insekt 177 f., 186–188, *189*, 207, 225 f.

Jagdszene 133, 176, 194, 215, 218
Jungpaläolithikum 32, 77, 102, 161 f., 200, 205, 212, 223, 243–245, 256

Kalibration 30 f.
Kampfstier 58
Kanalhäuser 76
Kanalhaus-Phase 63
Kanalhaus-Typ 70
Karanga-Sprache 143
Karibou 204
Kauri-Schnecken 37
Keiler 113, 146, *147*, 149, *150*, 151, *152*, 153, 155, 157 f., 180, 197
Keilschrift 222
Kentaur 216
Kerberos 160
Kettendatierung 50
Kommensalismus 58
Kopfjäger 43, 245
Kranich 122–125, 165, 181–185, 187, 191–194, 217
Kreis-Symbol 167, 169
Krokodil 95, 97, 145
Kröte 217 f.
Kudurru 197
Kulturgetreide 203
Kultzentrum 112 (s. a. Tempel)
Kupfererzlager 64
Kuppelgrab 153
Kynokephal 213 f.

Laokoongruppe 190
Lehmziegelmauer 52, 85
Leitform 85–87, *127*
Leitfossil 29, 86
Leopard 60, 136–138, 143, 174, 233
Levanteotter 195
Levantinozentrismus 46
Lochpaar 161 f., 164
Löwe 111, 148, 155, 158
Löwenmensch 213, 216, 241
Löwentor 157

Magdalénien 32, 42, 162, 212
Makronymphia 235 f.

Mammut 102, 213, 240
Mandylion 20
Marasmus 240
Maske 80, *81*, 96 f., 216
Mastochse 192
Mazzeben/Massbot 117 f.
Meerjungfrau 216
Meister Reineke 196 f.
Menhir 63, 116 f.
Menhirreihe 127 f.
Menschenopfer 36, 246
Mesolithikum 42, 57, 240 f., 245
Miniaturpfeiler 81
Mischwesen 77 f., 210-213, 215 f.
Monolith 78, 105 f., 112, 155, 157, 252
Monster 211-214, 218 f.
Mopsköpfigkeit 57
Mörser 31 f., 35, 126
Mousterien 198

Nachbestattung 56
Nagel-Fetisch 38
Näpfchen 161, *163*, 164
Nashorn 214
Natufien 27, 29-31, 65, 244, 256
Neolithische Revolution 10, 44, 240, 256 f.
Netz 40, 54, 119, *121*, 148 f., *150*, 181, 192
Nomen 257
Numen 117, 257
Nuraghe 144

Obelisk 131 f., 252
Obsidian 56, 60
Obsidiangeräte 52, 84, 87
Ochse 247
Onager 90, 174, 178, *179*, 225 f.
Opferschale 133, *134*
Orthostat 102, 114
Otter 195

Paläolithikum 26, 35, 42, 57, 67, 162, 206, 210, 213, 215, 219, 223, 245
Paläontologie 86
Palmyra-Spitzen 87, *88*
Pantheon 219, 257
Panther 137 f.
Penis 80, 97, 99, 113, 160, 185
Perle 126
Petroglyph 221
Pferd 164, 212
Pfostenloch 88
Phallus 97, 111, 129, *159*
Piktogramm 165, 223, 225
Polydaktylie 40
Protome, ithyphallische 97, 99, 159 f.
Protome, menschengestaltige 161
Pygmäe 192 f.
Pyrotechnologie 64

Radiokarbondaten 30, 85, 125 (s. a. Dendrodaten)
Rätisch-germanischer Limes 105
Reibschale 126, 229, 243, 248
Reiher 182
Reliefpfeiler 79
Reliefschale *80*, 217, 237
Reliquie 41
Rentier 58
Reptil 95, *96*, 136-138, 144 f., 151, 158, 225 f., 236
Rind 54, 56, 60, 111, 122, 124, 196
Römische Kaiserzeit 105

Salz 60
Samarra-Kultur 193
Sammelfund 32, 38, 40
Schädelbestattung 36 f., 43, 246
Schädelkult 40-44, 78, 91, 138, 160, 241, 245 f.
Schaf 13, 60, 186 f., 202, 220, 225 f.
Schaftglätter 167, 189, 207 f., 254
Schakal 124, 195
Schamane 210, 216-220, 247
Schamanismus 79, 125-220
Schildkröte 79, *215*, 237
Schlange 76, 97, 118, 120, *121*, 122, 124, 125, *126*, 137, 160, 165, 171-178, *179*, *182 f.*, 184-189, 191, 194 f., *202*, 206-210, 212, 218, 224-226, 235, 237, 254

Schlangenbündel 119, 185, 189, 225 f.
Schlangennetz 119 f.
Schmuckschnecke 42
Schnabelschuhe 210
Schwein 60, 196, 218
Seelenloch 106
Seillöcher 162
Sekundärbestattung 56
Siegel 89, *90*, 188, 206, 208–210, 215, 217 f.
Silexgeräte 38, 84, 87, 111
Sirene 216
Skolopender 207–210
Skorpion 188, 236
Skorpionmensch 196
Sondergebäude 16, 63, 74, 85, 87, 91, 99, 102, 257
Songlines 200
Sonnenbestattung 140
Sphinx 216
Spinne 177 f., 187–189, 206–210, 225 f.
Stadt 20, 25, 34, 38, 51 f., 65, 84, 87, 214, 248–250
Stampflehmbauten 84 f., 88
Standing Stones 63 f.
Steatit 89, *90*
Steinbeil 126
Steinbock 209, 212, 223
Steinbruch *103*, 104–106, 108 f., 111 f., 132, 252
Steingefäß 50, 56, 88, 126, 144, 188
Steingefäßbohrer 88
Steinkreis 9, 141–143, 164, 171, 251, 254
Steinlampe 79
Steinplattenbank 114, 118, 122
Steinringe 93, *94*, 126
Steinschale 79, 133
Steinteller 229
Stele 63, 144 f., 192
Stelengebäude 109
Steppenvegetation 37
Stier 52, 54, 122–125, 139, 169, 171–173, *175*, 178, 180, 187, 191, 193 f., 213, 225 f., 245
Stola *71*, 73 f., 118, *120*, 125, 133, 146, 165, 169, 172, 178, 181, 186 f., *232*
Storch 122, 181 f.
Stößel 31, 32, 126
Sündenbock 119 f.
Symbolsystem 200, 254

Talsiedlung 89 f., 255
Tanzszene 79, *80*, 138
Tardenoisien 42
Tausendfüßer 206–208
Temenos 8, 152
Tempel 8 f., 16, 102, 105 f., *107*, 109, 131, 144, 162, 219, 222, 246, 253, 255, 257
Terrazzoboden 63 f., 74, 100, 102, 109, 133, 149, 229 f., 233, 235
Terrazzogebäude 63, 74–76, 81, 109, 219
Theriokephale 215 f., 220
Tierfanganlage 175, 204 f.
T-Kopf-Pfeiler 80, *103*, 108, 112, 114, 117, 119, 122, 128 f., 131, *137*, 146, 148 f., 172, 181, 185, 202, 217, 228, 233
Tonfigurinen 38, 75, 126 f., 244
Torso 76, 212, 229
Totempfahl 35, 77–79, 81 f., 96, *98*, 113
Totemtier 124
T-Pfeiler (s. T-Kopf-Pfeiler)
Tracheentiere 207 (s. a. Insekt)
Trappe, Großtrappe 122, 181
Traumpfade 198, 200
Traumzeit 226, 239
Trittstein 161, 164
Tschuringa 224
Türlochplatte 155, 157
Türlochstein *104*, 106, *108*, 126, 129, 151, 155, *157*

Übermodellierte Schädel 36, 37, *39*, 40 f., 43, 52, 122, 160, 246
Uräusschlange 195

Vénus accueillantes 236
Verkarstungsformen 104
Vogelmensch 76, 212
Voodoo-Zauber 38
Vulva 212

Wächtersymbole 124, 257
Wachtturm 34 f., 52, 105, 144, 250
Widder 54, 119 f., *121*, 122, 225 f.
Wiesel 53, 197
Wildesel 90, 174, 176, 178, *179*, 194, 204
Wildgetreide 66, 203 f., 247 f., 254
Wildpferd 223
Wildrind 56, 223
Wildschwein 90, 114, 133, 146, *151*, 155, 187, 191, 218
Wisent 196
Wohnarchitektur 85
Wolf 58 f., *97*, *100*, 124, *154*, 158, 160, 195 f., 218
Wunschbaum *14*, 15, 24, 229
Wüsten-Drachen 175

Zellplan-Häuser 61
Zellplan-Phase 63
Ziege 13, 60, 202, 225 f.
Ziegenbock 119, 209
Ziegendämon 208–211, 213–215, 217–220, 238

Aus dem Verlagsprogramm

Die Frühzeit des Menschen bei C.H.Beck – eine Auswahl

Emil Hoffmann

Lexikon der Steinzeit

1999. 419 Seiten. Paperback
(Beck'sche Reihe Band 1325)

Hansjürgen Müller-Beck

Die Steinzeit

Der Weg der Menschen in die Geschichte
3., verbesserte Auflage. 2004.
136 Seiten mit 3 Abbildungen und 4 Karten. Paperback
(Beck'sche Reihe Band 2091)

Carsten Niemitz

Das Geheimnis des aufrechten Gangs

Unsere Evolution verlief anders
2004. 256 Seiten mit 17 Abbildungen. Gebunden

Friedemann Schrenk

Die Frühzeit des Menschen

Der Weg zum Homo sapiens
4. Auflage. 2003. 128 Seiten mit 17 Abbildungen. Paperback
(Beck'sche Reihe Band 2053)

Friedemann Schrenk/Timothy G. Bromage

Adams Eltern

Expeditionen in die Welt der Frühmenschen
2002. 255 Seiten mit 130 Abbildungen, davon 95 in Farbe. Gebunden

Friedemann Schrenk/Stephanie Müller

Die Neandertaler

2005. 128 Seiten mit 22 Abbildungen. Paperback
(Beck'sche Reihe Band 2373)

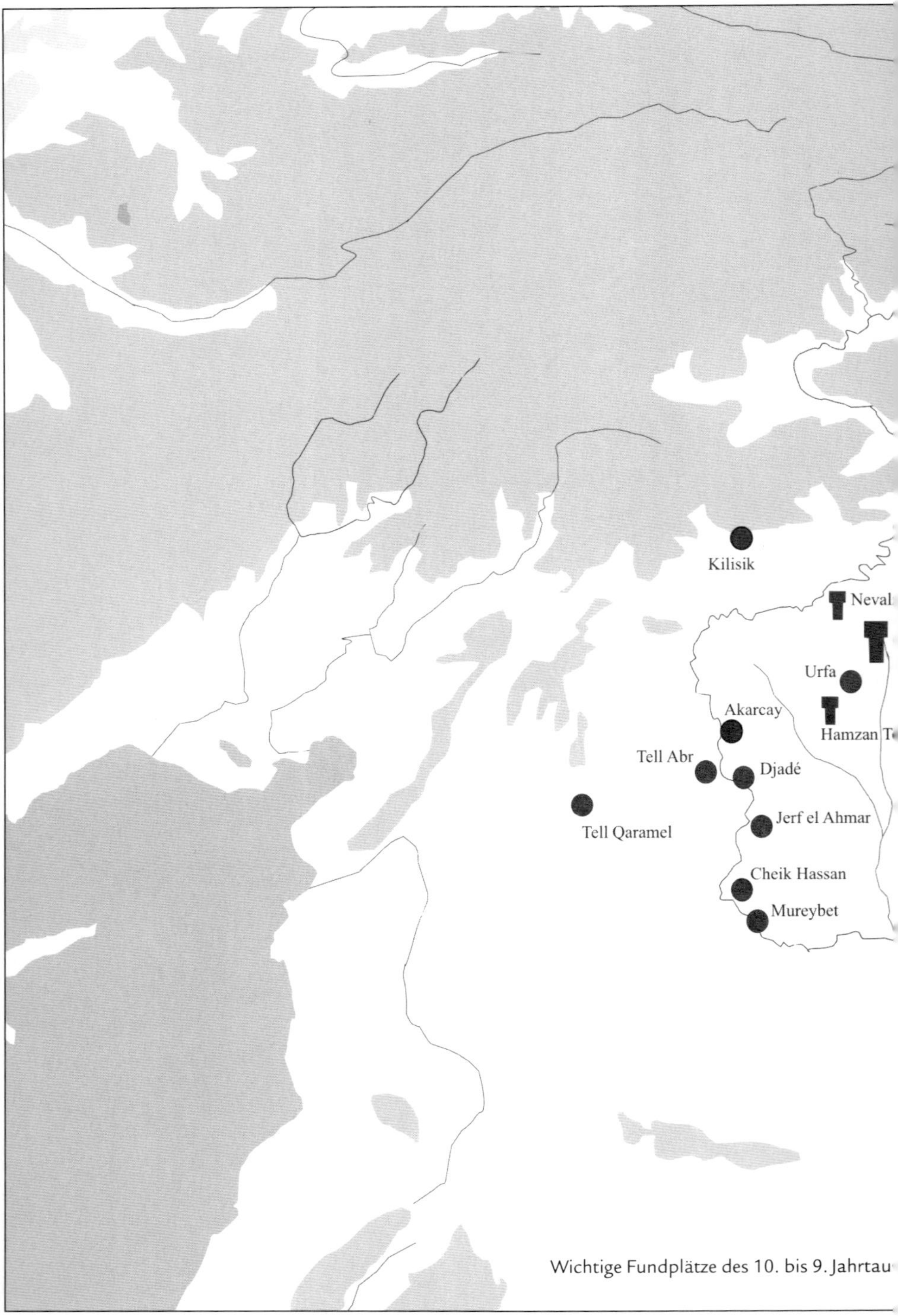
Kilisik
Neval
Urfa
Akarcay
Hamzan T
Tell Abr
Djadé
Tell Qaramel
Jerf el Ahmar
Cheik Hassan
Mureybet
Wichtige Fundplätze des 10. bis 9. Jahrtau